"十三五"国家重点出版物出版规划项目

|文|化|建|设|卷|

中国文化市场的演进与发展

THE EVOLUTION AND DEVELOPMENT OF
CHINESE CULTURAL MARKET

傅才武 著

中国财经出版传媒集团
经济科学出版社
Economic Science Press

图书在版编目（CIP）数据

中国文化市场的演进与发展/傅才武著. —北京：经济科学出版社，2019.12（2022.9 重印）

（中国道路·文化建设卷）

ISBN 978-7-5218-1192-6

Ⅰ.①中… Ⅱ.①傅… Ⅲ.①文化市场-发展-研究-中国 Ⅳ.①G124

中国版本图书馆 CIP 数据核字（2020）第 021153 号

责任编辑：于海汛　冯　蓉
责任校对：隗立娜
责任印制：李　鹏

中国文化市场的演进与发展

傅才武　著

经济科学出版社出版、发行　新华书店经销
社址：北京市海淀区阜成路甲 28 号　邮编：100142
总编部电话：010-88191217　发行部电话：010-88191522
网址：www.esp.com.cn
电子邮件：esp@esp.com.cn
天猫网店：经济科学出版社旗舰店
网址：http://jjkxcbs.tmall.com
北京季蜂印刷有限公司印装
710×1000　16 开　16.25 印张　210000 字
2020 年 4 月第 1 版　2022 年 9 月第 2 次印刷
ISBN 978-7-5218-1192-6　定价：56.00 元
(图书出现印装问题，本社负责调换。电话：010-88191510)
(版权所有　侵权必究　打击盗版　举报热线：010-88191661
QQ：2242791300　营销中心电话：010-88191537
电子邮箱：dbts@esp.com.cn）

《中国道路》丛书编委会

顾　　　问：魏礼群　马建堂　许宏才

总　主　编：顾海良

编委会成员：（按姓氏笔画为序）
马建堂　王天义　刘　志　吕　政
向春玲　陈江生　季正聚　季　明
竺彩华　周法兴　赵建军　逢锦聚
姜　辉　顾海良　高　飞　黄泰岩
傅才武　曾　峻　魏礼群　魏海生

文化建设卷

主　　　编：傅才武

《中国道路》丛书审读委员会

主 任：吕 萍

委 员：李洪波 陈迈利 柳 敏 樊曙华
　　　　刘明晖 孙丽丽 胡蔚婷

总　　序

中国道路就是中国特色社会主义道路。习近平总书记指出，中国特色社会主义这条道路来之不易，它是在改革开放三十多年的伟大实践中走出来的，是在中华人民共和国成立六十多年的持续探索中走出来的，是在对近代以来一百七十多年中华民族发展历程的深刻总结中走出来的，是在对中华民族五千多年悠久文明的传承中走出来的，具有深厚的历史渊源和广泛的现实基础。

道路决定命运。中国道路是发展中国、富强中国之路，是一条实现中华民族伟大复兴中国梦的人间正道、康庄大道。要增强中国道路自信、理论自信、制度自信、文化自信，确保中国特色社会主义道路沿着正确方向胜利前进。《中国道路》丛书，就是以此为主旨，对中国道路的实践、成就和经验，以及历史、现实与未来，分卷分册做出全景式展示。

丛书按主题分作十卷百册。十卷的主题分别为：经济建设、政治建设、文化建设、社会建设、生态文明建设、国防与军队建设、外交与国际战略、党的领导和建设、马克思主义中国化、世界对中国道路评价。每卷按分卷主题的具体内容分为若干册，各册对实践探索、改革历程、发展成效、经验总结、理论创新等方面问题做出阐释。在阐释中，以改革开放四十多年伟大实践为主要内容，结合新中国成立七十年的持续探索，对中华民族近代以来发展历程以及悠久文明传承的总结，既有强烈的时代感，又有深刻的历史感召力和面向未来的震撼力。

丛书整体策划，分卷作业。在写作风格上，注重历史和现实相贯通、国际和国内相关联、理论和实际相结合，对中国道路的重大理论和实践问题做出探索；注重对中国道路的实践经验、理论创新做出求实、求真的阐释；注重对中国道路做出富有特色的、令人信服的国际表达；注重对中国道路为发展中国家走向现代化的途径、为解决人类问题所贡献的中国智慧和中国方案的阐释。

在新中国成立特别是改革开放以来我国发展取得的重大成就基础上，近代以来久经磨难的中华民族实现了从站起来、富起来到强起来的历史性飞跃，焕发出强大生机活力，迈进中国特色社会主义道路发展的新时代。在新时代建设社会主义现代化强国的新的历史征程中，中国财经出版传媒集团经济科学出版社、中国特色社会主义经济建设协同创新中心精心策划、组织编写《中国道路》丛书有着更为显著的、重要的理论意义和现实意义。

《中国道路》丛书2015年策划启动，2017年开始陆续推出。丛书2016年列入"十三五"国家重点出版物出版规划项目、主题出版规划项目。丛书第一批，2017年列入国家"90种迎接党的十九大精品出版选题"；2018年获国家出版基金资助，作为馆藏图书被大英图书馆收藏；2019年被中宣部遴选为"书影中的70年·新中国图书版本展"参展图书，并入选国家社科基金中华学术外译项目推荐选题目录。丛书第二批于2019年陆续推出。

《中国道路》丛书编委会
2019年9月

目 录

绪论 中国文化市场起源与演进的历史轨迹 ……… 1
 一、中国文化市场的概念与范畴 / 1
 二、中国文化市场的起源与演进 / 5

第一章 中国文化商品市场及其消费结构的变迁 …… 14
 一、中国文化商品市场的结构与规模 / 14
 二、文化商品市场与大众文化消费结构的升级 / 66

第二章 中国文化服务市场及消费结构的变迁 ……… 85
 一、中国文化服务市场的结构与规模 / 85
 二、技术变迁与文化服务市场的结构演进 / 157

第三章 中国文化市场管理体制的变迁 ………………… 172
 一、政府公共管理职能系统的建立 / 172
 二、文化市场主体的变化 / 184
 三、政府文化市场管理职能系统再造 / 190

第四章 文化市场的发展对文化行业的推动作用 …… 200
 一、文化市场对文化产业的促进作用 / 200

二、文化市场的发展对大众文化权益的保障 / 209

三、文化市场的发展推动文化开放 / 217

结语　重新认识文化市场的独特价值 223

一、40年来中国文化市场发展的成就 / 223

二、中国文化市场发展的局限与展望 / 226

参考文献　/　231

绪 论

中国文化市场起源与演进的历史轨迹

中国文化市场是中国市场体系中的专业性市场,因为它与"文化"的概念相关联,而中西方之间关于文化的概念又存在差异。因此,正确理解中国文化市场的含义,既要追溯中国文化市场演进的历史轨迹,还要探索中西方对于"文化"与"文化市场"认知上的异同。

一、中国文化市场的概念与范畴

(一)中西传统语境中的"文化"概念

中国的"文化"一词,由"文"与"化"二字复合而成,"文"本义为交错的纹理,后衍生出文字、文章、典籍、艺能乃至各种仪式所组成的礼乐制度;而"化"本义表示改变、变易,后逐渐引申出教化、感化等义。文与化并用最早见于《周易·贲卦·象辞》:"刚柔交错,天文也;文明以止,人文也。观乎天文,以察时变;观乎人文,以化成天下。"即观察天文(自然规律),可以明晓时序之变化,而观察人文,可以用以教化世人、治理天下。"人文化成"从此传延下来,并逐渐简化为"文化"

二字。在中国传统文化中，文化的概念更多的是体现为集体的同一性，包含了道德涵化、文治教化的含义。

而西方语境中的"文化"一词源于拉丁文"cultura"，原意是对土地的耕耘和对植物的栽培，还有练习、注意等义，后引申为对人自身身体和精神的培养，通过这种培养摆脱自然的状态，也即马克思所说"自然的人化"，强调个人的精神生产和个体主体性的培养，更多是体现为一种个人的权利。"文化"含义在中西方文化源头上的差异，在一定程度上影响中西方文化的制度意识形态，造成中西方社会对文化市场概念与范畴的理解上的差异，进而导致中西方文化市场管理的差异。

（二）中国文化市场的概念与范畴

文化市场是文化商品和服务进行交换的领域和场所，是由市场主体、文化商品和服务、特定空间场域和交易规则这四大基本要素所组成的结构化系统。1988年文化部拟定的《关于加强文化市场管理工作的通知》，把凡以商品形式进入流通领域的文化产品和文化娱乐服务活动都纳入文化市场的管理范围。中国政府对于文化市场分类，重点强调产品或服务的文化属性及与文化的关联度，将文化市场划分为文化娱乐市场、演出市场、电影市场、音像市场、图书报刊市场、文物艺术品市场、文化旅游市场、网络文化市场、对外文化交流市场九大文化市场[1]。《中国文化文物统计年鉴》把文化市场分为演出市场、影视市场、音像市场、文化娱乐市场、网络文化市场、文化旅游市场、图书报刊市场、艺术培训市场、文物和艺术品市场，实行分类统计[2]。根据这一统计标准，国家文化主管部门建立了本领域的全国统计

---

[1] 刘玉珠、柳士法：《文化市场学——中国当代文化市场的理论与实践》，上海文艺出版社2002年版。

[2] 文化部计划财务司编：《中国文化文物统计年鉴（2005）》，国家图书馆出版社2005年版。

系统。

我们认为,文化产品可根据其形态分为实体形态的文化商品与非实体形态的文化服务两大类,这也就将文化市场划分为文化商品市场与文化服务市场两大类①。

1. 文化商品与文化商品市场。

所谓文化商品,是指用于交换的文化产品。文化商品一般是以实物形态出现在文化市场上,与之相区别的是以非实物形态出现的文化服务。通常人们所说的文化商品包括图书、报刊、音像制品、绘画、雕塑、软件等。"文化商品就其内容而言属于精神产品,是人类知识、智能、情感的结晶;就其形式而言属于物质产品,是精神生产和物质生产相结合的结果。"② 与一般性商品相比,文化商品除了具有经济属性外,还具有精神属性,它是人类知识、智力和情感的具体化形式,可以满足人们的某种精神需求。需要注意的是,对于文化产品还说,一件产品有可能随着时间的推移(如前朝文物等)或所属权的变动(礼品、战利品)造成其实用价值下降而精神文化价值上升,这是文化产品与一般物质产品的明显区别。

文化商品独特的文化属性使其将价值的有限性与无限性统一起来。文化商品价值的有限性体现在:文化商品作为一种实物形态,无论保存条件多么优越,其使用寿命也是有限的;其无限性体现在:文化商品是人类知识、智力和情感的结晶,它会给消费者带来某种价值观的影响,理论上能够在人类社会永续留存。

一件物品是否属于文化商品,一是取决于该物品当时的使用价值及功能特点,例如大部分建筑物、陶器、青铜器等,通常在

---

① 特别说明:在文化商品市场和文化服务市场这两类市场之外,还存在文化要素市场,但由于文化要素市场与中国的整个市场体系连接在一起,难以与中国及全球性要素市场截然分开,如金融市场、人才市场、技术(专利)市场等,很难作为文化市场的独立研究对象,故而暂不列入本书的讨论范围。

② 赵玉忠:《文化市场概论》,中国时代经济出版社2010年版,第82页。

实用价值之外还具备文化艺术价值；二是取决于该物品是否进入交易市场。如果这一物品没有进入交易环节，主要是供人们日常使用，还不能称其为文化商品。而另一些工艺品及特殊建筑物（如园林、纪念碑等），在当时主要以陈设、观赏为主要功能，这种应属于文化商品。

文化商品市场是指实物形态文化产品的交易场所。文化商品市场主要包括图书市场、报刊市场、音像市场、文物艺术品市场、文化设备市场和文化娱乐用品市场。

2. 文化服务与文化服务市场。

文化服务是指一种与文化生产过程共时存在的劳务形态的文化产品。马克思《剩余价值学说史》对服务作为商品存在的解释是："一般来说，服务也不外是这样一个用语，用以表示劳动所提供的特别使用价值，和每个其他商品都提供自己的特别使用价值一样。"[①] 文化服务最显著的特征是文化生产过程与文化消费过程的共时性。文化生产过程一旦终止，文化消费过程也就随之结束，文化消费者对它的享用过程也随之结束，如听音乐会、观看芭蕾舞表演。文化服务中的演出、节展、电影、广播电视节目等产品，它们作为一种活动并不创造具体的物质形态（转换成音带或者像带除外），而只是给人们提供劳务服务。尽管这些行业在提供劳务服务过程中要使用物质商品，但这些商品只不过是提供劳务服务的物质条件，其本身并不属于文化商品。

文化服务作为一种体现社会契约或经济契约关系的服务活动具有一般性服务商品的共性：不可储存和运输性；服务的易逝性；服务的无形性；服务的需求决定性；服务的异质性；服务的即时性[②]。但文化服务和一般性服务也有区别：

---

① 马克思：《剩余价值学说史》第1卷，人民出版社1975年版，第456页。
② 张亚东：《论文化产业的特殊性及市场定位》，载于《枣庄学院学报》2005年第4期。

首先，从文化服务消费者的行为特点来看，文化服务带有小众和价值定向的性质，这就使得某种文化偏好在文化服务需求中具有一种特殊的意义，具有相对固定的消费指向。例如，一个对京剧没有偏好的人，不管他的收入水平有多高和闲暇时间有多少，他都难以成为京剧的忠实观众。其次，从文化服务的内涵构成看，文化服务作为文化产品往往是某种价值观的载体，可以深入消费者的心灵并影响消费者的行为方式和价值选择，一般性服务产品则不具有这一特征。

文化服务市场是指劳务形态文化产品的交易场所，包括演出市场、会展市场、电影市场、广播电视市场、网络市场、动漫市场、娱乐休闲市场等。文化服务市场就其内容而言属于精神文化产品范畴，但就其表现形式来说则是人类的文化劳务活动以及借助实物、设备、设施传播文化信息的辅助性文化劳务活动的集中交易场域。

二、中国文化市场的起源与演进

中国由于农耕文明的早发，社会分工和交易出现促进了古代初级文化市场的产生，这对促进古代文化艺术的繁荣起到了积极的作用。宋明直到近代，发达的小商品经济催生了专业化的演艺市场和文物艺术品市场，一方面促进了城市文化中心的兴起，形成了中心城市的影响力；另一方面又激励了文艺创作的兴盛，形成了中国古代文化艺术发展的内生动力。

（一）中国古代文化市场

远古时期，人类在对自然的改造过程中，当物质生活得到最低限度的满足之后，逐渐出现原始的文化、艺术行为，并萌发朦胧的审美情感。进入旧石器时代晚期，在距今两万年左右的北京山顶洞人遗址出土的物品中，有明显作为装饰品的动物牙齿、海蚶壳、钻孔石珠、小石坠和磨光的骨针，可以视为中国最早的文化产品。

一般认为，商品之间的交换是伴随着新石器时代私有制的出现而产生。装饰物由于具有随身佩戴的特点而被用于陪葬，故而这类装饰物或许可以被看作最早的私人物品。人们推测，在原始社会可能存在装饰物的交换行为，这可以看作是最早的文化商品市场的雏形。在距今8 000余年的兴隆洼文化墓葬出土了玉玦、玉符等玉器，在河姆渡遗址中出土了松石珠、玉璜、玉璧、玉玦、玉管、玉珠等玉制品，新石器时代晚期的良渚遗址中则出土了大量装饰性强、制作工艺精湛的璧、琮、玉镯、冠形器、柱形玉器等。据考古发现，新石器时代晚期玉器的交流已非常广泛。例如，在黄河中游的陶寺文化与西北的齐家文化遗址中都发现了盛行于长江中下游良渚文化的玉琮和玉璧，在陕西石峁遗址发现了来自黄河中下游的古铲形玉器和刀形玉器。原始社会时期已经存在一个文化商品的交易市场。《礼记·王制》中提道："宗庙之器，不粥于市；牺牲不粥于市；布帛精粗不中数，幅广狭不中量，不粥于市；奸色乱正色，不粥于市；锦文珠玉成器，不粥于市"。这段文字从侧面说明，诸如工艺品、装饰物等文化商品已经存在市场交易。

秦汉以后，大一统使中国由分封制进入皇权专制时代，政治的统一以及文字与度量衡的统一使各地区之间的经济文化交流日益增多，客观上为文化市场的扩展提供了条件。《史记·货殖列传》中对此记载："汉兴，海内为一，开关梁，驰山泽之禁，是以富商大贾周流天下，交易之物莫不通，得其所欲。"《三辅黄图》便记载了民间工艺品市场的兴盛场景："仓之北，为槐市，列槐树数百行为队，无墙屋，诸生塑望会此市，各持其郡所出货物及经传书记、笙磬乐器相与买卖。"汉代出现了以抄书为职业的佣书人，一些特殊消费者也乐于花费大笔金钱请知名文人为其

绪论 中国文化市场起源与演进的历史轨迹

作赋（如司马相如受阿娇千金为其作《长门赋》）。

两汉时期另一重要文化市场事件是"丝绸之路"的开通，对外文化和经济交流活动随之出现，中国的工艺制品和文化产品远销亚洲大部分区域甚至地中海各国，而西方的珠宝玉器等也流入中国。

唐代出现了专业性的古玩艺术品市场，称之为"鬼市"。据《唐书·西域传》载："西域有市贸易不相见，各置直物於旁名鬼市"。① "鬼市"是以文物艺术品为交换对象的专业市场，这一市场从唐流传到宋。宋人叶梦得《避暑录话》中说："鬼市关夜而合，鸡鸣而散。"宋人孟元老的《东京梦华录》记载："又东十字大街曰从行角，茶坊每五更点灯，博易买卖衣物图画花环领抹之类，至晓即散，谓之鬼市子。"② 这说明唐宋的文化（古玩）市场是以早市的形式存在，它是有文字记载的较早的专业性市场。

西欧的城市与市民阶层一般被认为在公元十世纪左右开始兴起，如佛兰德斯的布鲁日、根特与意大利北部的米兰、热那亚等。而同时期中国的城市商品经济已经进入高度发达时期，北宋时期的首都开封人口多达百万，古玩艺术品市场的发展已经具有相当规模，如北宋汴京城内的潘楼街集市："东去乃潘楼街，街南曰'鹰店'，只下贩鹰鹘客，余皆真珠匹帛香药铺席。南通一港，谓之界身，并是金银彩帛交易之所，屋宇雄壮，门面广阔，望之森然，每一交易，动即千万，骇人闻见。以东街北曰潘楼酒店，其下每日自五更市合，买卖衣物书画珍玩犀玉。至平明，羊头、肚肺、赤白腰子……之类。向晚卖河镂头面、冠梳领抹、珍玩动使之类。"③ 大相国寺集市："每月五次开放，万姓交易，殿

---

① 《唐书·西域传》，上海古籍出版社1998年版，第127页。
② 宋·孟元老：《东京梦华录·潘楼东街港》。
③ 宋·孟元老：《东京梦华录·东角楼街港》。

7

后资圣门前皆书籍、玩好、图画等;凡集市之日,技巧百工列肆,罔有不集,四方珍异之物,悉萃期间;笔、墨、绣作、领抹、花朵、珠翠头面、生色销金花样拍头帽子、特髻冠子等等应有尽有。"①

两宋时期,随着以青铜器、石刻为主要研究对象的金石学研究的兴起,收藏古器物之风渐渐形成。包括书画、石器、玉器、陶器、古角、牙器、铜器、铁器、金器、银器、铅锌器、瓷器、漆器、竹木器、纺织品、工艺品、珍玩、奇器、书画等进入交易市场,带有鲜明的市场化特征。例如,北宋神宗时期,高丽国"谴使金良鉴入关,访求中国书画,锐意购求。"这时已经出现了专职的经纪人,文化市场繁荣发展。

明清时期,商品交易范围扩大加速了书法、绘画、篆刻等文物艺术品的商品化进程。北京、南京、苏州、扬州、杭州、广州等城市形成了繁荣的书画市场。在北京隆福寺、琉璃厂一带形成了高度专业性的艺术品市场,如字画店、南纸店、瓷器店、珠宝店、古玩店等。明代中叶以后,出现了天津杨柳青、山东杨家埠、苏州桃花坞等著名的木版年画产地,仅杨柳青一地,巅峰时每年出版的年画达两亿张。明清以至近代,中国文化市场出现了购销两旺的繁盛景象。

(二) 中国近代文化市场

1840年鸦片战争后,西方文化与技术的大量传入及城市商品经济的快速发展使得中国文化市场结构发生了巨大变化。

19世纪,近代报刊出版业在西方已逐渐发展成熟,而在中国尚处于萌芽阶段。中国只有一些民间的报房,但内容全部是照录一些上谕及奏折。1815年,英国传教士马礼逊在马六甲创办《察世俗每月统计传》,这是最早的中文期刊。1833年,普鲁士

---

① 宋·孟元老:《东京梦华录·相国寺内万姓交易》。

传教士郭士立在广州创办《东西洋考每月统计传》,是中国境内最早的中文期刊。鸦片战争后,随着一系列通商条款的签订,外国人开始进入中国办理中文报刊,中国的近代报刊业正式起步,国内陆续出现了《中外杂志》和《万国公报》等 20 多种由外国人主办的期刊,后期影响较大的则主要有《申报》和《顺天时报》等。洋务运动开展后,一些受过西方教育的中国知识分子开始自己创办报刊,办报地点大多在香港、广州、汉口等通商口岸,较为著名的有《汇报》《述报》《循环日报》等。维新运动时期,《时务报》《知新报》《点石斋画报》等成为当时颇有影响力的期刊。相关统计表明,1919 年五四运动时期报刊数量增至 400 种,1935 年达到 1 518 种①。中国报刊市场逐步成熟。

与报刊市场一同壮大的近代专业性市场还有照相摄影、唱片与电影市场。第二次鸦片战争时,英法联军中携带了随军记者,最早将照相技术带入中国。19 世纪末,《申报》《述报》等销量较大的中文报刊上开始出现摄影配图。20 世纪初,柯达等西方照相摄影公司进入中国开展业务,在中国销售照相摄影器材与耗材,中国大城市中开始出现民营照相馆,如上海的宝记照相馆和北京的同生照相馆等,生意火爆。19 世纪末,电影和留声机迅速传入中国,最早的"国产"唱片,可能是 1904 年胜利(Victor)唱片公司灌录的京剧大师孙菊仙的京剧唱片,现在保存下来的老唱片有《举鼎观画》《捉放曹》《桑园寄子》《搜孤救孤》等十几张。1908 年,法国商人在上海建立东方百代唱片公司,同年,百代公司在北京首次将中国传统戏曲的各种曲调节目录制在蜡盘上,运往法国制成唱片后再运回中国销售。1914 年,东方百代唱片公司在上海徐家汇建成第一座唱片厂。1917 年,由孙中山先生亲自命名的大中华唱片厂成立,由中日企业合资经营。1927 年大中华唱片厂改为民族资本独立经营企业。这是中

---

① 宋应离:《中国期刊发展史》,河南大学出版社 2000 年版,第 151~152 页。

华人民共和国成立以前中国民族资本参与建立的唯一一家具有一定生产能力的唱片公司。它从建立到1949年30多年发展过程中共出版各种牌号的唱片约8 000种。

中国国内第一次电影放映，据考是1896年8月11日上海徐园内的又一村茶楼放映了"西洋影戏"，影片的放映穿插在戏法、焰火等中国传统表演节目之中，随后徐园成为中国最早的固定营业性电影放映地。次年，美国商人雍松先后在上海礼查饭店、张园、天华茶园、奇园和同庆茶园放映电影。1905年12月28日，由北京丰泰照相馆拍摄、著名京剧演员谭鑫培主演的电影《定军山》在前门大观楼放映，这是公认的中国最早的国产电影。与《定军山》一同拍摄的还有《艳阳楼》《白水滩》等京剧电影，这些电影不仅在北京放映，还被运往江苏、上海等地放映，吸引了许多观众。此后，电影业在国内蓬勃发展，到1926年全国已经有将近200家电影院。由于当时电影放映设备的成本较高，电影票价格也很高，一张电影票的价格接近普通市民一个月的伙食费，所以电影市场的规模仍局限在较小范围内。

这一时期，虽然新兴文化市场发展很快，但传统文化戏曲市场依旧拥有坚实的观众基础并进入鼎盛时期，戏曲市场极大繁荣。民国时期，私人供养的戏班基本已经绝迹，取而代之的则是民间成立的私营戏班和剧团，各个地方剧种都大量的戏班与观众群体，其中影响最大的是京剧。这些戏班和剧团主要有两种演出形式：一种是在有场地（园子）或租赁的剧场内进行固定演出，另一种是被私家雇佣参加堂会。戏曲市场内出现了大量中间人和经纪人（一般被称作经励科），为戏班联络演出机会或者与剧场经理、房东进行谈判。各地城市中以戏剧表演为核心形成了很多大型的综合性文化游乐中心，如上海的大世界、汉口的民众乐园、北京的天桥等。例如，汉口的民众乐园最早名为新市场，初开之时主要演出京剧、汉剧、话剧以及曲艺、魔术、杂技等，除上述表演艺术外，还有电影院、运动场、哈哈镜、热气球表演，另外还有中西餐厅、理发店、商场、阅报室等设施，成为中西文化荟萃一体的娱乐场所。

总体来说，在这段时期内，报刊、电影、广播、唱片等新兴文化市场在中国不断壮大，改变了以传统戏曲和古玩为主的文化市场结构，中国文化市场形成了新旧杂陈的多元化市场体系，不仅对戏曲等传统文化的传承发展产生了重要的作用，而且建立了市场化的传输渠道，对西方科技、文化及思想的传播发挥了重要作用。

（三）中华人民共和国成立后（1949~1978年）的有限文化市场

1949年10月后，中国结束了长期战乱的局面，进入和平发展的新时期，开始了国有化和计划经济时期。民国以前所形成的文化市场传统因国有化进程而出现重大转折，转向以计划调配为主、少量市场交易为辅的文化产品生产和分配体系。

1948~1949年期间，随着中国共产党对国民党的胜利，中国政府对于已停业的外国资本及国民党官办的报刊、广播电台、唱片公司、电影制片厂等文化机构采取接管和租赁方式收归国有，对于民营资本经营的文化企业则采取限制、利用和改造的政策。随着市场主体的国有化转型和计划调配体系的完成，支撑文化市场的产权制度与管理制度发生了重大变化，文化的经济功能弱化，文化市场全面萎缩。

1951~1952年的"五五戏改"在中国文化市场国家化进程中具有标志性意义。1951年5月5日，中央人民政府政务院发布了《关于戏曲改革工作的指示》，提出了改革旧戏班制度，改良旧有剧目中的不良内容和改造旧有戏曲艺人的主张和政策。在"五五戏改"的指导下，一场以"改戏、改人、改制"的全国性戏曲改革迅速开展起来。其中"改人"主要是指对相关的戏曲艺人进行社会主义、爱国主义思想文化教育培训，实行工薪制，使他们由自由艺人成为国家的文化艺术工作者。而"改戏"则是通过按照社会主义新文化的标准来整理改造旧有戏曲曲目，以引导大众的审美倾向，规范大众伦理道德观念。据统计，在20世纪50年代初期，文化部发布的被禁演传统剧目有26部。在"左"的意识形态支配下，地方政府擅自大量禁戏，解散剧团，导致各地戏曲剧目资源匮乏，戏曲市场陷入萧条。"改制"主要是对旧戏班中某些不合理制度（如旧徒弟制、经励科、养女制）进行改革，废除旧剧团的老板制，建立集体所有制，实行民主管理，经济公开。剧场也由政府统一经营、统一管理，艺人和戏曲剧团大量进入财政供养体系，成为国有文化单位。在这些国有文化单位之上，国家设立了文化部、新闻出版总署等一系列文化行政部门，在文化领域确立了高度集中的计划经济体制，文化相关单位由国家管理，文化生产由国家统一安排，文化产品及演出价格由政府统一规定，文化市场体制和机制基本瓦解。

1966~1976年"文化大革命"期间，在演艺行业，几乎所有传统剧目都被禁演，取而代之的则是革命样板戏，如《红灯记》《红色娘子军》等（俗称"八大样板戏"）；在电影行业，"文化大革命"前的影片大多数被批判和禁演，电影院里播放的大多是时政新闻片和样板戏电影，偶尔会有阿尔巴尼亚、朝鲜、越南等社会主义兄弟国家的电影；除此之外，报刊业也遭受严重冲击，20世纪70年代初期，全国的报刊只剩40余种，并且几乎都是中央和地方政府的机关报；"文化大革命"10年中，不仅文化市场被排斥，文化事业较之中华人民共和国成立后17年，也变得更为萧条。

（四）1978年后中国文化市场的恢复

1978年改革开放后，中国的文化市场重新起步。十一届三中全会纠正了"以阶级斗争为纲"的错误路线，提出改革开放的宏伟蓝图，生产力得到了解放和发展，国民经济水平和人民生活水平快速提高，人民群众的文化消费需求得到迅速释放。在这一社会背景下，从文化娱乐业开始，中国的文化市场逐步在计划体制内生长并取得一定程度的恢复性发展。例如，20 世纪 80 年代初期，国外盒式录音带和录音机开始涌入中国，国内开始建立音像出版社，与此同时，海外录像机和录像带大量传入中国。1983 年，上海市和广州市在全国城市中首先开放音像制品的生产和经营。同时期，随着中国文化市场的开放，西方国家及港台地区的文化产品开始通过各种渠道进入大陆并形成广泛的影响，港台的音乐、武侠小说，好莱坞的经典电影等都开始在内地成为时尚。1979 年，上海市播出中华人民共和国成立后的第一部电视报道剧《永不凋谢的红花——张志新》、第一条国内企业电视广告"参桂补酒"和第一条外商广告"雷达表"；1984 年出现了第一家营业性的卡拉 OK 厅，以后又建立了最早的文化演出公司，恢复了外国音乐广播节目，文化消费市场逐步得到恢复。1988 年文化部发布《关于加强文化市场管理工作的通知》，标志着文化市场作为一个专业性市场获得了合法性。

中国文化市场与西方文化市场的不同之处在于，西方文化市场自中世纪开始便处于一个逐渐酝酿成熟、缓慢自然生长的长期过程，现代西方文化市场的管理方式和经营方式都能在文艺复兴时期看到基本雏形，发展过程一脉相承。而中国文化市场经过古代社会长期的孕育，形成以戏曲市场和文玩市场为主体的成熟市场体系，近代以来在逐渐包容西方文化艺术形式的发展过程中向近代市场转型，直至"五五戏改"和"文化大革命"时期被完全中断。1978 年改革开放后，中国开始了由计划体制向市场体制转型的进程，中国文化市场被重新启动。但由于传统计划思维、文化行业体制等依旧保持了强大的影响力，中国文化市场的基础性资源配置功能仍然处于逐步完善的过程中，显示出与西方发达国家文化市场不一样的发展轨迹。

第一章

中国文化商品市场及其消费结构的变迁

中国的文化商品市场是由物态化的文化商品、交易场所（线上和线下）、市场主体和交易规则这四大要素组成的商业交易系统。作为一种集合性概念，文化商品市场主要包括图书市场、报刊市场、音像市场和文物艺术品市场等，文化商品市场的发展变迁，体现了中国社会改革开放、大众文化消费需求发展变化的轨迹。

一、中国文化商品市场的结构与规模

（一）图书市场的结构与规模变迁

改革开放后，中国的图书市场由计划体制下形成的新华书店的图书发行分销系统和出版机构的企业化改革而形成。1990年代以后，民营书店和民营销售渠道的大量涌现，使中国图书市场形成了国有和民营相互补充的市场结构。进入21世纪，随着网络技术、多媒体技术的广泛应用，网络出版和数字阅读迅速崛起，传统图书出版业的组织格局和产业结构不断升级迭代。

1. 中国图书市场的历史演进轨迹。

(1) 中华人民共和国成立初期到20世纪70年代末图书出版发行市场回眸。

中华人民共和国成立之初,在国家最大限度集中社会资源实现现代化的国家目标下,1949~1956年,中央政府采取了系列措施,包括将分散经营的新华书店统一成全国性的国营出版发行企业,建立全国统一的图书生产体制。但这种生产体制主要是文化产品生产体制,图书作为商品的特征并不明显。在国家力量的主导下,中国的图书生产形成了编辑、出版发行的国家体系。1949~1979年,全国共出版图书505 781种,其中新版为335 185种,总印数为624.27亿册,用纸量为1 718.84亿印张。内容涉及哲学、社会科学、自然科学、文学艺术、文化教育等领域。到1979年底,全国图书发行网点遍及城乡,其中新华书店门市部有5 129处,农村供销社图书门市部有66 000余处,租书部有9 500余处,共发行图书6 322 876万册,金额达到1 288 476万元[①]。

"文革"十年(1966~1976年),中国各行各业陷于停滞状态,图书行业一片萧条,各项指标急速下降,出现"百花凋谢、万马齐喑"的局面。1979年,"文革"结束后,有关图书的出版、印刷、发行等各项工作在拨乱反正中逐渐转入正轨,图书市场才逐渐恢复往日的生机。

(2) 1980~1989年中国图书市场的发轫。

20世纪80年代,改革开放国策的确立使中国逐步走上了市场经济发展的轨道,伴随着国家经济体制改革的进程,图书作为商品的观念和市场体系逐步出现雏形。图书出版发行不仅作为一种国家文化行业系统、同时也作为一种市场的有机组成部分成为

---

① 中国出版工作者协会、中国出版科学研究所:《中国出版年鉴(1990~1991)》,中国书籍出版社1991年版。

国家经济结构的一部分。主要表现为，出版社的数量有较大的增长，从1980年的169家增至1989年的462家，图书种类由21 621种增至74 973种，新版种类由17 660种增至1989年的55 475种；总印数由45.9亿册增至58.6亿册；总印张由195.7亿印张增至243.6亿印张。1989年后，几项主要指标（新版种类、总印数和总印张数）都开始明显下降，到1990年已经降至80年代末90年代初的低谷，新版种数减少到55 245种，总印数减到56.4亿册，总印张相应地减到232.1亿印张。整个图书市场受到社会环境的影响而有所波动。

图书发行取得的成绩非常显著。1988年全国新华书店发行各类图书62.16亿册，比1950年册数增长30倍，平均每年增长9.5%；销售金额为54.08亿元，每年平均增长13.4%；1988年人均购书5.67册，比1950年增长14.8倍，销售金额增长60.8倍。1988年全国共有图书发行网点110 184处，比1950年增长147.5倍，平均每年增加2 880处。据1989年底统计，全国图书发行行业的职工有226 292人，其中新华书店职工有102 262人，比1950年增长了17.9倍。1989年发行行业的业绩有所下降[①]。

（3）1990~1999年图书市场的拓展。

从20世纪90年代开始，作为中国图书市场主体的出版社数量增长速度趋缓，从1990年的462家增加到1999年的529家。尤其是1995年以来，出版社的数量几乎没有变化，1995~1999年这5年间仅增加两家，而这5年恰恰是出版业经营规模发展最快时期。出版种数由1990年的80 224种增长到1999年的141 831种（1995年呈负增长），1999年增长最快，达16.3%；其中新版图书由55 245种增长到83 095种（1995年最快，达24%）；总印数由56.4亿册增长到73.2亿册（其中1998年比1997年减

---

① 中国出版工作者协会、中国出版科学研究所：《中国出版年鉴（1991~1992）》，中国出版年鉴社1993年版。

少0.9%）；总印张数每年都在增长，其中1996年的增幅最大（13.8%）；定价总金额一直呈增长态势，其中1996年增长最快，为42.1%，到1999年增长到436.33亿元。

20世纪90年代中国图书发行的各项指标呈增长态势。1990～1999年从图书569 357万册、金额738 474万元分别增至1 741 052万册、8 658 185万元；图书总销售从602 237万册、767 006万元分别增至1 703 833万册、8 253 113万元；纯销售额增至3 550 345万元，其中1996年的增幅达43.1%；与此同时，图书库存也大量增加，从20世纪80年代的普遍短缺到90年代出现了部分过剩，库存量由1990年的190 944万册增至346 247万册，其中1997年的增幅最大，达13.4%，库存图书金额由251 174万元增至2 416 305万元，其中1996年的增幅达37.8%。20世纪90年代，中国图书市场在经营业绩不断提高的同时开始出现由"卖方市场"向"买方市场"过渡的明显特征。

1990～1999年，出版社由462家缓慢增至530家，印刷机构由208处激增到1 218处，发行机构由10 290个增至41 350个；从业人员由394 522人减至352 424人，其中印刷机构的职工减少尤为迅速。这表明：20世纪90年代出版主体不断发展壮大，发行业精简机构，发行效率大大提高。

(4) 2000～2009年中国图书市场的稳健增长。

2000～2009年，图书出版业的总体规模处于稳中有升的状态，出版种类、总印张、总定价、用纸量等指标相应增长，出版社和总印数增长较为缓慢。其中，2008年图书出版业的各项指标增幅较大，种类、新版、总印数、总印张、总定价、用纸量分别增长10.41%、9.36%、12.69%、15.33%、16.95%、15.23%。

这一时期的中国图书市场出现了购销两旺的特征。2000～2009年，图书购进数量和销售的总数基本稳定，2000年购进160.68亿册，销售158.04亿册，2009年购进162.09亿册，销售159.42亿册；购进总金额呈上升态势，2000年的购进金额为888.22亿元，到2009年增至1 600.58亿元；在销售册数增长缓慢的情况下，总销售额仍然保持了增长的势头，2000年为847.88亿元，2009年为1 556.96亿元。这说明，随着经济社会的发展，中国图书市场的图书消费量也在逐步上升。

2000~2009年的图书对外贸易中，尽管图书的出口种类和数量都大于进口数，但进口图书的单价高于出口图书的单价，进口金额远远大于出口金额，处于贸易逆差状态；出口品种总体有所增长，2006年达到最高水平，出口1 437 462种，共735.63万册，金额为3 191.99万美元。进口方面，2007年品种最多（771 582种）；2009年的数量和金额最大，分别为533.53万册和8 316.65万美元，同比增长率分别为21.91%和1.98%。

（5）2010~2016年中国图书市场的缓慢增长。

2010~2016年，图书行业的总体规模呈"U"型增长模式，出版社只增加了3家，新版数、总印数、总印张和用纸量的增长幅度较小（30%左右），种类和总定价的增长幅度相对较大，分别为52.22%和68.9%。

2010~2016年图书行业销售总体呈增长趋势。2010年，全国新华书店系统和出版社自办发行单位的图书零售数量为56.75亿册，销售额为505.81亿元；2016年，全国新华书店系统和出版社自办发行单位的图书零售数量为67.09亿册，销售额为795.56亿元，销售数量和销售额增幅分别为18.22%和57.28%。

2010~2016年中国图书的对外贸易中，图书进出口的数量和金额都实现了明显增长，但进口额远远大于出口额，处于贸易逆差状态。在图书出口方面，2016年共出口图书1 450.28万册，金额为5 407.37万美元，较2010年分别增长105.06%和67.30%；在图书进口方面，2016年共进口图书1 551.63万册，金额为14 421.60万美元，较2010年分别增长173%和53.39%。

总体来看,中国图书的进出口逆差呈不断扩大的趋势。

2. 图书市场演进的总体特征。

(1) 图书市场竞争由主要面向国内竞争到面向国内和国际市场竞争。

中国图书市场主要分为出版商、发行商和零售商三大经营主体。三大主体中出版商和发行商基本是国有垄断,零售环节则相对开放,其中民营主体占据了重要的地位。中华人民共和国成立之初,中国图书的分销渠道主要是国有新华书店系统,20世纪80年代以来,民营销售渠道的崛起打破了中国传统的新华书店分销系统一统天下的局面,图书销售逐步走向多元化。2003年《出版物市场管理规定》颁布,支持了民营销售渠道的发展,到2005年初全国共批准建立了17家具有出版物总发行权的股份制公司,进一步激活了图书市场①。

根据世界贸易组织(WTO)规则,在WTO的135个成员国中,有27个国家承诺开放出版市场,中国在图书报刊、音像制品和娱乐软件分销服务上作出了逐步开放图书报刊分销(distribution)服务、音像制品和娱乐软件分销服务、网上出版服务的承诺。2003年3月17日,国家新闻出版总署和对外贸易经济合作部联合发布了《外商投资图书、报纸、期刊分销企业管理办法》,对外商投资书报刊分销企业作出具体的规定。这一规定从2003年5月1日起对外资零售企业施行,从2004年12月1日起对外资批发企业施行。

加入WTO后,中国政府按照承诺,逐步向外资开放了书报刊的零售和批发业务。到2004年中国加入WTO两年后,德国的贝塔斯曼集团图书中心、英国的朗文培生集团和剑桥大学出版社、美国的麦格劳—希尔、新加坡泛太平洋有限公司等7家外资分销商申请书报刊分销经营权。德国贝塔斯曼于2003年买下民

---

① 夏叶:《图书分销的现状与发展趋势》,载于《出版广角》2006年第2期。

营21世纪锦绣图书连锁有限公司增资扩股后40%股份,在外企中首家夺得书报刊零售全国连锁牌照,2005年5月24日又与辽宁出版集团合资成立辽宁贝塔斯曼图书发行有限公司,注册资金为3 000万元,辽宁出版集团控股51%,贝塔斯曼集团占49%。这是中国加入WTO之后首批履行规范的审批程序且完全由国有资本与外资共同组建的第一家图书发行公司。2004年8月19日,亚马逊公司出资7 500万美元收购卓越网100%的股权,成为当时最大的出版业外资投资案例。

加入WTO让中国获得了文化交流和文化贸易的机会,但也出现了贸易逆差。在大多数行业受到外贸出口拉动而行业明显景气的同时,中国的版权贸易却保持较大的贸易逆差。以2014年中国的版权贸易为例,中国在与美国的版权贸易中,版权的引进输出比率大约为3.2∶1,中国引进美国版权14 530项,而输出的版权仅为4 541项;中国与英国的版权贸易合作中,版权引进16 453项,版权输出仅有4 839项,比率高达3.4∶1[①]。贸易逆差的形成主要还是因为西方发达国家相对于中国作为发展中国家的总体性优势地位。但是随着中国经济的持续增长和科技发展水平的发展,中国的版权贸易逆差将会不断缩小。

(2)图书市场经营主体由事业单位向企业单位转变,企业集团成为重要的市场主体。

中国原有的出版行业是20世纪50年代参照苏联模式而组建,本身是一种计划体制的文化生产单位设计。自1995年起,中国学界出现了培育和组建大型出版集团并建立强有力图书发行网络的呼声。1996年,上海率先在全国进入组建出版集团的调查研究和方案设计阶段,派人先后考察了美国、欧洲、日本等国际大型出版集团和传媒集团的组织模式和运行机制。1999年2

---

① 冯平:《版权贸易逆差与版权经济发展研究》,载于《现代企业文化》2015年第5期。

月,经国家新闻出版署批准,中国第一家出版集团——上海世纪出版集团正式成立。2002年4月,主要由新闻出版总署原直属出版单位组建而成的中国出版集团在北京成立。2003年9月,上海世纪出版集团进一步调整和加强,扩容后的上海世纪出版集团拥有13家图书出版单位、42种杂志和5份报纸,下属单位共24家,年出书8 000余种。

中国加入WTO后,出版产业化速度加快,由原来的事业型单位向企业化单位发展,全国各出版社基本已经合并为出版集团,企业化趋势势不可挡。出版社将不再是完全由国家扶持的事业单位,而转变为自负盈亏的企业。中国出版业的集团化建设进入一个新的阶段,出现集书报刊音像电子网络出版于一体的功能齐全、品牌众多、在市场中具有影响力的大型出版集团。2017年,全国118家出版传媒集团共实现主营业务收入3 559.6亿元,较2016年增加85.8亿元;拥有资产总额7 023.0亿元,增加489.7亿元;实现利润总额305.4亿元,增加9.2亿元。共有18家集团资产总额超过100亿元,其中江苏凤凰出版传媒集团有限公司、安徽出版集团有限责任公司、江西省出版集团公司、湖南出版投资控股集团有限公司、浙江出版联合集团有限公司、安徽新华发行(集团)控股有限公司和中国出版集团公司等7家集团资产总额、主营业务收入和所有者权益均超过100亿元[①]。与此相适应,建立在信息化基础上的现代物流中心在上海、浙江、辽宁、四川等地纷纷成立。随着大型出版发行市场主体的诞生,图书出版市场出现了新的业态,连锁经营、现代物流、超级书店、电子商务,网络化、数字化、产业链的打造都伴随着出版集团的组建和运营应运而生。在组建集团的过程中,中国出版集团通过改革原有的体制,在国资授权经营、企业运行、组织人事、激励

---

① 《2017年新闻出版产业分析报告》,2018年7月30日,http://www.cbbr.com.cn/article/123452.html。

机制等方面形成了一系列新的制度安排,形成了图书出版企业的核心竞争力。

(3) 民营资本进入图书市场,图书市场形成国有为主、民营为辅的双元结构。

20 世纪 90 年代中期以来,民营资本已经进入到出版、发行、批发、零售等领域,出现了零售型、连锁型和新生代型(网上书店)三种类型的民营图书企业。2016 年底,中国民营图书企业数量达到 12.73 万家,占到全国总数的 85%。尽管国有出版发行集团仍然占据出版和发行市场上的绝对主导地位,但在一般图书销售上,民营书店与国有书店已经旗鼓相当。民营企业的比重不断上升,这也充分展示了在市场经济条件下民营经济的活力,如万卷、世纪天鸿等民营企业,已经具有了一定的规模。根据相关统计数据,2016 年天舟文化、中文在线两家民营上市公司的业绩优良:天舟文化年度营收增长 43.3%,营收利润增长 40.65%;中文在线营收增长 53.89%,营业利润增长 8.23%[①]。民营书店正日益成为图书市场上一支强大的力量。2011 年 5 月 27 日,台湾知名的诚品书店在大陆的第一家分店——诚品苏州分店正式奠基开工,民营书业以其高品位的文化风格、浓郁的学术气氛和独特的经营理念奠定了民营书店在业内的地位,并影响图书出版和发行市场的竞争态势。

伴随着民营企业在图书市场的不断发展壮大,国家调整了与图书市场相关的政策以及法律法规。国家新闻出版总署制定颁发《出版物市场管理规定》,并于 2003 年 9 月 1 日正式生效,规定具备一定资格的民营企业也可以与国有企业一样申请出版物的国内总发行权和批发权。2004 年 1 月召开的北京图书订货会首次允许民营书店参加;2004 年初,国内最大的民营图书连锁店席

---

① 魏玉山:《2016 民营书业发展报告》,2017 年 4 月 15 日,http://www.sohu.com/a/134181970_488898。

殊书屋获得全国连锁经营权;2004年4月,国家新闻出版总署授予山东新世纪天鸿有限公司出版物国内总发行权和全国性连锁经营权许可;在2004年5月举行的第14届全国书市上,民营书店第一次大举进入全国书市。2004年,图书发行业的批发环节开始向民营企业开放,同时,国有新华书店的股份制改革和连锁经营也在全国铺开,中国图书发行业进入新一轮发展时期。

(4)图书出版业与信息技术联姻,电子纸质一体化发展的大趋势日趋明显。

随着数字技术的发展,不同形式媒体彼此之间的互换性和互联性得到加强,广播、电视、电影、音像、报纸、图书、杂志以及电子出版物等信息内容都可以融合为一种应用或服务方式。在移动互联网和数字技术的影响下,电子出版业和网络出版业异军突起,成为图书出版市场上的朝阳产业和新的增长点。2005年以来,读者从纸质阅读到电子阅读的转型正引发图书出版市场的互联网化。读纸质图书已不是人们阅读的唯一选择或者主要选择,电子书、网上购书、数字图书馆借书以及手机阅读等为人们的借书和阅读打开了方便之门。调查表明,中国居民网上阅读率正在迅速增长,居民的上网率从2003年的18.3%增至2016年73.8%。随着网络时代的来临,传统的纸质出版和数字出版并行。通过网络出版的电子图书(electronic book or e-book)不仅可以减少日趋高涨的印刷费用,而且不用纸作为信息载体更有利于环境保护。微软创始人比尔·盖茨就曾预言,电子图书将成为世界上最大的出版业。

面对互联网和数字技术引发的阅读方式转型,中国图书出版市场的结构发生了明显变化,如拓展网络出版和发行电子书,并与网站、手机厂商、电信运营商合作,从而满足读者移动阅读的需求。众多图书出版企业开始从传统出版物提供商转型为互联网时代的内容服务提供商,不再把业务范围限制在纸质媒介。电子出版物和网络出版物开拓了纸质图书市场之外的另一个图书市场，而不是简单地对传统出版物的替代，网络出版对传统出版行业形成了巨大挑战，引发了图书市场上的颠覆性革新。

（二）报刊市场的结构与规模变迁

改革开放以来，中国的报刊市场在制度变迁和技术创新这两个维度的双重作用下兴衰起伏。20世纪90年代中期，随着经营性文化单位的产业化发展，报刊、期刊社、新华书店和出版社等从宣传文化系统中独立出来而面向市场化发展，报刊市场形成并得到快速发展。进入21世纪多媒体时代，传统媒体与网络结盟，平面媒体衰落，数字化、网络化的融媒体飞速成长，民营性平台公司崛起，传统媒体渠道影响力渐减，技术进步使报刊市场的结构发生了翻天覆地的变化，并推动了民众文化生活方式从纸质阅读到数字阅读的重大变迁。

1. 报纸市场发展的历史溯源。

中华人民共和国成立以来，因为中国报业特殊的意识形态属性，中国报业历经了一条曲折的发展道路。按阶段性特征大致可以分为以下几个阶段：

第一阶段为1949~1956年。

从1949年新中国成立，到1956年国家完成对农业、手工业和资本主义工商业的社会主义改造完成，伴随着国家建设计划体制的进程，中国报业发生了巨大的变化。据统计1950年全国报社共有281家，其中公营报纸226家，私营报纸55家。当时报纸种类繁多，有党报、工会和青年团等人民团体报纸，也有民主党派报纸、私人、外国人办的报纸[①]。

1949年底，国家新闻出版署决定报纸实行企业化经营的方针，要求条件好的公营报纸争取经费自给。1950年，中宣部

---

① 方汉奇：《中国新闻事业通史》第三卷，中国人民大学出版社1999年版，第24页。

《关于报纸实行企业化经营情况的汇报》肯定了报纸企业化经营的道路,同时决定参照苏联和中国东北、山东解放区报纸发行的经验在全国推行邮发体制,把报纸逐步交给邮局发行。迄今为止,邮发依然是中国报纸发行的主要渠道。到 1952 年,全国共有 296 种报纸,每期平均印数 737.2 万份,总印数 16.1 亿份,总印张数 13.3 亿张①。

这一时期,中国报业发展既注重报纸的意识形态特征,也重视报纸的商品属性,明确了报纸企业化经营方针,奠定了中国报业的基础。到 1953 年,《人民日报》等中央和省委的机关报社相继扭转了亏损局面。报业得到较快的发展,全国共有 364 种报纸②。但由于受到当时经济制度、政治运动的影响,到 1957 年中国报纸的第一次产业化进程就匆匆结束。

第二阶段为 1957~1978 年。

1957~1978 年,中国政治、经济体制出现重大转变,由于社会主义计划经济体制的建立和以阶级斗争为纲的政治路线的确立,报业的商品属性逐渐丧失,这个阶段成为报业"去产业化""去市场化"的阶段。在这段特定的历史时期,报纸主要承担政治"喉舌"和意识形态工具的职能。当时报纸出版单位属于国有,基本上由国家提供经费,"公款公报、公款订报"模式逐渐形成。办报所需物资由国家按计划供给;所需资金由国家按预算拨给;所需人员由国家定编定员,报纸的商品属性逐渐弱化直至完全消失。尤其是在"文革"时期,报纸受到重大影响,许多报纸停办,报业急剧萎缩。

第三阶段为 1979~1999 年。

1978 年十一届三中全会以后,中国社会进入改革开放的新

---

① 中国出版工作者协会:《中国出版年鉴(1980)》,商务印书馆 1980 年版,第 24 页。
② 董天策等:《中国报业的产业化运作》,四川人民出版社 2002 年版,第 228 页。

时代,政治环境的变化让国家和社会重新认识了新闻报业发展的客观规律,报业被重新定位,从单纯的"意识形态工具""党和人民的喉舌"定位到承担新闻、舆论、娱乐、广告等多种功能的综合性定位。国家允许报刊发布广告、放开定价、自办发行,允许报刊社发展多种经营。中国报业的发展真正进入一个产业化和市场化的新阶段。

1992年后,社会主义市场经济体制的确立,消费市场重新活跃,打破了计划经济一统天下的局面,广告市场开始复苏,报业的广告经营体制得以确立,报业的产业化进程得到启动。业界认为,1979年以后中国的报业进入了第二次产业化时期,我们把这个时期又细分为三个阶段:第一,事业单位企业化管理阶段(1979~1988年);第二,采编与经营二元运行,经营机制突破阶段(1988~1995年);第三,集团化运作,资本经营的突破阶段(1996~1999年)①。20世纪80年代晚期,多数省级党委机关报和地市级党委机关报结束了"吃大锅饭"的历史,实行自主经营、独立核算、自负盈亏,不再享受国家财政补贴。

1979年以来,中国报业发展迅速。报纸从1979年的69种发展到1989年的852种,增长了12倍多。10年中,报纸的每期平均印数呈直线上升态势,总印数除1980~1982年基本保持平稳外,总体呈增长态势,到1989年达到高峰143.6亿印张。

20世纪90年代,中国报业集团化的问题提上政府的议事日程。1993年6月,中共中央和国务院发布《关于加速发展第三产业的决定》后,正式将报刊业经营列为第三产业,这是报刊产业化的一个转折点,它标志着中国报刊业逐渐进入产业化发展阶段。1994年6月,在浙江召开了全国首次报业集团问题研讨会,会议提出组建报业集团的议题。1996年1月,国家新闻出版署正式批准广州日报社作为报业集团第一个试点单位;1998年,

---

① 刘海贵:《中国报业发展战略》,上海人民出版社2006年版,第45~53页。

第一章 中国文化商品市场及其消费结构的变迁

先后批准光明日报社、经济日报社、南方日报社、羊城晚报社组建报业集团，批准新民晚报社和文汇报社合并成立文汇新民联合报业集团；1999年，又批准深圳日报社、辽宁日报社、沈阳日报社、四川日报社、浙江日报社、哈尔滨日报社和大众日报社成立报业集团[①]。

20世纪90年代，中国的报业保持稳定增长态势。1990～1999年，报纸的种类和每期平均印数都增长到最高水平然后有所下降，但幅度不大而总印数一直保持增长，这说明20世纪90年代报纸的消费量在不断扩大，市场保持健康有序的运行状态。1994～1999年，在全国性报纸中，专业性报纸的种类和平均期印数比综合性报纸的相应指标要大；反过来，综合性报纸的总印数和总印张指标比专业性报纸更大；综合性报纸种类呈增长趋势，其中1998年的增幅最大（5.24%），而专业性报纸的种类总体上在压缩，其中1998年降幅最大（7.21%），这说明，在报纸总种类相对稳定的情况下，二者的数量为此消彼涨的关系；两种报纸的总印数和总印张数在增长，这从侧面反映出报纸的消费群体在扩大，市场需求在膨胀。

1997～1999年的3年间，报纸进口的总种类（25 207种）远远多于出口种类（5 007种），报纸进口总金额（1 479.04万美元），大大高于出口总金额（278.25万美元），20世纪90年代中国报纸对外贸易处于逆差状况。

第四阶段：2000～2009年。

2000～2009年，中国的报业市场进入调整和稳步发展时期，总体上，报业市场规模的扩张进入平台期，报纸种类数量缓慢下降，但平均期印数和总印数稳步增长，中国报业的市场形态开始向内涵发展的模式过渡。2000年全国共出版报纸2 007种，其

---

① 阮志孝：《报业集团发展的关键是化学变化》，2007年1月1日，http://www.mediaundo.com/blog/A10600-12/index.html。

中，中央级的报纸有 206 种，省级报纸有 789 种，地市级报纸有 841 种，县级报纸有 162 种。到了 2009 年，全国共出版报纸 1 937 种，平均期印数为 20 837.15 万份，总印数为 439.11 亿份，总印张数为 1 969.4 亿印张，定价总金额为 351.72 亿元，折合用纸量为 452.96 万吨。与上年相比，种数下降 0.31%，平均期印数下降 1.5%，总印数下降 0.86%，同时总印张数增长 2.01%，定价总金额增长 10.62%。

在全国性报纸、省级报纸、地市级报纸和县级报纸的出版方面，省级报业大幅度增长，地市级和县级报业开始萎缩。2009 年全国性报纸有 225 种，占中国报纸总量的 11.62%；省级报纸有 825 种，占总量的 42.59%；地市级报纸有 871 种，占总量的 44.97%；县市级报纸有 16 种，占总量的 0.83%。与 2000 年相比，全国性报纸的种数、平均期印数、总印数和总印张数分别增长了 9.22%、0.61%、6.93% 和 65.22%；省级报纸分别增长了 4.56%、35.18%、56.55% 和 187.56%；地市级报纸的平均期印数减少了 2.2%，其余分别增长了 3.57%、24.19% 和 126.56%；县级报纸各项指标降幅较大，分别减少了 90.12%、90.20%、88.15% 和 74.43%。

在综合类报纸方面，报纸种数从 2000 年的 1 047 种减至 2009 年的 806 种，平均期印数和总印数增幅不明显，分别为 2.5% 和 26.73%，总印张数由 629.79 亿印张增至 1 636.26 亿印张，增幅达 159.81%；在专业类报纸方面，报纸种数从 2000 年的 270 种增至 2009 年的 1 131 种，平均期印数、总印数、总印张数均实现明显提升，增幅分别为 425.75%、629.62% 和 730.15%。

在报纸的进出口方面，2009 年共出口报纸 669 种次、48.67 万份、124.56 万美元，与上年相比种次下降 25.83%、数量下降 13.62%、金额下降 10.08%。报纸进口 1 253 种次、1 812.91 万份、2 527.15 万美元，与上年相比种次增长 11.78%、数量下降

29.35%、金额下降3.38%。2000~2009年,报纸的出口种类和数量呈下降趋势,而进口的种类和数量均呈递增趋势,整体上中国报业的外贸处于逆差态势。

第五阶段为2010~2016年。

2010~2016年,中国的报业市场经过市场成熟期进入转折下降期。总体上,报纸种类、平均期印数、总印数和总印张数均呈下滑趋势。2010年全国共出版报纸1 939种,平均期印数为21 437.68万份,总印数为452.14亿份,总印张为2 148.03亿印张。到了2016年,全国共出版报纸1 894种,平均期印数为1 949.94万份,每种平均期印数为10.29万份,总印数为390.07亿份,总印张为1 267.27亿印张。与上年相比,种数下降0.63%,平均期印数下降7.03%,总印数下降9.31%,总印张下降18.50%,定价总金额下降6.00%①。

在全国性报纸、省级报纸、地市级报纸和县级报纸的出版方面,2016年全国性报纸有217种,占中国报纸总量的11.46%;省级报纸有780种,占总量的47.57%;地市级报纸有878种,占总量的46.36%;县市级报纸有19种,占总量的1.00%。与2010年相比,全国性报纸的种数、平均期印数和总印张数分别减少了4.41%、0.49%和2.72%,总印数增加13.27%;省级报纸分别减少了5.45%、8.52%、22.49%和49.90%;地市级报纸的种类增加了0.80%,其余分别减少14.89%、12.16%和38.12%;县级报纸的种类增加18.75%,其余分别减少15.07%、17.35%和20.95%。

在综合类报纸方面,报纸种数从2010年的806种增至2016年的850种,平均期印数、总印数和总印张数均呈下降趋势,跌幅分别为20.26%、20.14%和44.36%;在专业类报纸方面,报

---

① 《中国出版年鉴》杂志社有限公司:《中国出版年鉴(2017)》,《中国出版年鉴》杂志社有限公司2017年版,第917页。

纸种数从2010年的1 133种减至2016年的700种，平均期印数、总印数、总印张数的跌幅分别为23.34%、22.71%和43.15%。

在报纸的进出口方面，2016年共出口报纸49.55万份，较2010年增长13.62%；金额为35.52万美元，较2010年减少35.31%；进口报纸1 218.18万份，金额为1 492.92万美元，较2010年减少35.64%和46.25%。2010~2016年，中国报纸进出口的基本趋势仍然是逆差。

2. 期刊市场的发展轨迹。

期刊作为一种大众传媒形态，它的问世晚于书籍。以纸质册页这种完整形态印制的书籍于公元10世纪就在中国出现了；欧洲约在17世纪出现期刊，迄今约有400年的历史。期刊反映了一个国家的经济、政治、文化和意识形态状况，期刊的发展历程往往要受到国家政治经济和文化环境的深刻影响。中华人民共和国成立以来，中国期刊业坎坷曲折的发展历程正是当代中国历史变迁的"晴雨表"。

（1）从中华人民共和国成立到20世纪80年代：高潮和低潮互为更替。

20世纪50年代是第一个发展高峰。新中国成立为中国迎来了期刊业发展的第一个高潮。1949年，中国期刊只有257种，总印数为2 000万册，其中绝大多数是哲学社会科学类期刊，自然科学技术类期刊凤毛麟角。到1952年，全国期刊总数达到354种，自然科学技术类有87种，大部分集中在大城市，如上海、北京等。1953~1956年，举国上下进入了"三大改造"阶段，国民经济开始从中华人民共和国成立初期凋敝不堪的状态复苏，期刊业的发展因为有稳定的社会环境和经济保障而成绩显著。到1959年，期刊种数已达851种，是1949年的3.3倍，年均增长率为13.75%；总印数达5.28亿册，是1949年的26.4倍，年均增长率为61.95%；科技类期刊增加到356种，增速高于社科类期刊；中央级期刊为394种，地方级期刊为457种，比例为1:1.6；

发行册数为 208 059 万册，金额为 42 619 万元①。

1960～1965 年中国期刊业进入第一个低潮期。1958 年后，中国经历了历史上称为"三年困难时期"，由于国家经济严重困难，1960 年中国期刊的种数从 1959 年的 851 种锐减为 442 种，中央级期刊从 394 种减为 189 种，地方级期刊从 457 种减为 253 种。1961 年中国期刊业跌落到谷底，全国期刊种数减为 410 种，总印数锐减为 2.32 亿册。这个时期的特点是：在物质条件有限的情况下采取"调整、巩固、充实、提高"的方针，期刊数量因调整大幅度减少。1961 年以后，随着国民经济有所好转，期刊的出版数量开始回升，截至 1965 年已经达到"文革"前夕最高水平，出版期刊 790 种，总印张为 9.4 亿印张②。

1966～1976 年中国期刊业进入第二个低潮时期。十年"文革"期间，期刊业的出版和发行能力急剧下降。期刊种数的谷底是 1969 年，全国只有 20 种期刊；总印数的谷底是 1968 年，只有 2 800 万册，并且以《红旗》杂志为主（占 1/2）。1968 年和 1969 年，地方层级只是在名誉上保留了 3 种期刊，而且大部分是"以阶级斗争为纲"为主要内容③。

（2）1977～1989 年：补偿性恢复期。

十一届三中全会以后，中国政府实施对外开放、对内搞活政策，随着中国经济体制改革的不断深入，中国的各项事业蓬勃发展，期刊业迎来了一个新的发展阶段。期刊的种数由 1976 年的 542 种发展到 1978 年的 930 种，年均增长 32%；总印数从 5.58 亿册攀升到 7.62 亿册，年均增长 18.3%。在此期间，中国政府曾经将创办新期刊的审批权限下放，以致期刊种类增长过快。1978～1980 年的 3 年中，期刊种数平均每年比上一年递增

---

①③ 中国出版工作者协会：《中国出版年鉴（1980）》，商务印书馆 1980 年版，第 646 页。

② 中国出版工作者协会：《中国出版年鉴（1980）》，中国书籍出版社 1980 年版，第 646 页。

48.1%、58.1%、49%①。后来中央政府收回了创办新刊的审批权限,期刊种类失控性增长的局面得以控制。

20世纪80年代,中国社会稳定,改革开放不断深入,经济发展走上快车道。期刊市场快速形成,期刊种类由1980年的2 191种增加到1989年的6 078种,其中1984年的各项指标比上年增长最快,种数、平均期印数、总印数、总印张数分别增长24.23%、27.79%、23.16%、22.48%。1989年后,期刊市场出现结构性调整,1990年期刊数降到5 751种,但总体规模仍然可观。

(3) 20世纪90年代:期刊市场成长期。

20世纪90年代,中国期刊业整体上保持快速、稳定的增长态势。期刊种类和总印张数一路飙升。1990~1999年,种类从5 751种增加到8 187种,总印张由54.44亿印张增至96.77亿印张,平均期印数从16 156万册增至21 845万册,总印数从17.9亿册增长到28.46亿册,由于1993年报刊业开始进入产业化的发展阶段,报刊业市场受到其他媒体竞争的影响,市场上期刊出版业指标有所下降,平均期印数、总印数、总印张数等指标有所降低,1994年,平均期印数、总印数和总印张数同比分别下降4.89%、5.96%和0.54%。这几个指标直到1997年才得以反弹,然后继续上扬。

1997~1999年,中国期刊进口的总种数、总数量、总金额分别为76 916种、89.08万册、7 362.63万美元;出口分别为85 697种、601.1万册、709.28万美元。尽管中国期刊的出口种类和数量每年都在增长,而且出口量大于进口量,但进口额却远远高于出口额,期刊市场上中国仍然处于贸易逆差状态。

---

① 中国出版工作者协会:《中国出版年鉴(1980)》,中国书籍出版社1991年版,第646页。

(4) 2000~2009年：期刊市场成熟期。

2000~2009年，中国期刊业在种数、总印数、总印张数等方面稳步提升。2009年全国共出版期刊9 851种，平均期印数为16 457万册，总印数为31.53亿册，总印张数为166.24亿印张，定价总金额为202.35亿元，折合用纸量为39.06万吨（含高校学报、公报、政报、年鉴共1 742种，平均期印数为348.34万册，总印数为3 781.28万册，总印张数为2.63亿印张）。与上年相比，种数增长3.16%，平均期印数下降1.85%，总印数增长1.53%，总印张数增长5.23%，定价总金额增长7.96%。

整体来看，中国期刊市场的竞争日趋激烈，期刊出版数量每年上升，但期刊的总印数和总印张数未能实现同比增长，平均期印数连年下降。期刊市场的有效需求与不断增长的市场供给相比出现了不平衡，期刊市场进入成熟期。

具体说来，2000~2009年，综合类期刊的各项指标均不断减少，2004年达到最低点；哲学、社会学类期刊的种类呈缓慢增加趋势，2003年稍有下降，2009年有所回升，总印数和总印张数有所提升；自然科学、技术类期刊的种类都保持在4 400种以上，变化不明显，其他几项主要指标变化也比较小；文化教育类期刊的种数一直在增长，文学艺术类的几项指标变化都不大，画刊类的期刊的比例呈缓慢下降趋势。总之，期刊市场正在不断细化，各种期刊的比例和结构呈非均衡性发展。

(5) 2010~2016年：转折发展阶段。

2010~2016年，中国期刊市场经过成熟期后，逐步进入转折发展阶段，出现了收缩性态势。2016年全国共出版期刊10 084种，平均期印数为13 905万册，总印数为26.97亿册，总印张数为151.95亿印张，定价总金额为232.42亿元。与上年相比，种数增长0.7%。平均期印数下降4.94%，总印数下降6.29%，总印张数下降9.43%，定价总金额下降4.34%。

具体而言，综合类期刊种类降至400种以下，总印数从4亿册跌至1.8亿册;哲学、社会学类期刊的各项指标变化不大,有升有降,呈波浪线发展趋势;自然科学、技术类期刊的种数有小幅度提升,其他几项指标逐年递减;文化教育类和文学艺术类期刊变化不明显,发展平缓;少儿读物类期刊增长明显,2016年各项指标较2010年翻一番;画刊类的总印数和总印张数降幅明显,新增的动漫期刊种数逐年增加,但2016年在期印数、总印数和总印张数等方面有所减少。

3. 中国报刊市场的发展特征。

(1)基于现代信息技术之上的市场环境变化加速了报刊市场的整体结构变迁。

进入21世纪,中国报刊市场的整体性演进得益于信息技术的发展。中国报刊业充分利用数字技术、网络技术对报刊采编、出版、发行等业务流程进行改造,以新闻采编、加工制作、出版、发布等核心经营管理业务流程的数字化、网络化信息系统建设,传播手段的现代化,实现了业务流程的现代化。这一过程经历了两个阶段:第一阶段,实现了印刷手段的现代化,其标志是"四淘汰":一是报刊排版工艺告别了"铅与火",迎来了"光与电",实现了激光照排;二是彩报出版淘汰了传统的分色机,全面采用桌面彩色出版系统;三是淘汰了铅印轮转机和树脂印刷,实现了胶卷印刷;四是跨地区、跨国界设点分印,淘汰了微波传版、飞机、火车送纸型和软片的方式,实现了卫星或电脑传版。第二阶段,表现为报刊传播手段现代化,实现了记者采访无纸化、电脑便捷化、照相数码化,从而大大提高了中国报业采、编、传、印、发的速度与精密度,为报刊的进一步集约化、规模化提供了方便[①]。

20世纪末至21世纪初,报刊市场的网络化也经历了两个发

---

① 王震国:《中国报业的内外环境与扩张战略》,载于《新闻大学》2000年第1期。

展阶段：第一阶段，各大媒体纷纷"触网"，进军网络传播领域，在互联网上建立报刊网站，以报刊网络方式实现报纸新闻信息的网络化传播；第二阶段，在报业集团建立后，各大新闻媒体集团提升网络经营理念，在集团内外整合资源，以报业新闻信息资源优势，建立大型网络传播平台，实现由"电子版"向"网络版"的转变，建立综合性门户网站。在此期间，各主要新闻媒体机构纷纷"改版改网"，新华社于1999年7月12日全面改版，正式定名为新华网；人民日报网络版于2001年改称为人民网；四川新闻网则由四川省内9家综合类报纸、42家专业报纸、16家杂志、21家广播电台电视台共86家媒体共同组建；2000年5月28日正式开通的上海东方网，则是由解放日报社、文汇新民报业集团、上海人民广播电台、上海电视台、东方广播电台、东方电视台、上海有线电视台、青年报社、劳动报社、上海教育电视台等多家新闻媒体，集中资源优势共同建设的大型综合网站[①]。

随着互联网技术的发展，特别是随着5G互联网的出现，使网络媒体所具有的快时效、大容量、多媒体、交互性、远程传送和综合服务性等功能更充分表现出来。从发展的角度来看，今后一段时期内网络媒体和社交媒体在报刊市场竞争中将逐步形成明显优势。

（2）市场经济的逐步成熟加速了报刊集团的萌生，报刊集团成为市场的重要竞争主体。

1978年底，《人民日报》等中央新闻单位试行"事业单位企业化管理"，开启了中国以中央、省、市级党报等主流媒体双轨发展为核心的体制改革。20世纪80年代后，随着市场经济体制的逐渐确立，报业的市场化发展趋势日益显明，报业主体和办报

---

① 陈中原：《中国东西部传媒经济发展研讨会论文集》，引自周鸿铎主编：《广播电视经济学》，北京广播学院出版社2000年版，第129页。

方式也逐步多样化。但这仅是"市场热度"扩散效应的初级形态，报业市场出现规模大而杂、报业主体小而多、市场效益两极分化等初级产业形态。90年代后，人们普遍意识到报业市场必须由数量规模优势转型为规模效益优势，由粗放式经营方式转化为集约化经营方式，报业规模化、集团化的发展道路成为中国报业市场的发展方向。

1994年5月18日，国家新闻出版署发出《关于书报刊音像出版单位成立集团问题的通知》，报业集团化的发展思路正式得到官方认可。国家新闻出版署经过一年多的论证和考察，最终于1996年1月选定广州日报社作为国内首家报业集团的试点单位。1996年5月29日，广州日报报业集团正式挂牌运行。经过广州日报报业集团为期两年多的试点，从1998年起，报业集团化改革开始从试点逐步推开。1998年5月，光明日报、经济日报、南方日报、羊城晚报获得批准，成为中国第二批报业集团试点单位。2000年以后，中国报业集团发展的势头更为迅速，北京日报报业集团、浙江日报报业集团、河南日报报业集团、四川日报报业集团成立、大众日报报业集团、解放日报报业集团相继成立。2001年7月8日，湖北日报报业集团宣告成立。之后，新华日报报业集团、湖南日报报业集团、云南日报报业集团和重庆日报报业集团等陆续成立。这些报业集团的成立主要有两种模式：一种是由一家大型报纸为主，联合、兼并一些子报、子刊构成，大多数的报业集团属于这一类型；另一种则是两家或两家以上的大报强强联合而成，如文汇新民联合报业集团。

报业集团成立以后，在内外部资源、管理方式、运作机制等方面实现了重新整合和改革，不管是在经济效益还是社会效益方面都获得长足的发展。

从社会效益方面来看，随着报业集团的成立和发展，改变了原有的报社过多、过杂、混乱无序的局面，整合了原有的同类性资源，便于国家对报业的统一管理和引导，使报刊市场的秩序得

第一章 中国文化商品市场及其消费结构的变迁

到明显的改善。

从经济基础效益看,报业集团化使经济效益得到大幅度提升。广州日报报业集团作为中国最早成立的报业集团,经过10年的发展已成为行业内的"领头羊",广州日报报业集团已由集团成立之初的1家主报、6家系列报的较小规模,发展成为包括1家主报、14家系列报、4家杂志、1个大型网站、1家出版社的大型报刊集团。广州日报的广告营业额连续12年在全国平面媒体中的第一位,集团的许多子报刊也取得了社会效益和经济效益双丰收。成立10年后,集团员工总数达5 000多名,总资产达61亿多元,净资产为45亿元[1]。

集团化发展道路是激烈的市场竞争环境下的必然选择。报业集团化也是报业发展的必然之路。通过集团化模式对产业整合,改变了原来松散的体制以适应激烈的市场竞争,促进了报业重新调整布局和资源重新分配,最大限度地实现了报业的社会和市场价值。

但是,在互联网媒体的冲击下,从2012年上半年开始,中国报业发行和广告市场呈现下滑态势。据2013年5月发布的《中国传媒发展报告》显示,2012年报纸广告收入下降7.5%,创下广告恢复30多年以来的最大降幅,东部地区报业集团主业收入普遍下滑,整体经营陷入困境;晚报、都市报等靠市场发行生存的报纸整体销量下滑。2013年,整个行业的状况并未好转,尽管各地报业不论是从内容、广告发行、经营管理、资本运作,还是从新媒体战略等方面都进行了大胆的改革尝试,并取得了一定成效[2],但2012年以后中国报刊市场整体下滑的趋势难以逆转。

与报业集团化改革的如火如荼相比,期刊的集团化发展显得相对滞后。2001年经中共四川省委批准,成立了四川党建期刊

---

[1] 《广州日报报业集团迎来十周年华诞》,载于《信息时报》2006年1月14日。
[2] 张晋升、张维:《2013年报业发展盘点:寒冬中的突围》,2014年11月26日,http://media.people.com.cn/n/2014/1126/c390944-26098104.html。

集团。成立几年后,四川党建期刊集团发展迅速,旗下拥有15家期刊、4家报纸,拥有有形资产1.32亿元人民币。2005年,集团所属期刊发行量为2 100万册,总营业额达2.5亿元人民币,实现利润1 000万元人民币①。

2002年1月25日,经新闻出版总署批准,中国首家期刊集团家庭期刊集团成立,中国期刊业开始走向集团化。2002年家庭期刊集团的销售利润率、人均利润在全国期刊50强中分别居第6位和第23位,经济效益突出②。家庭期刊集团通过与国际著名传媒集团合作,形成以家庭品牌为核心的、跨地区经营的大型期刊集团③。

21世纪初,借助集团化的市场东风,全国形成几个较大品牌的期刊群。例如,《读者》刊群包括《读者》(A/B版)《读者乡村版》《读者欣赏》;《知音》刊群包括《知音》半月刊《知音海外版》《打工仔》《好日子》《商界名家》《企业家》《财智文摘》和《良友》;《时尚》刊群包括《时尚·伊人》《时尚家居》《时尚·BAZAAR》《时尚·先生》《时尚旅游》《时尚健康·女士》《好管家》《时尚时间》《时尚健康·男士》《娇点·CosmoGIRL!》《座驾》《华夏人文地理》;《瑞丽》刊群包括《瑞丽服饰美容》《瑞丽可爱先锋》《瑞丽伊人风尚》《瑞丽家居》;以及已有的《家庭》刊群④。刊群的出现标志着中国期刊产业正在走向品牌化、集约化和集团化。

(3)报刊市场资本结构的多元化。

中华人民共和国成立以来,报刊以其独特的意识形态属性一

---

① 《2005年底大盘点:修正后的中国期刊十年》,2006年11月2日,http://www.magshow.com/bbs/showthread.php?threadid=6057。
② 《关于〈家庭〉期刊集团的问答》,载于《传媒》2003年第9期。
③ 《中国出版集团的建设与发展》,2006年12月5日,www.publishing.com.hk/pubinfo/pubstat.asp。
④ 《中国期刊发展大势》,2006年12月30日,http://www.ewen.cc/qikan/bk-view.asp?bkid=67084&cid=137391。

第一章 中国文化商品市场及其消费结构的变迁

直都是社会资本的"禁区",直至改革开放后市场经济体制的确立,报刊机构从事业单位开始向市场主体发展,国家对报刊业的管制有所松动。

1993年,社会资本通过合作办报的方式开始进入报刊业。2001年,国有大型企事业单位被允许投资新闻出版业。2003年,中国的报刊发行市场发生了很大变化。大量的自办发行和独立报纸发行公司不断出现;加入WTO过渡期结束后,中国开始对外资开放图书和报刊的分销市场。2003年,全国共有700多家报社,其中200多家发行部门注册了独立的法人公司,注册资本为1 000万元以上的有700多家,500万的有20多家。全国拥有报纸2 000多种[1]。2004年,全国报纸总销售额为252.9亿元,占GDP的0.19%[2]。2004年,民营资本和外资开始全面介入中国的报刊广告和发行环节。报刊的批发市场也向外资开放,外商可以通过中外合资、中外合作和外商独资的方式建立报刊批发和零售企业。2004年,中国的城市日报也有近30%的发行部门注册成为独立的法人公司,其中还有10%左右成立了股份发行有限公司。各发行公司基本上都有各自的发行站,最多达200个。绝大部分的报纸发行已经走上了复合型发行渠道,如《中国经营报》的总发行量构成中,零售量占74%,订阅量只占24%,其他方式约占2%[3]。

在报刊市场上,当社会资本不断进入报业市场之时,报刊企业也积极寻求进入资本市场。1999年,《成都商报》率先通过其控股的成都博瑞投资有限责任公司用5 000万元收购上市公司四川电器的股份,采用"借壳上市"的策略实现了报刊业资本上

---

[1] 陈益南:《关于出版业的一些情况》,2007年1月15日,http://bbs.vclub.org/simple/index.php?t1683.html。
[2] 国家文化创新与发展研究基地:《中国文化产业年度发展报告(2005)》,湖南人民出版社2006年版,第326页。
[3] 祁述裕:《中国文化产业国际竞争力报告》,社会科学文献出版社2005年版,第57页。

市的突破。2003年度，上市公司赛迪传媒和博瑞传播经营业绩良好，赛迪传媒实现主营业务收入25 594.45万元，主营业务利润3 185.40万元；博瑞传播实现主营业务收入34 685.9万元，实现利润5 505.0万元①。在上市公司的示范效应下，越来越多的传媒企业开始寻求上市之路。2004年12月22日，由北京青年报社控股的北青传媒股份有限公司在香港挂牌上市，以直接上市代替以往的借壳上市模式，引起业界的广泛关注。在报刊业管理体制不断开放的情况下，报刊市场的资本结构逐渐由原来的一股独大转变为多元并存竞争的格局。

（4）报刊业发行环节的多渠道和渠道网络化。

进入21世纪，中国报刊发行的市场化程度逐步提高，竞争日益激烈。传统期刊的发行体制逐渐由单一化向多样化和网络化方向发展。

2004年7月22日，北京青年报社投资控股的小红帽发行股份有限公司成立，这是国内第一家由新闻出版总署授权、拥有出版物全国总发行权和全国性连锁经营许可权的报刊发行公司。以小红帽发行股份有限公司为核心发起的全国城市报业发行网络联盟同时宣告成立。小红帽发行股份有限公司作为运营实体成为发行网络的中枢系统，发挥中心采购、配送、管理等方面的功能，向全国各地扩散，打造一级代理—二级批发—三级零售层级网络，形成统一的报业发行网络。2004年，联盟成员已有29家报刊社及发行单位，这29家单位的年广告总收入近100亿元，约占全国报纸广告收入的一半，日发行量约为1 500万份，从业人员近10万人。2005年，全国城市报业发行网络联盟的成员已扩展至37家。到2006年拥有发行站点3 000余个，发行员工5万余人，可控零售终端近5万个，年度业务流转额超过30亿元，在建立城

---

① 叶朗：《中国文化产业年度发展报告（2004）》，湖南人民出版社2004年版，第64页。

市现代化报刊发行网络体系进程中迈出了实质性的一步①。

进入21世纪以后，中国报刊发行的市场化程度逐步提高，传统平面媒体的互联网化竞争日益激烈。借助互联网、移动互联网基础设施和大数据、云计算等技术，传统平面媒体在政府主管部门的大力扶持下，形成了数字出版内容生产、平台建设、渠道开发、技术研发、终端生产等产业链的纵深发展，形成了以内容提供商、内容集成运营商和终端客户为主，以设施及服务提供商、网络运营商为辅的数字出版产业链。

2000年之后的10年间，传统媒体集团的新媒体业务由原来的自我发展逐步转向与上市新媒体公司之间的合作为主导，如2006年前后的大渝网模式和19楼模式等、2010年末的腾讯·大粤网等，其业务也呈现全媒体战略布局。2010年新闻出版总署发布《新闻出版总署关于加快中国数字出版产业发展的若干意见》，提出加快推动传统出版单位数字化转型的任务，"十三五"规划也明确提出"加快发展网络视听、移动多媒体、数字出版、动漫游戏等新兴产业"。移动互联网时代，自媒体的飞速发展也为平面媒体提供了更广阔的服务空间，各家以数字内容生产为核心的平面媒体单位通过借助自媒体平台向不同用户群体提供知识与信息服务。根据《2017媒体融合传播指数报告发布》显示，从监测的全部媒体的渠道拓展情况来看，报纸在微博、微信、聚合新闻APP及自建APP的渠道扩展占比分别高达97%、98%、94%和87.5%②。

（三）音像市场的结构与规模变迁

音像市场又称音像制品市场，是指音像商品交易的领域和场

---

① 全锋：《全国城市报业发行网络联盟成员已扩充至37家》，载于《北京青年报》2006年6月27日。
② 《2017媒体融合传播指数报告发》，2018年4月2日，http://media.people.com.cn/n1/2018/0402/c14677-29901624.html。

所。主要有三层含义：一是指专门从事音像制品生产、流通和服务的行业体系，主要包括音像制品的制作、出版、复制、进出口、批发、零售、出租和放映等环节；二是指音像制品的流通和服务领域；三是指音像制品的市场购买力和消费能力[①]。

1. 中国音像市场发展历程。

改革开放以来，中国音像市场大体上经历了四个发展阶段：

（1）20世纪70~80年代：音像市场初现。

20世纪70年代末，海外音像制品从东南沿海不断涌入，录像放映迅速成为一种新兴的时尚文化现象。1979年，中国第一家录音制品生产单位——中国唱片总公司成立，中国音像出版发行事业得以迅速发展。到1982年底，录音带的发行量为500多万盒。1984年1月，由文化部管辖的中国录音录像公司成立。该公司成立的两年多时间里，录制出各种音乐、戏曲磁带300多种。1985年，录音带达到7 200多万盒，品种达1 824个，基本占领了全国录音市场[②]。

在20世纪80年代以前，中国的录像业发展很慢。与美国、日本存在很大的差距。1956年，美国安培公司研制出四磁头扫描机，使录像技术进入实用阶段。但当时的录像设备体积大、耗电多、操作复杂且价格昂贵，只能囿于广播业和科研部门使用。20世纪70年代，日本将电子技术引入录像，先后生产出体积小、结构简化、操作自动化、且价格较低的新型盒式磁带录像机。家用录像机和盒式录像带问世以后，十分迅速地在全世界开拓出一个不断增长的录像市场。20世纪80年代，在一些发达国家里，录像带租赁和销售的收入超过电影放映的收入。

20世纪80年代，中国音像市场进入起步发展时期。1986年

[①] 刘玉珠、柳士法：《文化市场学》，上海文艺出版社2002年版，第177页。
[②] 中国出版工作者协会：《中国出版年鉴（1986）》，中国书籍出版社1986年版，第215页。

6月，先后经广播电影电视部批准成立的音像出版单位达72家，经国家出版局批准的配合本版图书出版音像制品的图书出版社达54家。1986年底，全国生产录像带9.3万多盒。至1989年底，有专业音像出版社90家，配合本版图书出版音像制品的图书出版社90家，复录加工单位近200家和数以千计的发行单位，5万多个遍布城乡的录像放映点。配备现代科技条件的音像生产基础设施在中国已经初具规模。录音带发行量为3 000多个品种、1亿多盒，录像带有1 000多个品种、年产量为60万盒。音像制品基本占领了国内的销售市场①。

(2) 20世纪90年代：音像市场的快速迭代时期。

20世纪90年代初期，中国音像市场的规模较稳定，音像产业总产量持续增加。1994年出版单位共有298家，从业人员有8 722人；到1998年出版单位有293家，职工人数有9 524人，音像出版单位的机构数基本保持恒定，而从业人员有所增加②。

从20世纪90年代初期开始，录像制品的市场需求旺盛，发行量一直呈快速增长态势。1997年录像带的发行达到顶峰，随后种类开始减少，到1999年只剩6 456种。激光唱盘到1996年达历史最高纪录，年产量达到2 009 320张，VCD的增长幅度较大，由1994年的806 109张增长到1999年的63 419 090张。录像制品的总发行量呈直线上升局势，从1994年的366.4464万张猛增到2000年的5 832.5011万张。录像制品市场上，从20世纪80年代的单一录像带制品研发出高密度、高清晰度的激光视盘、VCD、DVD等系列新产品，不断进行更新换代，整个市场呈现一派欣欣向荣的景象③（见图1-1）。

---

① 中国出版工作者协会、中国出版科学研究所：《中国出版年鉴（1990~1991）》，中国书籍出版社1991年版，第5页。

② 叶朗：《中国文化产业年度发展报告（2004）》，湖南人民出版社2004年版，第140页。

③ 新闻出版署计划财务司编：1995~2000年《中国新闻出版统计资料汇编》，中国劳动社会保障出版社，1995~2000年版。

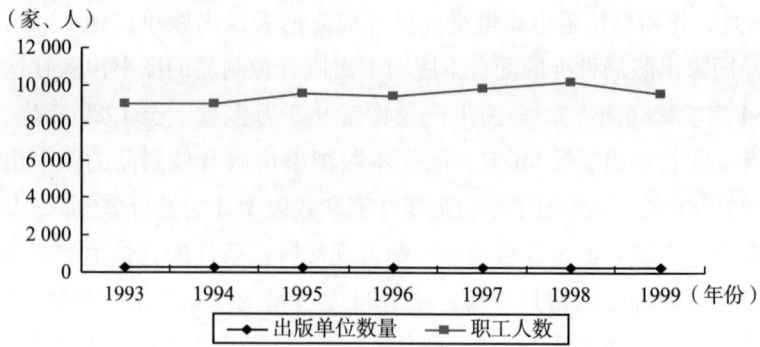

图 1-1　1993~1999 年全国音像出版单位数量和职工人数

资料来源：1994~2000 年《中国新闻出版统计资料汇编》，中国统计出版社。

20 世纪 90 年代中期以后，音像市场消费者对音像制品的需求有所改变，导致密纹唱片急剧萎缩、激光唱片迅猛增长，技术含量较高的 VCD 总发行量上升。

在对外贸易中，尽管音像制品的出口品种和数量在增长，1997~1999 年品种由 162 种增至 7 461 种，数量由 13 951 万盒增至 49 602 万盒；但进口的品种、数量和金额远远大于出口的品种、数量和金额，20 世纪 90 年代中国音像制品在国际市场处于贸易逆差的状况（见图 1-2）。

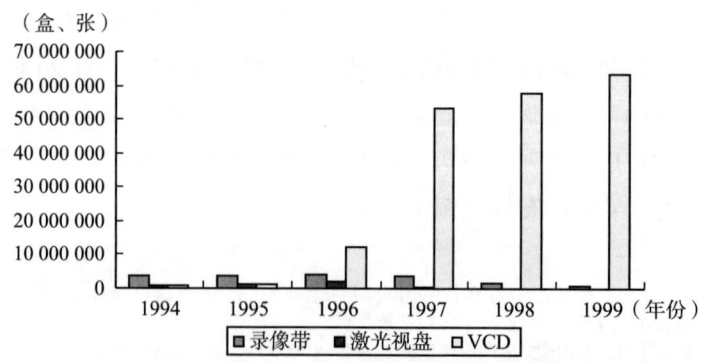

图 1-2　1994~1999 年全国录像制品出版情况

资料来源：1995~2000 年《中国新闻出版统计资料汇编》，中国统计出版社。

（3）21世纪初期的20年：中国音像市场的衰落与结构调整。

20世纪90年代后期，中国的音像市场进入结构调整时期。录音和录像制品市场出现分化。在录像制品市场不断增长的同时，录音制品受到科技产品的影响，在1997年达到一个高峰后逐步下滑。盒式音带在1997年达到一个高峰，1998年开始下降，1999年又有所回升。密纹唱片由1994年的120种、年产量43.81万张到1997几乎停产，2000～2002年徘徊在5～8种之间，2003年有所回升，2004年达到最高水平，有173个品种、101.73万张。总体上，录音制品市场显示逐渐萎缩的基本态势。

2000年以来，得益于文化体制改革的不断推进，中国音像市场有所回暖。音像出版业的发行总金额、出版数量等主要统计指标的增幅都在两位数以上①。2009年共生产盒式音带3 998种、16 584.17万张，高密度激光唱盘1 891种、2 409.89万张，激光唱片6 426种、4 681.42万张，录像带6种、3.17万张，高密度激光视盘6 879种、7 413.61万张，激光数码视盘6 184种、8 054.2万张。整体而言，盒式音带和录像带大幅度减少，高密度激光唱片和高密度激光视盘增量明显，激光唱片和激光数码视盘呈先升后降的趋势。

2010年以后音像市场规模逐渐缩小。从数据上来看，2016年共生产盒式音带1 526种、11 450.56万张，高密度激光唱盘1 343种、2 152.49万张，激光唱片5 844种、7 755.36万张，录像带154种、33.85万张，高密度激光视盘4 725种、4 712.67万张，激光数码视盘792种、1 479.69万张。与上一阶段相比，录像带种数有所增加，高密度激光唱盘和高密度激光视盘种数逐年减少，激光唱片的种数相对稳定，但激光数码视盘的种数大幅

---

① 国家文化创新与发展研究基地、北京大学文化产业研究编：《中国文化产业年度发展报告（2005）》，湖南人民出版社2006年版，第101页。

减少，呈现出较为相异的发展趋势①。

2. 中国音像市场发展的总体特征。

（1）音像市场迅速崛起，行业联盟和连锁经营成为政府规范市场管理的主要方式。

20世纪90年代以来，中国音像业迅速发展，在传统的文化事业体系之外迅速形成一个专业性市场。在强大市场需求的推动下，中国的音像市场体系逐渐完备，市场结构日趋合理，产业结构也趋于优化。20世纪90年代中期以后，单一的国有制音像企业已转变为国有、民营、外资共存的局面，而且多种资本之间不断融合，形成合作经营的局面。

20世纪90年代中期以前，中国音像市场的高利润、高回报吸引了众多投资者的进入，高速发展的市场、快速的市场化、低进入门槛和日益壮大的投资者队伍在不断促进中国音像市场发展的同时，也带来了恶性竞争、违规操作等问题。在规范市场管理的目标下，各地政府通过推动建立音像城的方式，不断探索音像市场的连锁经营道路，试图建立一个统一、有序的音像市场。1996年4月，上海美亚音像有限公司正式成立，开始尝试连锁经营的模式，开启了中国音像市场连锁经营的历史。同一时期北京好望角、四星音像、山东爱书人等企业也相继尝试连锁经营。1998年，文化部颁发了《关于音像制品连锁管理问题的通知》，首次明确提出大力推进"音像连锁"。经营连锁经营的初期探索并未取得很好的市场效益，因此，文化部于2001年又发布了《文化部关于促进和规范音像制品连锁经营的通知》，对连锁企业资格的审批提出明确要求，以规范和加速音像业的连锁之路。2001年和2002年，文化部先后在上海和山东积极推动连锁经营模式的发展，突出示范效应。2003年4月，文化部下发《关于

---

① 《中国出版年鉴》杂志社有限公司编：《中国出版年鉴（2017）》，《中国出版年鉴》杂志社有限公司2017年版，第927页。

促进和规范音像制品连锁经营的通知》，对音像制品连锁经营作出新的规定，为连锁发展提供了更大的政策支持。2003年以后，国美音像、山东爱书人、上海天鼎、广州五洲回响等先后取得了全国连锁的牌照。

音像市场的连锁经营培育出行业领军者。最早成立的上海美亚音像连锁经营有限公司自1998年音像收入呈逐年稳步增长态势，1998年全部收入合计1 500万元，1999年底合计7 900万元，2000年达12 000万元，2002年开设连锁门店达200多家，营业额为1.2亿元。华人传媒发展有限公司于2002年9月获得音像连锁的全国牌照，直营店门店达50多家，配送中心的总面积达5 000平方米，标准店的门店规模在500平方米以上，员工数为1 200多人，2003年销售额超过1亿元人民币[①]。

（2）音像市场与国际接轨，音像产品对外贸易存在较大逆差。

1999年4月，国家文化部和海关总署联合发布了《音像制品进口管理办法》，核定了国内54家音像制品单位的进出口资格，对进出口单位负责人进行培训，成立了专家委员会，规范了内容审查标准和审批程序，建立了系统的管理制度。鉴于中外文化贸易的逆差，2004年7月，文化部、商务部、海关总署联合下发《关于促进国产音像制品出口的通知》，鼓励和支持音像制品拓展海外市场。

2000年，中国政府相关部门分别在洛杉矶、旧金山、休斯敦和芝加哥等地举办了"中国音像制品巡回展"，共推出大陆音像制品1 335箱共计27万张光盘，仅旧金山东风书店当年就成交中国音像制品达30多万美元。这是中国大陆音像制品正式在美国落地。此后几年，中国的音像制品进出口贸易迅速发展，民营企业成为主力军。广东音像城自2002年11月起，每月出口额都

---

① 《音像业连锁经营企业的生存和发展状况大调查》，2004年8月9日，http://ent.icxo.com/htmlnews/2004/08/09/290294.htm。

在150万元人民币以上,2003年出口额达到2 100万元人民币;广州俏佳人公司音像制品年出口额在1 500万元人民币以上;广东杰盛唱片有限公司2004年出口国产音像制品590万张,金额达1 620万元人民币。2005年2月,俏佳人、孔雀廊、东和兴、广州音像出版社等8家单位合资在美国洛杉矶市成立了美国中国音像城有限公司,专营国产音像制品,营业面积达2 000平方米,品种多达两万余个①。

数据统计表明,音像制品的进出口仍存在较大逆差。2016年,全国累计出口音像制品、电子出版物与数字出版物11.75万盒(张)、3 225.66万美元,进口10.81万盒(张)、25 859.38万美元。总体上,中国音像市场处于贸易逆差状态②。

(3)新兴媒体和新型消费方式的冲击愈发明显,传统音像市场结构转型。

20世纪90年代后期,以录音带、录像带、唱片、影碟等为主的音像市场进入低迷状态。而随着网络的不断发展,网络音乐下载、MP3、MP4、手机电影、数字电视等新技术的发展给传统音像出版业带来前所未有的冲击,电子音像产品不断发生变化,消费者的需求不断升级,消费者更习惯于从互联网下载喜爱的音频和视频节目。音像制品市场的传统销售业务开始急剧下滑,2013年,全国共出版音像制品16 972种,较2012年降低8.2%;出版数量4.1亿盒(张),增长3.1%;发行数量3.4亿盒(张),降低1.7%;发行总金额17.1亿元,降低7.9%。音像制品出版实现营业收入24.7亿元,降低12.8%;利润总额3.4亿元,降低2.8%③。

---

① 《国产音像制品出口当前总体情况及发展走势分析》,2013年12月4日,http://www.doc88.com/p-190266535065.html。
② 《2016年新闻出版产业分析报告》,2017年7月25日,http://www.keyin.cn/news/sczc/201707/25-1106142.shtml。
③ 《中国出版年鉴》杂志社有限公司编:《中国出版年鉴(2014)》,《中国出版年鉴》杂志社有限公司2014年版,第864页。

第一章　中国文化商品市场及其消费结构的变迁

音像市场的变迁是一种技术影响下的全球市场变迁。以唱片业为例，在互联网和数字化技术的影响下，全球音乐产业链发生了巨大变化。20世纪中后期，全球唱片市场可以说由环球、索尼、华纳和百代"四大"公司主导，这四大公司控制了全球音乐销售份额的80%。但是进入21世纪，面对信息技术的巨大冲击，四大公司反应迟钝，错过了互联网音乐转型的战略机遇。2006年，全球音乐产业销售市场中，环球、索尼、华纳和百代所占的比重分别为25.7%、21.2%、13.8%和12.8%，到2011年分别下降到19.5%、18.1%、9.6%和7.2%[①]。就国内市场而言，20世纪90年代中期，唱片的销量也是直转而下。从1996年起，中国内地的唱片销售量每年都以40%左右的份额下降[②]。整个音像业的实体销售额度大幅下滑。音像市场上的品种从2007年的3.2万种到2008年的2.35万种和2009年的2.11万种，下降幅度为26.48%；发行总金额从2007年的31.46亿元到2008年的18.44亿元和2009年的14.97亿元，下降幅度为41.38%[③]。

尽管传统音像市场持续低迷，但数字音像市场则实现井喷式增长。以数字音乐市场为例，数据显示，中国数字音乐市场规模在2012年约为18亿元，2017年已增至180亿元，复合增速达58.84%。2010年以后，随着付费订阅模式在视频等领域获得成功，付费模式成为未来数字音乐发展的核心商业模式。

在中国音像市场的变革转型期，国家致力于推动音像市场的发展转型。2011年3月19日，国务院公布新修订的《音像制品管理条例》，明确国务院出版行政主管部门负责全国音像制品的出版、制作、复制、进口、批发、零售和出租的监督管理工作，

---

① Kuhar A. J, Serio L. D., New musical production era: how the value in the musical supply chain has moved//POMS 2013-24 th Anual conference, 2013.
② 《毁灭——浮沉：中国唱片业三十年》，载于《全球商业经典》2013年第4期。
③ 叶朗：《2010年中国文化产业年度发展报告》，北京大学出版社2010年版，第43页。

这意味着原来由出版和文化两部门主管音像制品的体制谢幕。针对中国音像市场面临的困境,国家政策致力于推动音像市场走向电子化、数字化、网络化,推进中国音像市场的转型。

(四) 文物艺术品市场的结构与规模变迁

中国自古就有文物艺术品收藏的传统,形成了文物艺术品消费的广泛性社会基础。改革开放以前,由于民众生活水平较低,文物艺术品的消费需求被抑制,国家计划体制也没有设立文物艺术品的生产和分配渠道。20世纪90年代中后期,社会经济发展,国民财富增长,市场体系的日益完备,中国文物艺术品市场重新启动并迅速发展成为与北美、欧洲市场规模并列的三大专业市场。

1. 中国文物艺术品市场发展历程。

(1) 1995~2005年:起步发展阶段。

中国文物艺术品市场是随着中国经济的发展和市场体制的成熟而成长起来的专业性市场。1995年,全国文物业经营机构有3 242处,从业人员为56 133人,总收入为94 786.1万元,固定资产为165 388.2万元,文物藏品有11 331 575件,参观人次为13 827.7万人次。2005年,上述指标分别增长到4 030处、82 988人、758 393.3万元、914 579.6万元、23 042 098件、17 657.4万人次。

进入21世纪,随着社会主义市场经济体制的确立,中国文物艺术品市场作为商品市场的有机组成部分在计划体制之外快速成长,市场规模迅速扩大。

2002年,全国共有美术公司285家,画店画廊1 464家,艺术品拍卖公司92家,从业人员为9 000余人,艺术品经营企业营业收入为4.7亿元,主营业务利润为1亿元[①]。2005年,全国文

---

① 文化部计划财务司编:《中国文化文物统计年鉴 (2003)》,北京图书馆出版社2003年版,第324页。

物业经营机构有4 030家,从业人员82 988人,总收入为758 393.3万元,固定资产为914 579.6万元,文物藏品有23 042 098件,参观人次达17 657.4万人次,其中博物馆从业人员有38 063人,藏品有16 199 377件,总收入达344 539.2万元,增加值为200 343.6万元,上缴税收2 032.4万元。古玩市场的年经营额突破50亿元,拍卖行连创新高。2003年底,国内文物艺术品收藏者将近4 000万人,2004年,艺术品收藏者和投资者已经超过7 000万人,占全国人口的6%,艺术品市场的交易额近200亿元[1]。中国文物艺术品市场由古玩市场、文物商店、画廊、拍卖行等专业性市场组成,各个专业市场呈现出不同的发展概况。

古玩市场的经营状况如下。随着经济发展水平、居民收入水平的提高和全民收藏热潮的兴盛,古玩市场交易日益活跃。2005年,各地政府在发展文化产业的背景下,相继建立起一些新的古玩市场。据估计,目前中国最大的古玩市场之一——北京潘家园市场的年成交额约在4亿~6亿元之间。规模和影响都位居国家之首的北京文物收藏品市场年交易额至少达11亿元。2004年,全国各类收藏协会、收藏品市场均已超过万家,古玩投资市场趋向成熟。国内文物古玩市场营业额已突破50亿元大关[2]。

文物商店的经营状况如下。中国政府1981年颁布的《文物商店工作条例(试行)》规定:"文物商店是国家设立的文物事业单位,在其内部实行企业管理。它的主要任务是通过商业手段,收集流散在社会上的文物使之得到保护,为博物馆(院)和有关科研部门提供藏品和资料,并把完成这一任务作为检验文物商店工作成绩的重要尺度。同时,将一般不需要由国家收藏的文物投放市场,满足国内文物爱好者需要,或为国家创造较高的外汇收入。"文物商店从事文物购销、经营文物艺术品,与从事

---

[1] 赵静:《文物流通市场存在问题刍议》,载于《文博》2006年第3期。
[2] 宋建文:《盘点国内古玩市场》,载于《中国拍卖》2005年第4期。

文物拍卖的拍卖企业构成文物特许专营市场的两大主体。20世纪80年代以前，文物商店是中国唯一合法的文物收购和销售机构，其主要任务是通过商业手段收集民间文物并妥善保管，鉴定和判断经营性和非经营性的藏品，将非经营性的文物归入国家各级文物保护和研究机构，将经营性的文物投放市场。

与博物馆、美术馆相比，文物商店的市场经营性较强。2002年10月通过的《文物保护法》规定，文物商店不得从事文物拍卖经营活动，不得成立文物拍卖企业。文物商店的业务缩减。尽管如此，文物商店仍然凭借其专业的人才、信誉和国家赋予的政策优势成为业界的权威机构，发展较为平稳。

统计数据显示，1995~2005年，中国文物商店的数量基本保持稳定，1995年有107个，2005年有97个，1997年有123个；从业人员总体上呈减少趋势，1998年从业人员最多达3 275人，2005年只有2 310人；行业总收入总体呈上升趋势，2005年达到49 008.6万元，增加值为17 465.1万元，上缴税收5 147.8万元，盈利5 135.3万元。

画廊（画店）的经营状况如下。画廊在中国刚刚兴起，历史短暂，其从20世纪80年代开始起步，经历了20年的发展，到20世纪末达到高峰。20年来，由于这一市场经历从高利润到平均利润的回落，进入21世纪后，中国画廊业进入行业调整阶段，逐渐走上平稳和规范的发展道路。表现在市场上，就是行业的市场规模缩减，从业人员减少，平均利润下降等。统计数据表明，1996~2005年，中国画廊、画店的总体规模在不断地缩小。1996年，画廊、画店有1 337个，从业人员有7 860人，营业面积达11.5万平方米，注册资本为14 370.1万元，固定资产原值为16 101.9万元，净利润为1 364.2万元，应交所得税为353.2万元，增加值为12 685.1万元，经营收入为35 080.5万元；到2005年，上述指标相应地缩减为：414个、1 072人、6.68万平方米、3 791.4万元、4 101.1万元、894.0万元、17.7万元、

1 691.5 万元、4 227.4 万元。

美术公司和文物艺术品拍卖行的状况如下。20 世纪 80 年代拍卖公司出现以前,中国文物艺术品市场主要由美术公司兼营文物艺术品的拍卖业务。20 世纪 80 年代到 2005 年,全国美术公司一直是文物艺术品市场的经营主体。1996 年,全国有美术公司 404 家,从业人员 968 人,注册资本为 1 094.6 万元,固定资产原值为 827.7 万元,主营业收入为 742.9 万元,应交所得税为 1.1 万元,营业利润为 384.6 万元,增加值为 669.2 万元;到 2004 年,中国文物艺术品市场有美术公司 445 家、从业人员为 1 004 人、注册资本为 1 935.1 万元、固定资产原值为 1 004.7 万元、主营业收入为 1 684.5 万元、应交所得税为 12.4 万元、营业利润为 208.9 万元、增加值为 738.3 万元,营业面积由 49 000 平方米缩减到 17 600 平方米;2005 年,美术公司的经营规模大幅缩减,指标下滑,机构数为 95 个,从业人员 393 人,营业面积 11 300 平方米,注册资本为 2 635.9 万元,固定资产值为 726.8 万元,主营业务收入为 896.5 万元,所得税为 13.4 万元,营业利润为 234.9 万元,增加值为 409.3 万元。

20 世纪 80 年代中期,拍卖公司开始登上文物艺术品市场的舞台。中华人民共和国成立后,原来的拍卖行在公私合营的浪潮中被淘汰,中国很长一段时期内不存在拍卖公司。1986 年,中国第一家拍卖行在广州出现,中断了多年的中国拍卖行业重新恢复。1992 年,中国艺术品拍卖市场的第一槌在深圳市拍卖行敲响。1993 年,上海朵云轩、中国嘉德相继成立。1994 年,北京瀚海成立。这些公司的诞生,标志着中国文物艺术品拍卖的再度崛起。由此,中国文物艺术品拍卖行业踏上了萌芽、发育和发展的旅程[①]。随着拍卖行业的发展和变化,国家先后颁布了《文物

---

① 张延华:《正在崛起的中国艺术品拍卖市场》,载于《艺术市场》2005 年第 3 期。

拍卖试点管理办法》和《文物拍卖管理暂行条例》。随后，国家文化部和国内贸易部又分别颁布了《艺术品市场管理规定》和《拍卖市场管理办法》等规定，使文物艺术品拍卖的管理逐步制度化、合法化。1996年《中华人民共和国拍卖法》诞生，标志着中国艺术品拍卖正式走上了法制化的轨道。2004年8月，为适应中国文物艺术品市场新的情况，进一步规范中国拍卖行业的发展，中国政府通过了《关于修改〈中华人民共和国拍卖法〉的决定》的规定。

1996～2005年，艺术品公司的经营业绩不景气，而且变化起伏较大。1996年，营业收入为1 232.2万元，应交所得税为2.8万元，营业利润为21.4万元，增加值为836.4万元。2005年，营业收入为896.5万元，应交所得税为13.4万元，营业利润为333.9万元，增加值为403.9万元。

2000年之前，艺术品拍卖处于酝酿、起步时期，全国拍卖成交额最高的一年仅有近4亿元人民币。2001年以来的5年多时间里，艺术品拍卖规模逐年递增，2005年春季达到顶峰[①]。全国文物艺术品拍卖市场2000年成交总额为35 161万元；2001年为58 715万元，比上年增长67%；2002年成交总额为73 584万元，比上年增长25%；2003年较2002年有明显的提高，增长31%[②]。嘉德等知名拍卖公司的发展更为迅速，2005年的春拍成交为6亿元，秋拍总成交额为6.97亿元，比2004年秋拍4.8亿元的成交额增长45%。据统计，2005年内地共有拍卖企业近200家，知名拍卖企业74家，组织了573个艺术品拍卖专场，总成交额高达144.5亿元[③]。无论是从拍卖企业数量、规模，还是拍

[①] 郑鑫尧：《2006亚洲艺术产经台北论坛讲稿 中国艺术品拍卖市场近10年综述》，载于《中国拍卖》2006年第7期。

[②] 赵榆、利民：《文物市场2002年回顾》，载于《收藏家》2003年第2期；赵榆、利民：《2003年中国文物艺术品拍卖市场》，载于《美术观察》2004年第4期。

[③] 北京大学国家文化产业创新与发展研究基地编：《中国文化产业年度发展报告（2006）》，湖南人民出版社2006年版，第655页。

卖成交额来看，中国文物艺术品拍卖行业在保持原有的发展基础上呈现稳定、快速的发展业态。

（2）2006~2016年：转型发展阶段。

2006~2016年是中国文物业迅速发展时期。2006年，全国文物业经营机构有4 092处，从业人员有80 894人，总收入为882 859.7万元，固定资产为1 049 400.1万元，文物藏品有1 845.344万件，参观人数为184 443万人次。2016年，上述指标分别增至8 954处、151 430人、4 714 830.2万元、7 454 225.2万元、4 455.88万件、101 267.45万人次，各项指标有所增长，但文物艺术品市场出现了结构转型。

古玩市场的经营状况如下。《2016~2021年中国古玩行业市场供需前景预测深度研究报告》数据显示，2012年上半年古玩城整体开始萎缩，2014年秋萎缩现象显现，2015年集体进入"初冬"，2016年古玩城进入"寒冬"。究其原因，与法规缺失、市场供过于求、赝品泛滥、收藏者高位套牢等因素有关[①]。同时，中国古玩收藏的中低价位段正在升温，古玩渐成普通人能接受的大众消费项目。在各大城市古玩市场"淘宝"、从事旧货收藏的人越来越多，如北京的潘家园、成都的送仙桥、南京夫子庙等，每到周末就热闹非凡。

文物商店的经营状况如下。2006~2016年，中国文物商店的数量呈逐年递减趋势，2006年有96家，到2016年只有68家；从业人员同样呈现出减少趋势，从2 355人减少到1 364人；文物商店的固定资产、营业收入、营业成本和营业利润呈倒"U"型发展，2011~2014年发展势头强劲，之后呈下降趋势。

画廊（画店）的经营状况。文物艺术品市场不景气，画廊经营困难。2014年，《艺术画廊管理》一书在德国首次出版，引

---

① 《2016年中国古玩行业现状调查报告》，2017年11月15日，http：//www.ruiwen.com/gongwen/diaochabaogao/125799.html。

发业界热议。作者马格纳斯·雷施是一位德国企业家兼艺术顾问,他在书中指出,绝大多数画廊投资不足、低效运营。根据他的调查,30%的画廊实际上在亏本经营,接受调查画廊的平均利润率仅为6.5%。租金过高、艺术家分成太高、大家都在销售看起来差不多的作品、画廊不擅长市场营销和品牌管理、不能以任何可衡量的方式开创新的商业模式等,是阻碍画廊发展的几个关键因素。但是,据中央美术学院艺术市场分析研究中心统计,随着销售策略有所转变,2015年上半年中国画廊经营数据扭转了自2011年连续三年下跌的颓势,开始触底反弹。2014年下半年至2015年上半年,广州新成立的画廊有10多家,包括听尘艺术空间、33艺术中心、艺廊里等①。

文物艺术品拍卖行的经营状况。2017年,全国文物艺术品拍卖市场稳步回升,成交21.09万件(套),成交额为310.52亿元(不含佣金),同比增长5.74%。截至2018年5月15日,共完成结算153.22亿元(不含佣金)。其中,近现代书画和当代书画成交额同比分别增长10.18%和113.04%,而古代书画、瓷玉杂项、油画及当代艺术、古籍碑帖等门类成交额均有所下滑。伴随近几年私人美术馆的新发展,中国艺术品的市场价格空间被再度拉高。在中国大陆和海外,高价区间成交额都有显著增长。2017年,齐白石的《山水十二条屏》以1.4亿美元成交,成为全球最贵的中国艺术品,这意味着中国艺术家首次以过亿美元的价格成交,与毕加索、莫迪里阿尼等西方艺术大师达到了同一价格高度。然而,随着市场越发向高价区间倾斜,中国大陆的拍卖结算问题依然存在。截至2018年5月15日,所有2017年成交的拍品中,完成结算的拍品总额仅为总成交额的49%,降至历年来最低,而在1 000万元人民币以上成交的拍品中,完成结算

---

① 《2015年中国画廊行业现状分析》,2015年8月20日,http://m.chinabgao.com/k/hualang/18883.html。

的比例则降至28%①。

2. 中国文物艺术品市场的总体特征。

（1）文物艺术品收藏成为社会大众消费，资本运作出现多元化。

中国的文物艺术品市场经历了三次高潮。第一次是改革开放初期，中国台湾、香港等周边繁荣的经济渗透进入刚刚开放的大陆（内地）文物艺术品市场特别是书画市场，引起了中国艺术品价格在文化市场上的大幅上扬；第二次是1993年和1994年，由于中国拍卖业的勃兴所带来文物艺术品投资热潮，引发了民间收藏热潮；第三次高潮是2000年后，由于海外投资的进入，中国艺术品价格在国际市场上屡屡刷新成交纪录，在2004年、2005年将中国的文物艺术交易水平推向了一个新的高峰②。

当代中国文物艺术品市场已不再是国家单一的投资主体，也是民间爱好者、社会资金和国外资本投资的热点领域。这一市场上的投资主体业已包括了国家文化文物主管部门、民营企业、海外资本等。国家公益性文物机构如文物保护科研机构、博物馆、美术馆、文物商店、画廊等，均参与了文物收集和一些重点回流文物的收购。2003年度，国家公共财政给文博系统的资金首次突破了100亿元，其中财政安排专门经费用于收购重要文物艺术品③。从民营投资来看，文物艺术品市场民营资本活跃。众多的民营企业家通过投资、合资的方式进入文物艺术品市场。艺术品投资取代股票、房地产等产品逐步成为一种新兴的投资行业。其中江浙一带的民营企业家异常活跃，很多的房产企业家较大规模地投资艺术品。在慈溪、宁波两地，投资艺术品金额在1亿元以

---

① 《2017中国文物艺术品拍卖市场统计年报》，2018年8月9日，https：//cang.cngold.org/c/2018-08-10/c5911494.html。
② 李蕊：《2004年中国艺术品市场发展态势与管理思路》，引自刘玉珠主编：《2004年中国文化市场发展报告》，民族出版社2005年版，第47页。
③ 叶朗：《中国文化产业年度发展报告（2004）》，湖南人民出版社2004年版，第300页。

上的企业家就有二三十位之多。南京天地集团、常州蓝宝集团、浙江小小集团、浙江金轮集团、浙江徐龙食品集团等都在艺术品投资方面"挥金如土"[①]。在民营资金的带动下，中国文物艺术品的市场价格成几何倍数增长，推动了中国文物艺术品市场的繁荣昌盛。

从国外投资来看，加入世贸组织后新一轮的海外投资驱动了文物艺术品市场的第三次高潮。国外投资涉及艺术品经营的多个方面，如画廊和各类艺术中心。除北京较早出现的红门画廊、东京画廊、四合院画廊等外资画廊外，2005年意大利常青画廊、布鲁塞尔的阿波提基国际当代艺术基金会、台北帝门艺术中心、马德里法比恩·弗兰斯画廊业开始在北京设立分部[②]。海外资本中的英国铁路养老基金会、佳士得拍卖公司原执行官菲利蒲·霍夫曼主持的英国美术基金、银行业中的JP摩根等，采取艺术基金的投资方式大规模投资于中国艺术品市场，这些境外资本为中国的文物艺术品市场带来了先进的经营理念，推动了艺术品市场的发展。

（2）文物艺术品的三级市场非均衡发展，呈现"两小一大"的格局。

文物艺术品市场一般分为三个层级市场：一级市场经营是通过购买和销售直接实现文物艺术品所有权的转移，这类经营主体主要是文物商店、画廊、画店以及美术品经营公司等；二级市场是文物艺术品的经纪市场，是通过第三方的中介行为完成产品所有权的转移，市场主体是拍卖和经纪公司；三级市场则是团体或个人消费市场，是市场主体直接消费的终端市场，其主体是文物艺术产品的直接消费者[③]。

---

① 《江浙企业家投资中国艺术品》，2005年7月2日，https：//news.artron.net/20050702/n15706.html。

② 李蕊：《2005年中国艺术品市场发展态势及趋势分析》，引自刘玉珠主编：《2005中国文化市场发展报告》，民族出版社2006年版，第102页。

③ 北京大学文化产业研究所、国家文化产业创新与发展研究基地编：《中国文化产业年度发展报告（2006）》，湖南人民出版社2006年版，第646页。

第一章　中国文化商品市场及其消费结构的变迁

在西方发达国家，文物艺术品的三级市场是一个均衡发展的态势，这是由于各级市场发展历史悠久，法规完备，都形成了相对稳定的目标市场和细分消费对象，而且三级市场之间的相互借势和合作机制促使其艺术品市场形成三分天下的格局。但在中国的特殊国情和艺术品爆发式发展历史条件下，三级市场的格局呈现非均衡发展的态势。二级市场（拍卖市场）成为业内主导力量，三级市场普及到广大消费群体，发展迅速，而一级市场发展相比之下较为迟缓，呈现出"中间大、两头小"的态势。

以画廊、画店、文物商店和美术品公司为主要经营主体的一级市场，在艺术品市场发展初期作用显著。这些文物机构主导了中国的文物品收集、保护、鉴定，以及经营等职能，但受制于其事业属性单位、功能属性局限，一级市场上的文物艺术品收购价格低，货源不足，而且部分文物艺术品收归国家收藏，经营机制上长期不能实现创新，在市场机制的强大作用下，相比于二、三级市场的发展速度，一级市场呈现逐步萎缩的态势。

以拍卖为主要业务的二级市场近 10 年来发展迅速，占据了艺术品市场的主要利润空间。2004 年，排名全国前 10 名的拍卖公司的成交额都达到了 1 亿元以上，最高的北京瀚海拍卖有限公司成交额达到 11.85 亿元[①]。拍卖市场丰厚的利润回报驱动了众多的投资热情，导致近年来出现拍卖高潮，成为中国艺术品市场最引人注目的领域。

与二级市场的火爆相比，三级市场具有很大的发展空间。1993 年，举办了中国第一个"艺博会"——首届中国艺博会，揭开了艺术博览会的序幕。其后相继出现了广州国际艺博会、上海艺博会、中国国际画廊博览会、北京首都艺博会、杭州西湖艺博会、大连国际艺博会、烟台艺博会等。以中国艺术博览会为例，1992 年以来连续举办了 14 届，其规模和影响力也不断提

---

① 《2004 年拍卖公司总成交额风云榜》，载于《艺术市场》2005 年第 3 期。

升,得到国内外美术界、美术品经营界、收藏界、企业界、新闻界的广泛认同和支持。2004年4月,中国举办首届国际画廊博览会,到2017年共举办了13届,成为画廊业经营模式中非常重要的展示、交易平台。其他专业性、地方性的博览会的日益壮大,在专业内和区域市场中颇具影响,取得了良好的社会效益和经济效益。这些艺术博览会的出现和成长,加速了中国艺术品三级市场的发展。

(3) 产业体系和市场分层结构得到初步发育,领军企业逐步形成。

中国最先成长起来的拍卖企业经过10来年的高速发展已初具品牌规模,形成强者愈强的马太效应。北京保利国际拍卖有限公司、中国嘉德国际拍卖有限公司、香港苏富比有限公司、佳士得香港有限公司、北京匡时国际拍卖有限公司、北京荣宝斋拍卖有限公司、上海朵云轩集团、深圳中安国际拍卖有限公司、西泠印社拍卖有限公司、北京翰海拍卖有限公司是中国最负盛名的10家拍卖企业。

以中国嘉德国际拍卖有限公司为例,自1993年成立以来,嘉德每年举办多次拍卖活动,2013年上半年共成交33.27亿元人民币,位居包含内地及港澳台拍卖公司的成交排行榜首位,领航中国艺术品市场。2015年拍卖成交总额达5.53亿美元,居世界第四位。此外,嘉德举办了数十次国际性文物艺术品拍卖活动,扩大了国内和国际知名度。1999年中国嘉德被共青团中央和国家内贸局授予国内拍卖业唯一一家"青年文明号"单位;2001~2003年,中国嘉德连续荣获同业最高资质"中国拍卖AAA级企业"[1]。其他如中贸圣佳、北京保利、北京华辰朵云轩、北京翰海等文物艺术品拍卖公司,也通过固定期的春秋两季拍卖会活动跻身于文物艺术品市场中的第一梯队。

---

[1] 北京大学文化产业研究所、国家文化产业创新与发展研究基地编:《中国文化产业年度发展报告(2006)》,湖南人民出版社2006年版,第684页。

画廊业中的红门画廊由澳大利亚人布朗·华莱士于 1991 年创办,该企业每年定期组织 6~8 人的个人作品展览,在夏冬两季都举办红门画廊艺术家联展。除此之外,红门画廊自始至终立足于建立广泛的国际国内的联络,多次在国内外举办中国艺术展以及中外艺术家联展,并向中国介绍国外当代艺术,成为中国当代艺术的发展以及中西方艺术交流的领路者。2001 年,红门画廊被评为中国最佳画廊[①]。2015 年拍卖成交总额前 10 强拍卖行的情况如表 1-1 所示。

表 1-1　　　　2015 年拍卖成交总额前 10 强拍卖行

序号	拍卖公司	国别	总成交额（美元）	拍出件数（件）
1	佳士得	英国	4 968 338 763	19 238
2	苏富比	英国	4 570 332 893	14 805
3	保利拍卖	中国	833 136 882	9 922
4	中国嘉德	中国	553 020 191	7 695
5	菲利普斯	英国	397 524 395	3 311
6	匡时国际	中国	294 044 650	3 720
7	西泠印社	中国	199 486 812	3 140
8	上海嘉禾	中国	160 679 547	1 893
9	北京瀚海	中国	147 791 657	4 492
10	邦瀚斯	英国	143 121 888	8 949

资料来源:中国产业信息网:《2017 年中国艺术品拍卖行业发展趋势及市场规模预测》,2017 年 3 月 10 日,http://www.chyxx.com/industry/201703/502648.html。

(4) 文物艺术品市场与信息技术联系日益紧密,网络拍卖成为市场新宠。

随着互联网技术的发展和普及,文物艺术品市场也走上了网

---

① 赵榆:《新世纪的辉煌——中国大陆文物艺术品拍卖市场 2001 年的回顾与展望》,2006 年 8 月 28 日,www.sxtvs.com/life/ShowBody.asp?MsgID=1667。

上拍卖轨道。网络拍卖,又称线上拍卖(online auction),已成为艺术品市场的重要组成部分。1995年9月,易趣(eBay)网站诞生,为消费者和拍卖行之间搭建了一个网络交易平台,中国的网络拍卖开始起步。这种在线拍卖的种类极多,包含艺术品和古董文物中的大多类别,邮票、古币、古董、字画等均进入其拍卖领域。据统计,1998年,每月eBay的顾客达600万人次,成交200万次,每次从交易中收取1.25%~5%的手续费[①]。到2000年,易趣和亚马逊(eBay and Amazon)以及艺术拍卖业的龙头企业苏富比拍卖公司纷纷投入网络拍卖市场之中。2003年,淘宝、新浪、雅虎联手进军拍卖行业,显示了网络拍卖服务领域巨大的赢利空间。

2012年,全国共有656家企业申请网络拍卖平台的应用,举行正式网络拍卖会1 192场,成交标的为1 643件,总成交额为11.4亿多元。2016年,浙江法院在淘宝网的拍卖平台对24 252件拍品进行拍卖,总成交额高达576.4323亿元,成交率为93.27%,所有成交的拍品平均溢价率接近50%,较过去传统委托拍卖分别提高17个百分点和27个百分点,为当事人节约佣金12多亿元[②]。

(五)中国文化娱乐用品市场的发展概况

娱乐用品是指专供人们玩赏、具有休闲、消遣、益智和健身等用途的各类文化产品[③]。包括大型游艺设备、棋牌用品、电子娱乐设备、表演用品、乐器以及户外用品等。中国文化娱乐用品市场随着中国改革开放后经济发展的步伐而起,到21世纪初期蔚为大观,成为世界文化市场中最重要的专业市场。

---

① 钟以谦编著:《媒体与广告》,中国人民大学出版社2001年版,第312页。
② 张萃:《论司法拍卖改革视野下网络司法拍卖的完善》,2018年2月23日,http://gxfy.chinacourt.gov.cn/article/detail/2018/02/id/3210324.shtml。
③ 赵玉忠:《文化市场概论》,中国时代经济出版社2004年版,第113页。

第一章　中国文化商品市场及其消费结构的变迁

1. 游戏、游艺类娱乐用品（玩具用品）市场。

2017年底，中国游戏行业整体营业收入约为2 189.6亿元，同比增长23.1%。移动游戏以全年约1 122.1亿元的营业收入领先，同比增长38.5%，占网络游戏的市场份额达55.8%；客户端游戏营业收入约为696.6亿元，同比上升18.2%，占网络游戏市场比重为34.6%；网页游戏营业收入约为192.3亿元，同比下降14.7%，占网络游戏市场总份额的9.6%。在用户量方面，客户端游戏用户数量约1.5亿，与2016年基本持平；移动游戏用户约4.6亿，同比增长9.0%；网页游戏用户约2.4亿，同比下降2.0%[①]。

在玩具市场方面，2017年中国玩具市场运行总体良好，据国家工信部和统计局等相关部门的数据，2016年全行业产销率为97.8%，同比微降0.3%；主营业务收入为2 357.1亿元，同比增长8.5%；利润总额为127.8亿元，同比增长8.8%；全国有一定规模的玩具生产企业估计超过7 000家，2016年有出口记录的企业有9 659家。

相对于欧、美、日等发达国家，中国玩具业起步较晚，企业集中程度较低，尚处于初期发展阶段。但是从规模上来看，中国是玩具生产和出口的大国。2017年中国玩具产业出口金额创出2008年国际金融危机后10年来最大的增幅。据海关的统计数据，全年玩具出口441.5亿美元，同比增长31.2%；其中传统玩具出口金额239.61亿美元，同比增长30.4%。世界玩具市场上销售的产品超过70%由中国制造，欧美市场更是超过80%。广东依然是中国玩具出口第一大省，全年产品出口227.06亿美元，同比增长24.1%，占全国玩具出口总金额的51.49%；其中传统玩具出口130.43亿美元，同比增长14.36%，占全国玩具出口总

---

① 《2017年中国游戏行业发展报告》，2017年11月29日，http://www.xinhuanet.com/info/2017-11/29/c_136786870.htm。

金额的 54.47%①。

2. 体育健身类娱乐用品市场。

2013 年，中国体育用品行业（运动服、运动鞋、运动器材及相关体育产品的制造和销售）增加值达到 2 087 亿元，同比增长 7.8%；占 GDP 的比重为 0.367%，与 2012 年基本持平。2014 年 1~7 月，中国体育用品行业主营业务收入为 690 亿元，累计同比增长 10.4%；利润总额为 32 亿元，累计同比增长 26%；税金总额为 20.1 亿元，累计同比增长 12.9%②。

改革开放以来，由于中国的经济发展和物质生活水平的不断提高，居民生活方式也发生了巨大的变化。人们在得到了经济和物质生活方面的满足后，转向对身体的健康状况的重视，各种体育健身器材和场所应运而生。2012~2017 年，中国经常参加体育锻炼的人数不断上升，2017 年全国经常参加体育锻炼的人数达到 5.5 亿人，占全国人口的比重达 41.3% 左右。庞大的健身人口为体育健身行业带来巨大的需求。2017 年中国体育健身产业总产值约为 1 500 亿元，近 6 年年均复合增长率为 7.7%③。

3. 乐器市场。

改革开放以来的 40 年间，中国抓住了全球化和加工制造业产业转移的机遇，获得了"世界工厂"称号。中国乐器制造业的表现尤为突出，相对低廉的成本和不断提高的加工能力使得大量订单涌向中国。2008 年中国乐器行业 278 家规模以上生产企业实现工业销售产值 159.35 亿元，出口交货值 68.85 亿元。到了 2015 年底，规模以上乐器企业有 231 家，累计完成主营业务收入

---

① 《中国玩具产业运行情况发布》，2018 年 3 月 21 日，https://news.ctoy.com.cn/show-31594.html。

② 《2014 年 1~7 月我国文教体育用品行业运行情况分析》，2014 年 9 月 23 日，http://www.chinairn.com/news/20140929/154317344.shtml。

③ 前瞻产业研究院整理：《健身行业发展速度可观 龙头企业市场份额有望提升》，2018 年 9 月 6 日，https://bg.qianzhan.com/report/detail/459/180906-01e76506.html。

370.81亿元；累计工业增加值增速为9.1%，高于同期轻工行业平均水平（6.36%）；主营业务收入利润率为7.13%，高于同期轻工行业6.45%的平均水平；累计完成出口123.92亿元；累计利润总额26.43亿元；乐器行业亏损面为10.82%，低于2014年（11.36%）和2013年（14.75%）的水平，总体发展情况向好。2015年，中国乐器行业累计进出口总额为20.28亿美元。其中，出口额为16.89亿美元；累计进口额为3.39亿美元，是文化市场上少数几个处于贸易顺差的行业[1]。

在乐器消费市场中，一批品牌企业占据了市场的主导地位。如上海民族乐器一厂，自1958年建厂以来，坚持不懈地进行技术革新，实施品牌经营战略，使得"敦煌牌"民族乐器知名度和市场占有率连续攀高。据全国乐器协会和上海统计局统计："敦煌牌"民族乐器2005年在全国的市场份额达32.51%，2000～2005年，该厂销售收入从4 000万元攀升到1亿元；企业资产从614万元增值到1 700万元，平均每年上升率高达30%[2]。2013年，敦煌为中央民族乐团《印象·国乐》量身打造了60余款80多件仿敦煌壁画乐器，这批乐器以古貌古韵再现了中国上千年民族文化，受到社会大众的广泛关注和推崇[3]。

4. 数码互动娱乐用品市场。

数码娱乐用品是新技术运用的成果，以其强大的功能、先进的技术和娱乐性质备受青少年消费者的喜爱，成为市场中最为热门的新兴娱乐产品。特别是智能手机的广泛使用，其强大的功能逐渐替代了传统的相机、MP3等数码产品。据统计数据显示，2016年中国的手机普及率已经超过96部/100人，2017年手机出

---

[1] 《2016年中国乐器行业发展概况》，2016年8月12日，http://www.chyxx.com/industry/201608/437452.html。

[2] 王振国：《"敦煌"品牌的市场逻辑——上海民族乐器一厂品牌经营的实践与思考》，载于《中国中小企业》2005年第6期。

[3] 《金山名之"敦煌"民族乐器》，2014年10月8日，http://sh.sina.com.cn/travel/message/2014-10-08/1722114808.html?from=sh_cnxh。

货量达到4.59亿部。在品牌方面，2017年国内手机市场，国产手机依然占据主导，华为手机在中国市场累积销量为1.0255亿部，整体销售份额约为22.8%，继2016年后持续排名榜首。排在第二位的OPPO销量为7 756万部，第三位VIVO为7 223万部，第四位苹果为5 105万部，第五位小米为5 094万部。相比2016年，这四家增幅均不大，约在5%~8%之间。2018年，人工智能（AI）进入手机产品，到2019年，5G技术将正式商用。5G将带来比4G更加高速的网络速率以及低延时低费用的高性价比特性，势必会取代4G网络成为未来万物互联的技术基础实施。而人工智能作为变革性的技术，搭载AI应用的手机或将受到追捧，成为智能手机市场新的风口①。以手机为代表的数码娱乐将在未来的娱乐市场中承担极其重要的作用。

二、文化商品市场与大众文化消费结构的升级

学界对消费结构有不同的认识，一种观点认为，消费结构即各类消费支出在总消费支出中的比重②。另一种观点认为，消费结构就是在消费行为过程中，各类消费品和劳务在数量上各自所占的百分比，及其相互之间的配合、替代、制约诸比例关系③。还有学者认为，消费结构就是在一定的社会经济条件下，人们在消费过程中所消费的各种不同类型的消费资料的比例关系④。广义的消费结构，是人们生活消费过程中各种要素之间按一定方

---

① 《2018年中国智能手机销量、出货量及行业发展趋势》，2018年4月11日，http://www.chyxx.com/industry/201804/629099.html。
② 厉以宁：《消费经济学》，人民出版社1984年版，第126页。
③ 陈刚：《中国社会主义消费结构的初步研究》，载于《经济问题探讨》1983年第7期。
④ 尹世杰、蔡德容：《消费经济学原理》，经济科学出版社1987年版，第18页。

式、一定顺序建立起来的相互关系的总和①。

本书认为,消费结构是指在一定历史时段内某一特定个体或人群(集体)所消费产品的构成比例,既包括消费者所消费的各种不同实物形态产品的数量关系,也包括消费者在消费过程中所消费的各种不同类型产品的价值形态比例关系。文化消费过程本身被赋予社会性的同时又被赋予了文化属性。相比于广义上的物质产品"消费",文化消费只是众多"消费"形式中的一种,主要是指用文化产品或服务来满足人们精神需求的一种消费,既具有社会属性,同时具有精神属性。

(一) 文化商品消费模式的变化

自人类进入文明社会以来,文化消费就已经存在。但在传统社会,由于技术进步的周期较长,文化产品的消费结构升级较慢,人们的文化消费模式在一个较长时段内没有突变性的变化,基本上是以物质形态的产品消费和在场消费为主。20世纪90年代以后,随着信息技术的发展,数字技术创造了崭新的消费需求和消费方式,引发文化产品社会消费模式的重大变化。

1. 物质形态的产品消费到非物质形态的符号消费。

文化消费与物质产品的消费不同,在文化产品消费领域,不仅仅是物质形态的产品成为人们的消费对象,基于物质产品之上的非物质形态符号逐步成为人们消费的目标。正如让·鲍德里亚所说:"要成为消费对象,物品必须成为符号,也就是外在于一个它只作为意义指涉的关系——因此它和这个具体关系之间,存有的是一种任意偶然的和不一致的关系,而它的合理一致性,也就是它的意义,来自于它和其他的符号——物之间,抽象而系统性的关系。这时,它便进行'个性化',或是进入系列之中等等:它被消费——但(被消费的)不是它的物质性,而是它的

---

① 林白鹏等:《中国消费结构学》,经济科学出版社1987年版,第18页。

差异性。"① 即当物品及其所代表的符号一致时，其符号本身就具有消费价值。"就好像需要、感情、文化、知识、人自身所有的力量，都在生产体制中被整合为产品，也被物质化为生产力，以便出售，同样的，今天所有的欲望、计划、要求、所有的激情和所有的关系，都抽象化或物质化为符号和物品，以便购买和消费。"② 在文化产品的消费过程中，文化产品的占有使用，已经不仅仅是一种消费关系，产品成为人与人之间关系的媒介。

改革开放以来，中国文化市场的发展，推动文化消费者从物质形态的产品消费到非物质形态的符号消费，消费者越来越看重消费过程中的体验感。电影院、KTV、餐厅、美容院、游乐场、健身房、演艺厅等，不断从低档次向高档次的升级换代，如从20世纪80年代模拟电影到21世纪的数字电影、从模拟电视到数字电视，从20世纪80年代一般性游乐场到21世纪的迪士尼乐园、华强方特乐园等高档乐园，不断升级的消费体验引导消费者进入一个更高的消费层次，在这种体验过程中，消费者被赋予了自我认同等社会规范。

一般性符号消费体现为品牌消费，而符号消费的极致则是炫耀性消费。因为文化消费行为具有"求新、求美、从众、炫耀"的特征，品牌消费就成为消费结构升级的典型代表。"对文化产业品牌来说，通过控制符号，将生产行为和产品展现、编排为形象与符号，就可以将一切'意义'具体化，从而建构一个操纵利益的话语体系，并逐渐形成一种符号经济的生产与消费范式。"③ 文化产品所含有的"意义"与"价值"能够在消费过

---

① ［法］让·鲍德里亚著，林志明译：《物体系》，上海人民出版社2001年版，第223页。

② ［法］让·鲍德里亚著，林志明译：《物体系》，上海人民出版社2001年版，第224页。

③ 陈亚民：《符号经济时代文化产业品牌构建战略》，载于《经济社会体制比较》2009年第4期。

程中得到体现,并通过消费过程将"意义"和"价值"转换为潜在或者显性的社会价值和商业利益,如通过这种文化产品可以向他人炫耀和展示自己的金钱财力和社会地位,由此积累由这种地位所带来的荣耀、声望和名誉等社会资本。21世纪初,中国文化市场上收藏热(约有7 000万收藏爱好者)的出现以及私人博物馆的大量兴起,在某种意义上即是典型的符号性消费,能帮助消费者达到"炫耀"——标识其社会地位和身份。这是中国社会经过40年改革发展、社会财富积累导致社会出现分层结构的外在反映。

符号消费的过程也是体验消费的过程,消费者获得文化产品和服务并享受文化服务的过程是一种过程消费。1970年阿尔文·托夫勒在《未来的冲击》中就已经指出:在经历了农业经济、制造经济、服务经济之后,体验经济将成为最新的发展趋势。他预言:"农业和产品制造业将变成经济的荒僻地带……这些工业(体验工业)势必成为超级工业主义的重要一环,这种体验工业最后将变成'后服务经济'(post-service economy)的基础。"① 中国作为后发国家,要晚于西方发达国家近40年才开始进入托夫勒所言的第三次浪潮社会。直到进入21世纪后,随着信息化和网络化成为民众日常生活的一部分,文化服务业迅猛发展,文化消费作为个人体验的特征日益呈现,体验式文化消费方式的兴起及其对实物消费方式重要性的替代影响到文化产业业态的变化。

2. 从在场消费到在线消费。

在场消费指消费者在提供文化产品和文化服务的现场所实施的消费,如剧院、电影院、演唱会现场、展览馆等场所看戏、看演出和参观展览等。在场消费是一种传统的文化消费方式,从宋

---

① [美]阿尔文·托勒夫著,蔡伸章译:《未来的冲击》,中信出版社2006年版,第123页。

代的娱乐场所"勾栏瓦肆"开始,文化服务类产品大多要通过在场消费的途径获得。在场消费受技术条件、地域环境、空间距离等客观因素所制约,如在图书馆读书要受到图书馆的技术条件和空间条件制约。在线消费是指消费者不需要到文化产品发挥作用的现场,通过网络进行文化产品和文化服务消费,如在线看电影、在线听音乐、在线阅读和在线观看表演等。在线消费的特点是:必须要依赖现代信息网络,要依赖由网络的海量内容支持消费者的自主选择性。在线消费之所以如此迷人,在于它赋予消费者自由状态。与在场消费相比,在线消费具有超越空间、不受时间限制、消费者拥有充分自由选择权等优势,并且消费价格低廉。

随着互联网的发展,文化在线消费显示了强大的优势。例如,近年来,国内外流媒体视频平台均进入快速增长期。2017年,奈飞和家庭影院频道（Netflix and HBO）实现营收分别为11.93亿美元、63.29亿美元,同比增长分别为32.4%、7.5%,订阅收入增长率分别为58%、10.6%。然而奈飞的DVD租赁业务继续下滑（-17%）[1]。奈飞自2011年全面转型流媒体视频业务,借助行业发展红利和自身优异的经营布局能力不断向其他国家扩张,渠道优势和全球分发能力逐渐显现,国际流媒体业务成为新的增长点,营收增速不断提高,订阅收入保持30%以上的高增长。反观中国国内市场,2015~2017年视频网络公司爱奇艺营收分别为53.19亿元、113.37亿元、173.79亿元,收入体量约为奈飞的1/4;其中会员收入分别为9.97亿元、37.62亿元（+277.5%）、173.79亿元（+73.7%）,广告收入分别为34亿元、56.5亿元（+66.2%）、81.59亿元（+44.4%）。芒果TV

---

[1] 《国内外流媒体视频行业收入端深度对比,未来中国付费视频市场》,2018年5月4日,https://baijiahao.baidu.com/s?id=1599526203844279631&wfr=spider&for=pc。

收入体量较小，会员收入及版权分销收入快速增长，2016 年广告收入和会员收入分别同比增长 26.2%、393%，2016 年版权收入同比增长 278.2%。无论爱奇艺、腾讯视频、土豆网，还是芒果 TV 等平台公司，国内流媒体视频平台 VIP 会员业务蓬勃发展，付费收入都将获得高增长预期，2020 年市场规模预计将突破 2 000 亿元①。

从全球媒体的发展来看，印刷（平面）媒体由于在体验消费和在线消费方面的劣势而发展态势不佳。印刷媒体的黄金时代结束标志着当代大众文化消费由在场消费向在线消费转向，以互联网、新媒体和数字视频等为代表的新媒体迎来发展的最佳机遇。在数字阅读方面，移动阅读以其便捷、碎片化等特征成为数字阅读的主流发展模式。数据显示，2016 年，中国移动阅读市场总收入规模已达到 118.6 亿元，同比增长 17.43%，预计 2017 年市场总收入将达到 140 亿元，未来 3 年同比增速将保持在 18% 左右②。新媒体以其体验性、参与性和共享性赢得了更多的消费者。

消费方式的变化反映到文化市场领域，导致不同文化产品此消彼长。以纸质图书为例，中国新闻出版研究院组织实施的全国国民阅读调查表明，2012 年 18～70 周岁国民人均纸质图书阅读量为 4.39 本③，2017 年人均纸质图书阅读量为 4.66 本④。人均阅读增长缓慢，除了各种社会原因之外，关键的原因在于国人在

---

① 卓倩：《爱奇艺 IPO 背后：2017 年营收 173.78 亿元，付费会员超 5 000 万，它离"线上迪士尼"还有多远?》，2018 年 3 月 1 日，http://www.sohu.com/a/224641069_502878。

② 刘昊涯：《掌阅科技：移动阅读先驱者，硬件产品带来阅读场景发展空间》，2018 年 1 月 5 日，http://vip.stock.finance.sina.com.cn/q/go.php/vReport_Show/kind/search/rptid/4058894/index.phtml。

③ 《第十次全国国民阅读调查结果显示　国民综合阅读率下降》，2013 年 4 月 19 日，http://culture.people.com.cn/n/2013/0419/c22219-21195758.html。

④ 崔莹编：《2017 年中国成年国民人均纸质图书阅读量为 4.66 本》，2018 年 4 月 9 日，http://www.gov.cn/xinwen/2018-04/19/content_5284064.htm。

文化消费方式的变化上,已由实体消费为主转向在线消费为主。手机和互联网成为我国成年国民每天接触媒介的主体。成年国民人均每天手机接触时间最长,为80.43分钟;互联网接触时长为60.7分钟;微信阅读时长为27.02分钟。"超过半数成年国民倾向于数字化阅读方式,其中49周岁以下群体是主要人群。"[1]

文化产品消费模式由在场消费向在线消费转变,是不以人的意志为转移的市场变化趋势,其背后的根本原因是以网络化、信息化为代表的科技力量:

第一,个人电脑加速普及,互联网普及率逐年提升,支撑文化消费的载体和渠道业已发生根本变化。电脑和网络的普及化为在线消费提供了广阔的平台和环境。截至2017年12月底,中国网民数量突破7亿,达到7.72亿。如此庞大的网民数量成为在线消费的潜在消费者,为在线消费的规模扩张提供了丰富的资源。

第二,移动网络技术的发展使在线消费模式便捷化、高效化。以智能手机为基础的智能移动终端,因全新的终端交互方式为互联网从业者提供了广阔的创新空间。作为数字时代内容经营的核心,在线消费的生命力是在场消费无法比拟的。例如,淘宝网将11月11日打造成"中国消费者日"以吸引消费者网购,2009年11月11日,天猫完成了5 200万元的交易额,2016年11月11日这个数字被刷新到1 207亿元,2017年11月11日更是以1 672亿元收官,是2009年的3 200倍[2]。这是传统消费模式——在场消费难以实现的奇迹,李克强总理赞许淘宝网"创造了一个消费时点""新经济不仅仅解放了老的生产力,更主要是

---

[1] 《数字化阅读超过半数,有声阅读成新增长点》,载于《光明日报》2018年4月19日。

[2] 陆一夫:《疯狂的双十一背后 是新零售的胜利?》,2017年11月14日,http://www.techweb.com.cn/column/2017-11-14/2605863.shtml。

创造了新的生产力。"①

第三，互联网信息量更大，消费者可选择机会的更多。例如，一般一家院线每天上映 4~6 部影片，在互联网上，则扩展至 100 倍甚至 1 000 倍，极大地拓展了消费者的选择范围。在电影院观影还受到档期的限制，而在线观看则不受档期影响。同时，互联网还创造了一种新消费体验，如中国国家博物馆在网络上开辟的《复兴之路》虚拟展厅，消费者可以在线观看《复兴之路》的整体展览情况，不受展馆开放时间的制约，同时也打破了地域的限制。赋予消费者的这种随意性和方便性，也是传统在场消费方式所不能比拟的。

（二）文化消费结构的升级与优化

改革开放以来的中国文化市场结构，受到消费者不断迭代的消费需求的牵引。制约文化消费结构的主要因素既有消费者收入，也有产业部门结构关系和新科技、新产品出现带来的消费结构升级换代。进入 21 世纪后，数字化、信息化、网络化给文化产品消费结构带来了令人耳目一新的发展，变化主要表现在文化产品本身的升级换代和市场的转型。

1. 以传统文化产品为主到以信息产品为主。

文化产品能够提供信息和娱乐，基于个人和集体创作成果的文化产品在产业化和在世界范围内销售的过程中被不断复制并附加新的价值。在文化市场上，以书籍、报纸、杂志、手工艺品、唱片等为主的传统型文化产品，向以电子书、电子报告、电子杂志、电子音乐唱片等电子信息媒介形态为主的信息产品的升级换代，是国内和国际文化市场发展的基本趋势。

传统文化产品从生产者到接受者通常是以实体形态呈现，

---

① 卢月：《"双 11"狂欢背后的思考》，2013 年 11 月 12 日，http://www.cb.com.cn/index.php?m=content&c=mobile&a=mspecial&id=228。

并在文化生产和消费的传输过程中完成价值传播和价值增值。但随着互联网等现代媒介的发展,过去需要诸多人力、物力以及花费较多时间的文化生产和分配、消费过程,只需要借助于互联网的简便操作即可完成。诸如摄影业,过去传统的照片和影像利用胶片形式拍摄,成本高,存储和传播困难,因而胶片市场日渐萎缩。2012年以生产胶片著称的拥有120多年的世界著名企业柯达公司正式申请破产便是一例。与此相比,日益普及和广泛应用的数码相机和数字化硬盘则能很好地与现代信息社会消费的便捷性相衔接。信息产品摒弃了较为落后的传统物态方式,以数字化为基础并且传递快捷方便,因此更为广大文化消费者所青睐。

以中国经典书籍《四部丛刊》为例,从1922年到抗战爆发为止,该书由上海商务印书馆编辑出版初编、续编、三编,实共502种,分装成3100多册,是20世纪中国出版的规模最大的丛书。这样一部大型丛书,无论是制作、生产,还是购买、收藏,都费用高昂。借助于数字信息技术,电子版《四部丛刊》硬盘安装若为标准方式约1.2GB(程序+检索+文本),最大方式约13.2GB(程序+检索+文本+原文图像),不仅保有纸张版本的全部内容,而且可能使每个汉字数码化,从而实现字字可查、句句可检的快速全文检索。电子版《四部丛刊》不仅价格远低于纸质书,而且便于保存、传播和流通①。

2. 以实体市场为主到以网络市场为主。

实体市场是"摸得着看得见"的有形市场,购买者和出售产品者面对面的接触和交易具有时空一致性,如图书市场、演艺市场、文化娱乐用品市场、工艺品市场等。网络市场则是以互联

---

① 《民国时期〈四部丛刊〉初印本一组》,2018年1月13日,http://www.hosane.com/auction/detail/P17120570;《四部丛刊 全文原文检索》,2016年4月13日,http://blog.sina.com.cn/s/blog_8a73f2520102wer0.html。

网为平台进行双边和多边交易的市场形势，表现为离散的、无中心的、多元网状的立体结构和运作模式，信息瞬间形成、及时传播、实时互动①。如淘宝网、亚马逊、卓越网、当当网等，已经成为中国网络市场的典型。

当文化产品以传统形式存在时，文化市场基本上是实体市场，实体市场要求在空间上有固定场所，在时间上有固定营业时间。当市场需求转向以信息产品为主时，网络市场就显示出独有的魅力。

以淘宝网天猫书城为例，首先，将图书进行各种分类，如按图书内容分类，按出版社分类，按销量分类，按热搜关键词分类，按读者分类等，为图书消费者提供多种选择方式，让消费者充分享有自主选择权和购物乐趣。其次，在支付形式上，有支付宝快捷支付、支付宝余额付款、支付宝卡付款、货到付款等多种灵活的支付方式。最后，在服务过程中能充分征求消费者的意见，通过阿里旺旺聊天系统可使消费者与商家进行充分沟通，并能随时获得消费者的反馈意见。由于网上书城商业营运成本低，其价格优势对实体书店形成巨大的冲击。

相比实体市场，网络市场是一个没有规模限制的市场，如网上书城经营范围远大于实体书店，各类电子书、音像制品、二手书、古籍善本等难以出现在实体书店的文化产品在网上书城均有销售，能够尽可能地满足具有不同需求的消费者的多种需要。孔夫子旧书网网上书店数量超过10 000家，书摊超过30 000家，展示图书超过7 000万种②。其所在书店覆盖了中国所有直辖市和省区。孔夫子旧书网充分体现了为书找主人，为读者找书的中介作用，因此发展迅速。

---

① 骆华超：《实体市场和网上市场》，载于《浙江经济》2010年第4期。
② 《关于我们》，2019年5月30日，http：//www.kongfz.com/help/aboutus.php。

3. 从区域市场转向世界市场。

区域市场与世界市场是一组相对的概念，区域市场是指产品和贸易在相对狭小、局部地区内流通的市场。世界市场则是指世界各地区相互间通过对外贸易和经济合作关系建立起来的市场[①]。

随着经济全球化、特别是以新科技革命为中心兴起的信息化和网络化，极大促进了区域市场向世界市场转化和扩展。经济全球化使各种琳琅满目的产品在全球范围内自由流通，信息化和网络化压缩了空间、缩短了时间、打破了地域限制，为消费提供了便捷。因此，文化企业只有面向世界市场，参与世界竞争，才能做大做强。

澳大利亚新闻集团就是由区域市场走向世界市场最终成为新闻传媒巨无霸的例证。其创办者默多克靠接办澳大利亚一份小报（阿德莱德的《新闻报》）起家，并陆续涉足杂志、广播电视、出版、电影、电脑光盘制作、数字卫星电视和有线电视、互联网开发等领域，把区域市场做活做强，于1980年组建新闻集团，随后开始走向跨国公司的行列，参与世界市场竞争并取得成功。该公司在全球52个国家拥有789个企业，其中有包括英国《泰晤士报》、美国《纽约时报》、澳大利亚《澳大利亚人报》在内的175家报纸，目前是世界第三大报业集团；在全球拥有卫星电视网用户8 500多万，拥有美国的福克斯电视网、20世纪电视公司、英国的天空电视台、亚洲的STAR亚洲卫视，同时还拥有世界最大的电影公司之一的20世纪福克斯影业公司等[②]。新闻集团的电波已经覆盖了全球面积的1/3和全球人口的2/3。新闻集团从50年前的一家地方小报发展为今天拥有400亿美元总资产、业务遍布全球五大洲的跨国媒介集团，就是坚持全球化战略的

[①] 李吟枫：《世界市场的形成及历史作用》，载于《世界历史》1986年第2期。
[②] 王海燕：《我眼中的默多克》，载于《经济研究导刊》2008年第11期。

结果。

对于中国来说，中国文化企业从区域市场走向国际市场的成功案例有腾讯集团、北京字节跳动公司（抖音）等数字文化企业。其快速发展的经验也是从中国本土向全球市场的扩张。

（三）案例：网上书店的兴起与实体书店的转型

网上书店于 20 世纪 90 年代中期在美国出现，然后通过文化市场渠道进入中国并快速成长，形成对传统图书分销渠道（新华书店系统）的严重挑战。它在引导书刊产业新业态的同时也成为压迫传统图书市场转型升级的外部力量，成为技术推动商业模式创新并驱动传统市场结构升级的典型。

1. 亚马逊的崛起之道。

亚马逊公司于 1995 年由杰夫·贝佐斯创立，以图书网络销售为切入口进军电子商务领域。2018 年，亚马逊市值突破 10 000 亿美元，成为全球商品品种最多的网上零售商和全球第 2 大互联网公司[①]。亚马逊公司发展不到 20 年，却在电子图书市场取得了辉煌的成绩。亚马逊公司的崛起大致可分为两个阶段。

第一阶段：1995~2006 年，这是亚马逊电子图书市场发展的起步期。在这 10 年中，亚马逊网站先后在各个国家上线，建立了广泛的电子书平台，吸引了大量的合作伙伴和读者群，同时在世界各国完成布局：1998 年收购英国和德国最大的网上书店书页网站和电子书网站（Bookpages and Telebook），随后亚马逊开启了全球上线模式，先后在英国（1998 年）、德国（1998 年）、日本（2000 年）、法国（2000 年）、加拿大（2002 年）上线营业。2004 年亚马逊收购中国本土的网上书店卓越，至此亚马逊在英语、德语、法语、日语、汉语等世界五大语言区中建立

---

① 《亚马逊市值突破万亿美元》，2018 年 9 月 6 日，https：//baijiahao.baidu.com/s?id=1610815914896198099&wfr=spider&for=pc。

了专业性网上图书市场。由此,亚马逊进入发展的快速道:1996年销售收入为1 580万美元;1997年营业收入达1.478亿美元,较前一年增幅达835%;1998年销售收入达到6.1亿美元,增幅达313%;1999年营业收入超过12亿美元①。

第二阶段:2007~2017年,亚马逊进入技术创新和领军企业行列。以前亚马逊通过收购搜索技术研发和服务公司A9.com来为其电子书的阅读和销售提供技术支持,2007年亚马逊自己研发推出Kindle电子书阅读器,由于电子书携带方便、海量书架、价格低廉而迅速被读者所喜爱。亚马逊对Kindle不断进行更新升级,相继推出Kindle2、Kindle DX、Kindle3等升级产品,风靡全球电子图书市场。据官方财报显示,截至2017年,Kindle电子阅读器系列产品已进入全球200余个国家的市场②。中国市场自2016年底就已经成为亚马逊全球Kindle设备销售的第一大市场,相比2013年,2018年Kindle中国用户总数增长91倍;Kindle月活跃用户数增长了69倍,Kindle付费用户数增长了12倍③。

为巩固和扩大读者人群,亚马逊公司为电子书专门制定了AZW格式。为了应对苹果iPad的上市,亚马逊公司先后开发了适合PC、iPhone、Android、Web、iPad、BlackBerry等终端和系统阅读的Kindle电子书,扩大了Kindle系列的用户范围,通过优化Kindle电子阅读器提升了读者的阅读体验④。例如,用户可通过在亚马逊网站设立私人图书账户来管理自己所购买的书籍。书籍一旦被购买,读者就享有这本书的"终身使用权",无论是丢失还是无意被删除,只需登陆亚马逊网站便可再次免费下载阅

---

① 《亚马逊市值突破万亿美元》,载于《北京晨报》2018年9月7日。
② 亚马逊2012年第3季度财务报表,Amazon官网。
③ 《在市场占据60%销份额的Kindle:成了电子书的代名词》,2018年7月8日,http://tech.sina.com.cn/roll/2018-07-08/doc-ihezpzwt2831378.shtml。
④ 安小兰、谭云明:《亚马逊电子书经营模式分析》,载于《出版发行研究》2009年第6期。

读。亚马逊还为消费者提供了一种新的服务功能，消费者可以在亚马逊的网站上发表出版自己的电子书，而且方便快捷，10 分钟内就可出版一本电子书。作者可根据销售情况获取零售价的 35%。这一服务，使亚马逊不仅成为电子书阅读平台，而且使亚马逊成为电子书出版平台，进一步拓展了电子书出版、消费的渠道。

亚马逊的经验表明，互联网和电子商务在推动文化消费方式的变革和新商业模式的建立过程中发挥了不可替代的作用。借助网络平台，亚马逊省略了实体店所需要的相关固定成本，从总经销或分销商处购买图书后便可直接售予消费者，无须经过零售商环节，电子图书只有现在纸质图书价格的 1/5 到 1/10，增强了在价格上的竞争力。

电子书切合了数字化服务时代的特点：如全天候阅读，通过手持大屏设备在任何时间、任何地点均可阅读；单本书的阅读费用低廉，出版权公平化且平民化，出版社的垄断地位和专有资源消失，人人皆可出版；可阅读的知识范围极大丰富；出版方由卖书转变为提供服务，知识的价值通过提供基于知识的增值服务来实现；读者购买的不再是某本书而是一个时间段的服务，服务按时间段收费①。这六个特点表明，今后不仅仅是实体书店将受到冲击，而且连传统的出版社也将受到冲击，面临发展方式转型。

2. 新华书店的改革与转型。

新华书店是中国最大的国有连锁书店，1937 年诞生于延安，历经抗日战争时期、解放战争时期、新中国建设时期、改革开放时期，至今已有 70 多年的历史。新华书店在中国图书发行和出版领域占有重要的地位，"新华书店"也成为文化领域国字号的品牌被大家所熟知。新华书店的发展历史分为前后三个阶段。

第一个阶段：1937～1978 年，这一阶段新华书店作为党的

---

① 陈冰：《纸质书时代真的结束了》，2013 年 7 月 15 日，http://www.bookdao.com/article。

宣传机构发挥了传播文化和解放思想的巨大作用。中华人民共和国成立后，新华书店在全国建立了图书发行网络，几乎在全国的每个县都有一个新华书店，新华书店成为中国图书发行战线主渠道。新华书店在管理体制上基本实行的是省—市—县三级法人，形成以省为基础的区域性图书发行机构。

第二阶段：1978～2013年，这一阶段新华书店随着改革开放的步伐开启了改革的历程，先后经历了"一主三多一少"（以国有新华书店为主体，多种经济成分，多条流通渠道，多种购销形式，少流转环节）—"三放一联"（放权承包、放开批发渠道、放开购销形式和发行折扣，发展横向联合）—"三建一转"（建立图书批销中心、建立代理制、建立发行企业集团，转换企业经营机制）—"转企、改制、连锁、上市"的改革历程[①]。在国际化、市场化和产业化趋势不断加深的背景下，改革的基本方向是以市场为导向建立现代企业制度，重构企业发展模式。

然而，面对近几年电子图书市场的迅猛发展，以新华书店为代表的实体书店受到卓越亚马逊、当当、京东、淘宝等网络书店的强烈冲击，多地新华书店陆续关门，昔日中国图书发行业的"龙头老大"在这波"电商巨流中搁浅"，新华书店的改革与转型已成必然。

从2002～2006年的全国图书业销售情况（实体书店）看，销售数量呈现快速下降趋势，实体书店不得不面临没落的命运，各地包括新华书店、三联书店等在内的国营老牌连锁书店被迫关门。曾经红极一时的民营北京"第三极"、席殊书屋遭遇了同样的命运[②]。2012年，经典学术书店风入松、最大的社科连锁书店光合作用相继歇业。"消费者越来越倾向于通过网购来购买图书，

---

① 刘强：《新华书店体制改革与分销、渠道的再造》，载于《出版发行研究》2005年第10期。

② 《新华书店该如何转型？》，2011年3月18日，http://www.bookdao.com/article/16349/。

这已经成为一种时尚,新华书店这种以实体店的销售形式就像以前电信行业的寻呼业务一样,有可能会逐渐地淡出历史舞台,相信不仅是图书销售行业,其他很多行业也是如此,在互联网兴盛的今天,如果还是一成不变地死守阵地而不懂得变通,最终将被市场淘汰,新华书店独大的局面,相信现在已经改变了。"[①] 电子书及其商业模式对实体书店及其新华书店模式的替代,代表了图书市场的基本趋势。

实体书店由于自身经营模式的老化,等顾客上门、现金交易的方式已不适合被信息技术武装起来的消费者基于互联网的消费习惯。在网络书店、电子图书和自身老套经营模式三方面的冲击下,新华书店必须另辟蹊径,否则难以生存。2007年11月,全国最大的出版物集散中心——北京出版发行物流中心建立,北京发行集团在整合北京图书大厦、王府井新华书店、中关村图书大厦等7家书店的基础上,依托北京出版发行物流中心的优势资源,组建了集网上购书、在线阅读、行业信息发布和多种商品经营等功能于一体的大型国有图书专业网站——北发网并正式开通运营[②]。2009年,国内电子书第一品牌汉王科技公司与全国大多数省级新华书店开展合作,使新华书店成为电子书销售的另一重要渠道,新华发行集团与电子书厂家的合作模式逐渐从代理部分产品向全面战略合作演变[③]。2010年四川新华文轩网络书店、浙江新华书店博库书城、北京北发图书音像专营店、山东新华图书音像专营、江苏凤凰新华书店等6家新华书店分支机构在淘宝网建立旗舰店,其中江苏凤凰新华书店淘宝旗舰店开业首日更是实

---

① 《新华书店该如何转型?》,2011年3月18日,http://www.bookdao.com/article/16349/。

② 王坤宁、李婧璇:《新华书店网店:夹缝中起舞》,2012年7月9日,http://www.bookdao.com/article/41909/。

③ 穆宏志:《电子书入驻新华书店:从一般代理到全面战略合作》,载于《中国图书商报》2010年4月16日。

现两万元的销售额，这抵得上一家中型实体店①。截至 2011 年底，中国网上书店的数量为 210 家，增长 33.8%②。目前，已在京东开放平台正式上线的包括浙江新华书店和四川新华书店。其中，浙江新华书店旗下博库网已上架图书 60 万个品种；四川新华书店的文轩网也上架近 40 万个品种，预计不久将达到 50 万个品种。据京东提供的数据，这两家新华书店在正式入驻京东后，销售额每周都有 30%~40% 的增幅③。2011 年浙江新华整个网络销售实现 2.97 亿元；文轩在线于 2009 年成立，当年销售规模为 2 000 万元，到 2011 年销售规模为 1.26 亿元，2012 年上半年销售规模为 8 500 万元④。新的商业模式给传统新华书店带来了转型发展的生机。

第三阶段：2014~2018 年，网络化、高水平实体书店的回归。新华书店作为传统的图书零售企业，在国家政策的扶持下重新建设了一批高水平的实体书店，很好地优化了读者的阅读和消费体验，涌现出一批社会效益和经济效益俱佳的书店，如南昌红角洲文化城、深圳宝安书城、井冈山红色书店、果戈里书店等众多特色主题书店。这些新型的新华书店是实体书店在新媒体、新技术浪潮下积极转型的尝试，其主要包括门店场景变革、文化空间重塑、服务范围拓展等手段，实现了对传统门店场景的变革，使书店不再是传统意义上的书店，而是基于信息技术之上融合了图书、艺术、休闲、文创等多种元素的城市文化空间和社交

---

① 邢虹：《新华书店上网：抗衡当当卓越》，2010 年 3 月 13 日，http：//www.bookdao.com/article/725/。
② 杜一娜：《2012 年全国新华书店销售额达 799 亿增长 12.3%》，2012 年 11 月 19 日，http：//www.chinanews.com/cul/2012/11-19/4340620.shtml。
③ 李大超：《新华书店大举上线京东带来哪些功能转型?》，2013 年 8 月 14 日，http：//www.bookdao.com/article/67010/。
④ 王坤宁、李婧璇：《新华书店网店：夹缝中起舞》，2012 年 7 月 9 日，http：//www.bookdao.com/article/41909/。

平台①。

例如，福建新华书店出台了《新华文化城（卖场）转型升级与阅读环境业态梳理指导意见（试行）》对区市新华书店进行升级改造，通过对阅读环境的重塑和梳理，将原有的办公、库房、车库等空间进行腾挪，为书店拓展延伸阅读空间，融入集书香、咖啡香、茶香、花香、沉香和食香于一体延伸文化消费空间②。

2017 年北京新华书店 24 小时书店开业，成为继三联韬奋 24 小时书店、中国书店雁翅楼 24 小时书店之后的北京第三家 24 小时书店。这种变化不只是将营业时间延长，而是改变实体书店原有的文化空间，增加夜间阅读时间，并额外为消费者提供专门的文化休闲区域。利用文化休闲空间，新华书店拓展其服务范围，在店内承办新书沙龙、读书会等延伸服务③。

2018 年，阿里云宣布与新华书店全资子公司新华互联签署战略合作协议，此次合作将整合新华书店全产业链资源，包括新华书店全国 12 000 家门店及 3 000 家大中型图书馆，外加 584 家出版机构等，用于打造新华书店网上商城。此外，此次合作还将建立智慧书店，为用户提供个性化的消费需求④。2018 年，新华书店融合新零售支付技术开办首家 24 小时无人值守书店。新华生活＋24 小时无人智慧书店结账方式是通过店内的机器人实现，机器人除了有语音交互、商品检索、自助结账等基础功能，还能捕捉用户在店里的行动轨迹，根据用户以往的购买记录进行精准的购物推荐，与射频识别（RFID）技术相比，成本更低，又增

---

① 朱丽娜：《新华书店—技术转型是核心》，载于《中国新闻出版广电报》2018 年 1 月 8 日。
② 吴志明：《推进新华书店卖场全渠道转型升级》，载于《新华书目报》2017 年 1 月 2 日。
③ 王坤宁：《北京首家 24 小时新华书店开业》，2017 年 10 月 1 日，http：//www.linkshop.com.cn/web/archives/2017/388263.shtml。
④ 刘旷：《新华书店的数字化转型》，载于《商业文化》2018 年第 2 期。

添了人机交互的趣味体验①。

  信息技术的发展在给实体图书行业带来巨大冲击的同时也开启了新的发展方向，为文化消费带来新一轮技术、服务、空间上的迭代和升级。实体书店的转型成功与否，重点将在虚拟文化空间与实体文化空间的平衡与再造。

---

① 《未来已来，刷脸时代，书还可以这样卖》，2018 年 1 月 22 日，http://news.bxmedia.net/folder1/home/hot/folder7/2018-01-22/24515.html。

第二章

中国文化服务市场及消费结构的变迁

文化服务市场作为一种涵盖了演出市场、节展市场、电影市场、广播电视市场、网络市场、动漫市场、娱乐休闲市场等的综合性市场,它与受惠于技术创新价值的中国民众文化消费需求的扩张相伴而生。中国文化服务市场的出现,是中国从计划体制向市场体制变迁的结构性变迁作用于演艺行业的结果。文化服务市场上,国有文化机构的市场化转向和份额下降,与民营文化机构的成长与市场份额的上升,构成了改革开放以来中国文化服务市场发展的结构性变动,这一特征总体上反映出 40 年来中国文化体制改革的总体趋向。

一、中国文化服务市场的结构与规模

(一)演出市场的结构与规模变迁

演出市场是指由演出制作方、策划方、艺术团体、投资方以及广大消费者所组成的一个演出服务交易市场。中国演出市场的变迁与国有文艺团体市场化改革及民营文艺团体在体制外的成长联系在一起,是中国市场经济的基础结构变化影响文化行业发展轨迹的一个缩影。

1. 中华人民共和国成立初期到世纪之交演出市场的大起与大落。

1949年中华人民共和国成立初期，在计划体制环境下，中国社会并未形成真正意义上的演出市场。直到改革开放后，演出行业才逐渐步入市场轨道。

根据《中国文化文物统计年鉴》的数据：中华人民共和国成立初期到20世纪60年代中期是中国演出行业发展的高峰时期，1965年中国的演出团体数量达到了3 458个，演出场所数量为2 943个，全国各地演出场次达到170.92万场（1964年），为历年来最高。这主要得益于这一时期演出行业的良好发展环境，特别是国家计划体制对演出行业的大力扶植。

十年"文革"期间，大量的艺术表演团体被解散，演职人员被下放，演出场地也被占用，演出行业呈现整体性下滑。1978年，中国的演出团体数量降至3 150个，演出场所数量也跌至1 095个，演出场次更是急剧下滑，仅有64.7万场。

改革开放初期是中国演出市场恢复发展期，人们压抑已久的文化需求刺激了演出行业的发展，演出团体和演出场所数量都有所回升，演出场次在1980年回升至111.2万场。但改革开放后直至世纪之交，由于演出行业自身并未做好市场化的准备以及受新兴文化娱乐方式的冲击，演出市场的发展受阻。2000年，中国演出团体数量降至2 619个，演出场次跌至41万场，均降到了一个极低值。

2. 21世纪中国演出市场发展在结构和规模上的新特点。

进入21世纪，中国演出市场有了新发展，特别是自2005年后旅游演出市场的逐渐红火极大地促进了中国演出市场的发展。自《印象·刘三姐》之后，国内各旅游资源大省开始掀起一股"山水实景演出"的热潮，《印象·丽江》《印象·西湖》等印象系列以及《禅宗·少林》《开封·东京梦华》《承德·帝苑梦华》

等旅游演出项目相继呈现。旅游实景演出模式丰富了中国演出市场的演出形式,也扩大了中国演出市场的演出规模。除此之外,21世纪中国演出市场发展出现了几个新特点:

(1)民营演出团体快速发展,演出团体所有制结构趋于合理。

改革开放后,文化市场逐步放开,中国的演出剧团不仅是国有文艺团体,民营演出团体也逐步成长。

1988年国家出台了《国务院转批文化部关于加快和深化艺术表演团体体制改革意见的通知》。《通知》明确提出:"艺术表演团体应当是独立的经营实体,允许发展多种所有制形式和经营方式;文艺表演团体实行'双轨制',大力发展社会办团……完善艺术表演团体内部经营机制和竞争机制,增强自我更新和自我发展能力;调整艺术表演团体的整体布局,转变文化主管部门的管理方式,下放权限,实行间接管理。"通知不仅指明了艺术表演团体体制改革的道路,也为整个演出市场的发展规划了蓝图①。

关于民营演出剧团,2005年11月初文化部、财政部、人事部、国家税务总局发布的《关于鼓励发展民营文艺表演团体的意见》明确指出,要"鼓励社会资本以个体、独资、合伙、股份等形式投资兴办民营文艺表演团体,扶持农民和民间艺人自筹资金组建民营文艺表演团体"。"允许民营文艺表演团体以合资、并购等形式,参与市、县国有文艺院团转企改制。"②这对中国民营演艺业来说具有"破冰"的意义。2006年6月22日,文化部发出《关于完善审批管理促进演出市场健康发展的通知》,指出:"部分民营文艺表演团体可以注册为民办非企业单位,依法享受国家规定的民办公益事业各项政策优惠。"

这些政策的出台对于推动民营演出团体的发展和实现中国演

---

①② 史圣立:《从政府、市场和社会三者力量博弈的角度看1979年以来中国演出市场的发展》,山东大学2010年硕士学位论文。

出团体所有制结构的合理化有重大意义。2006年,全国演出市场的总演出场次为49万场,观众4.61亿人次。其中国有剧团演出31万场,观众3.32亿人次;集体剧团演出9.9万场,观众0.75亿人次;其他所有制剧团演出8.1万场,观众0.54亿人次。公有制剧团的演出场次数所占比重达到83.5%,吸引的观众人次占总数的88.4%[①]。从数据对比上可以看出,2006年的演出市场仍是国有剧团独大,集体和其他所有制剧团处于从属地位。但随着中国剧团改制进程的加快和国家对民营剧团的扶持,民营演出团体的数量迅速增长。

2011年,全国共有演出剧团7 055个,从业人员22.6万人。其中,国有剧团2 213个,从业人员12.7万人;集体剧团291个,从业人员0.98万人;其他所有制剧团4 551个,从业人员8.97万人。其他所有制剧团在数量上已经远远多于公有制剧团。从演出场次上看,全国共演出154.72万场,观众为7.46亿人次。其中国有剧团演出37.57万场,观众为3.75亿人次;集体剧团演出7.78万场,观众为0.43亿人次;其他所有制剧团演出109.37万场,观众为3.28亿人次。从数据对比可以看出,到2011年,其他所有制剧团无论在剧团数量还是演出场次上开始与公有制剧团并驾齐驱。从演出经费自给率来看,2011年国有剧团演出收入20.77亿元,支出113.38亿元,经费自给率为18.3%,另有国家财政补贴收入83亿元;集体剧团演出收入1.6亿元,支出4.59亿元,经费自给率为35%,另有国家财政补贴收入2.57亿元。其他所有制剧团2011年演出收入30.3亿元,支出27.9亿元,另有国家财政补贴收入4.13亿元[②]。由此可以看出,民营演出团体在市场化竞争中,与公有制剧团相比,具有

[①] 文化部计划财务司:《中国文化文物统计年鉴(2007)》,北京图书馆出版社2007年版,第31页。

[②] 中华人民共和国文化部:《中国文化文物统计年鉴(2012)》,国家图书馆出版社2012年版,第170页。

明显的优势。

2017年全国共有演出剧团17 542个,从业人员40.3万人。其中,国有剧团1 711个,从业人员10.03万人;集体剧团172个,从业人员0.58万人;其他所有制剧团13 859个,从业人员29.69万人。从演出场次上看,全国共演出293.58万场,观众12.47亿人次。其中国有剧团演出32.3万场,观众2.91亿人次;集体剧团演出4.63万场,观众0.29亿人次;其他所有制剧团演出256.65万场,观众9.28亿人次。从数据对比可以看出,到2017年,演出剧团主要以其他所有制剧团为主,其他所有制剧团无论在剧团数量还是演出场次上都已经远远高于公有制剧团。从演出经费自给率来看,2017年国有剧团演出收入22.26亿元,支出171.48亿元,经费自给率为13%,另有国家财政补贴收入127.55亿元;集体剧团演出收入1.33亿元,支出6.09亿元,经费自给率为21.8%,另有国家财政补贴收入4.12亿元。其他所有制剧团演出收入124.1亿元,支出116.67亿元,另有国家财政补贴收入16.66亿元[①]。由此可以看出,民营演出团体在市场化竞争中,相对公有制剧团优势明显。

民营剧团作为国有剧团的潜在竞争者,是市场化发展的产物,它的出现给中国的演出市场带来生机和活力,同时也给公有制剧团带来竞争压力,这对中国演出市场的结构调整具有积极的意义。

(2)演出市场的地区差异。

改革开放以前,中国文化领域实行格式化管理,一县一团、一市一团,均衡布局。改革开放以来,区域性经济社会发展的不平衡导致了东、中、西部地区演出市场发展的不平衡,中国演出市场的发展呈现出复杂的发展态势。

---

① 中华人民共和国文化和旅游部:《中国文化文物统计年鉴(2018)》,国家图书馆出版社2018年版,第184页。

演出剧团数量方面。从表2-1可以看出,2012~2017年,东部地区6年间演出剧团的数量逐年增加,从2012年的3 052个增至2017年的5 191个;中部地区演出剧团数量呈现逐年快速增长趋势,从2012年的2 250个逐年增至2017年的6 407个;西部地区演出剧团数量也呈逐年增长趋势,从2012年的1 721个增加到了2017年的3 802个;东北地区剧团数量呈现波动,先增加后减少,2012~2017年,先从2012年的281逐年增至2015年的363个,之后又减少到2017年的326个。2012~2017年,四个地区演出剧团数量增加最快的是中部地区,增加了4 157个;其次是东部地区,增加了2 139个;再次是西部地区,增加了2 081个;最后是东北地区,增加了45个。

表2-1 2012~2017年中国不同地区演出市场变化情况

项目	地区	2012年	2013年	2014年	2015年	2016年	2017年
剧团数量（家）	东部	3 052	3 414	3 474	4 127	4 602	5 191
	中部	2 250	2 409	2 700	3 688	4 495	6 407
	西部	1 721	2 036	2 275	2 592	2 831	3 802
	东北	281	301	302	363	357	326
演出场次（万场次）	东部	57.87	57.94	71.69	72.88	74.63	90.53
	中部	49.53	74.13	67.43	94.30	115.54	152.33
	西部	24.38	29.72	31.68	39.50	37.08	47.63
	东北	3	2.95	2.73	3.78	3.05	2.78
观众人次（亿人次）	东部	3.60	3.29	3.75	3.48	3.94	4.35
	中部	2.72	2.84	3.61	4.04	5.67	5.58
	西部	1.71	2.65	1.54	1.86	2.04	2.38
	东北	0.21	0.17	0.16	0.16	0.13	0.13

资料来源：中华人民共和国文化和旅游部：《中国文化文物统计年鉴（2013~2018）》,国家图书馆出版社2013~2018年版。

剧团演出场次方面。2012~2017年，东部地区剧团演出场次逐年增加，从2012年的57.87万场增至2017年的90.53万场；中部地区剧团演出场次2014年略有减少，但总体上在2012~2017年呈增长趋势，从2012年的49.53万场增至2017年的152.33万场；西部地区剧团演出场次2016年略有减少，但总体上在2012~2017年呈增长趋势，从2012年的24.38万场增至2017年的47.63万场；东北地区剧团演出场次2015年有所增加，但总体上2012~2017年呈下降趋势，从2012年的3万场减少到2017年的2.78万场。2012~2017年，四个地区剧团演出场次增加最快的仍是中部地区，增加102.8万场；其次是东部地区，增加32.66万场；再次是西部地区，增加23.25万场；最后是东北地区减少0.22万场。

观众人数方面。2012~2017年，东部地区演出市场观众人数呈现波动上涨态势，从2012年的3.6亿人次降至2013年的3.29亿人次，到2014年又增至3.75亿人次，2015年有所下降，为3.48亿人次，随后又逐年增至2017年的4.35亿人次；中部地区观众人数逐年增加，从2012年的2.72亿人次增至2017年的5.58亿人次；2012年西部地区演出市场观众人数从2011年的1.71亿人次快速增加为2.65亿人次，到2014年又迅速回落到1.54亿人次，随后到2017年逐年增至2.38亿人次；东北地区呈现下降趋势，从2012年的0.21亿人次降至2017年的0.13亿人次。2012~2017年，四个地区剧团演出观众人次增加最快的仍是中部地区，增加2.86亿人次；其次是东部地区，增加0.75亿人次；再次是西部地区，增加6 700场；最后是东北地区减少0.08亿人次。

综观各项数据，东部和中部演出市场在整个演出市场中具有举足轻重的地位，二者共占据了中国演出市场的大半壁江山，相比之下，西部地区演出市场对中国整个演出市场发展的贡献则相对较小，东北地区演出市场则呈现下滑趋势。相比于东部，中部地区演出市场发展稳定且增长速度更快,从不如东部到逐渐超越东部。2015年,中部地区演出市场在演出场次和观众人次上都超过了中部地区,到2017年,中部地区剧团数量也超过了东部地区。

(3)农村演出市场成为主要市场,市场份额稳定增长。

从农村演出市场演出场次占整个演出场次的比重来看,2006年,全国共有演出场次49万场,其中农村市场演出场次29万场,占总数的59.2%;2007年,全国共有演出场次92.2万场,其中农村市场演出场次50.29万场,占总数的54.5%;2008年,全国共有演出场次90.5万场,其中农村市场演出场次47.2万场,占总数的52.2%;2009年,全国共有演出场次120.1万场,其中农村市场演出场次74.1万场,占总数的61.2%;2010年,全国共有演出场次137.1万场,其中农村市场演出场次84.67万场,占总数的61.7%;2011年,全国共有演出场次154.72万场,其中农村市场演出场次100.67万场,占总数的65%;2012年,全国共有演出场次135.02万场,其中农村市场演出场次81.16万场,占总数的60.1%;2013年,全国共有演出场次165.11万场,其中农村市场演出场次105.07万场,占总数的63.6%;2014年,全国共有演出场次173.91万场,其中农村市场演出场次114.04万场,占总数的65.6%;2015年,全国共有演出场次210.78万场,其中农村市场演出场次139.08万场,占总数的66%;2016年,全国共有演出场次230.6万场,其中农村市场演出场次151.6万场,占总数的65.7%;2017年,全国共有演出场次293.58万场,其中农村市场演出场次184.31万场,占总数的62.8%[①]。

从不同所有制演出团体在农村演出市场的演出场次比重来

---

① 中华人民共和国文化和旅游部:《中国文化文物统计年鉴(2007~2018)》国家图书馆出版社2013~2018年版。

看：2008 年公有制演出团体演出场次为 49.3 万场，其中农村市场演出场次为 38 万场，占 77.1%；其他所有制演出团体演出场次为 41.2 万场，其中农村市场演出场次为 19.2 万场，占 46.6%。2009 年公有制演出团体演出场次为 44.6 万场，其中农村市场演出场次为 26.3 万场，占 59%；其他所有制演出团体演出场次为 75.5 万场，其中农村市场演出场次为 47.7 万场，占 63.2%。2010 年公有制演出团体演出场次为 45.7 万场，其中农村市场演出场次为 25.6 万场，占 56%；其他所有制演出团体演出场次为 91.4 万场，其中农村市场演出场次为 59 万场，占 64.6%。2011 年公有制演出团体演出场次为 45.4 万场，其中农村市场演出场次为 26.4 万场，占 58%；其他所有制演出团体演出场次为 109.37 万场，其中农村市场演出场次为 74.27 万场，占 68%。2012 年公有制演出团体演出场次为 48.1 万场，其中农村市场演出场次为 28.56 万场，占 59%；其他所有制演出团体演出场次为 86.92 万场，其中农村市场演出场次为 52.59 万场，占 61%。2013 年公有制演出团体演出场次为 41.41 万场，其中农村市场演出场次为 24.83 万场，占 60%；其他所有制演出团体演出场次为 123.7 万场，其中农村市场演出场次为 80.24 万场，占 65%。2014 年公有制演出团体演出场次为 41.17 万场，其中农村市场演出场次为 24.68 万场，占 60%；其他所有制演出团体演出场次为 132.74 万场，其中农村市场演出场次为 89.36 万场，占 67%。2015 年公有制演出团体演出场次为 39.97 万场，其中农村市场演出场次为 25.38 万场，占 63%；其他所有制演出团体演出场次为 170.81 万场，其中农村市场演出场次为 113.7 万场，占 67%。2016 年公有制演出团体演出场次为 40.02 万场，其中农村市场演出场次为 25.25 万场，占 63%；其他所有制演出团体演出场次为 190.58 万场，其中农村市场演出场次为 126.35 万场，占 66%。2017 年公有制演出团体演出场次为 36.93 万场，其中农村市场演出场次为 23.9 万场，占 65%；其他所有制演出团体演出场次为 256.65 万场，其中农村市场演出场次为 160.41 万场，占 63%[①]。

中华人民共和国成立以来，农村演出市场在全国演出市场中有着举足轻重的地位。中国剧团演出有超过半数场次都是在农村进行，从比重的变化来看，农村演出市场的比重已超过六成。同时，所有演出团体高度重视农村演出市场，2017 年公有制演出团体的农村演出场次占总场次的 65%，其他所有制演出团体的农村演出场次占总场次的近 63%。随着中国城镇化进程的加速和农村人口向城市的大规模转移，在未来 15~20 年内，城市人口比重将从 58% 提升至 75% 左右，在这种社会大转型的历史背景下，农村演出市场的发展势头将会受到抑制，城市演出市场将会稳步增长。演出市场的增量部分将向城市转移。

（4）拓展国际演出市场，成为文化"走出去"的主力军。

让中国的文化产品走进国际文化市场，是 21 世纪初中国文化产业发展的战略重点。2005 年，国家文化部门发布《国家商业演出展览文化产品出口指导目录》，精选推荐了一批优秀演艺团体赴国外进行文化交流。同时，配合文化"走出去"战略，中国驻外使领馆文化处在大型国际文化活动和重要国际文化舞台上宣传推广中国优质演艺产品，政府为国内优秀演出团体搭建国际商演平台，批准中国对外文化集团、上海城市舞蹈有限公司、天创国际演艺制作交流有限公司和派格太合环球文化传媒投资有限公司 4 家演出机构为"国家文化产品出口示范基地"。加快国际化演出经纪人才的培养，与美国肯尼迪表演艺术中心合作，选派国内演艺从业人员赴美、日接受文化产业和艺术管理方面的培训[②]。

[①] 中华人民共和国文化和旅游部：《中国文化文物统计年鉴（2007~2018）》国家图书馆出版社 2013~2018 年版。
[②] 张晓明等：《中国文化产业发展报告（2007）》，社会科学文献出版社 2007 年版，第 246 页。

第二章　中国文化服务市场及消费结构的变迁

2005年11月文化部、财政部、人事部、国家税务总局《关于鼓励发展民营文艺表演团体的意见》出台,《意见》明确指出,"对民营文艺团体演出要简化审批手续,鼓励参加政府对外文化交流项目的招投标和全国性文艺评奖调演活动,对其公益性演出活动实行税收优惠,支持有条件的民营演艺团体到国外演出、投资、注册公司,给予中小企业国际市场开拓资金支持。"积极支持中国民营演出团体的对外交流。

在国家政策的大力推动下,2005年国内演艺业进军国际演艺市场步伐加大,中国演艺业通过官方、民间对外交流和国际商演渠道共完成出国演出2.6万场次,比2004年猛增2000场次。一批具有国际竞争力的中国演艺产品走出国门进军国际商演市场,不但赢得了良好的国际声誉,而且获得了可观的经济效益。2005年10月在美国举办的美国历史上最大规模的"中国文化节"上,中央芭蕾舞团、安徽省黄梅戏代表团等一批优秀的中国演艺团体和舞台精品成为引人注目的主角。2005年,郑州歌舞剧院投入2000万元精心打造的大型原创民族舞剧《风中少林》,获得美国蓝马克娱乐剧团的青睐,蓝马克娱乐剧团花费800万美元买下巡演权,在美国巡演800场,为国内单项舞台艺术产品出口演期与场次的最好效益项目[①]。由民营企业投资的《功夫传奇》2005年赴北美巡演150场,观众11万人,被国外媒体称为"对中国古老的武术形式极具诗意与创造力的一次表现"。《功夫传奇》因此荣获2006年第四届中国十大演出盛事"最佳海外演出"金奖[②]。由上海城市舞蹈有限公司投资制作的舞剧《霸王别姬》和东方歌舞团编排的《华彩唱风流》于2005年赴日本巡回商业演出,也取得了丰硕的成果。

[①] 张晓明等:《中国文化产业发展报告(2007)》,社会科学文献出版社2007年版,第246~247页。

[②] 张晓明等:《中国文化产业发展报告(2007)》,社会科学文献出版社2007年版,第243页。

2006年9月10日至10月10日,昆曲名剧《牡丹亭》青春版访美商演,在美国掀起了一股强劲的中国昆曲热潮。此外,中国川剧演出团应邀参加了2006年新加坡国际艺术节,其演出的川剧名作上座率达85%以上,受到了新加坡观众的热烈欢迎。2006年4月中央民族月台《盛装民乐》音乐会赴澳大利亚11个城市商演,展示了中国民乐的特有风采。中国杂技芭蕾《天鹅湖》在海外演出也广受好评。除上述节目外,《香格里拉》《雪狼湖》《敦煌韵》等一批演艺精品和著名艺术团队都在国际演出市场展示了中国文化的迷人魅力,发挥了独特的和平外交作用①。《云南映象》也与欧洲最大的演出商签订协议,5年内在欧洲进行了800多场演出②。

2007年10月16日,第九届中国上海国际演出交易会在上海展览中心揭幕。来自美国、英国、俄罗斯、西班牙、加拿大、拉脱维亚、摩洛哥等30多个国家以及国内20多个省区市的知名艺术节和重要演艺机构、演出团体的上千人与会。交易会设立海外巡演准入标准,挑选一批具有成功海外巡演经验的特色节目集中在现场推介③。

2008年10月20日,第十届中国上海国际艺术及演出交易会在上海展览中心开幕,吸引了来自全球五大洲30多个国家最重要的主流国际演艺"巨头"齐聚申城。在这次交易会上,上海杂技团全新打造的《迷失的音乐》拿到了2009年赴英国伦敦、库克和比利时布鲁塞尔等地的47场巡演合同。其他的诸如上海淮剧传统武戏折子《挡马》和《金钱豹》、上海话剧中心的喜剧《秀才与刽子手》等,也都获得了走出国门的机会。

2010年,演艺类共有302项演艺产品(项目)出国(境)

---

① 张晓明等:《中国文化产业发展报告(2007)》,社会科学文献出版社2007年版,第247~248页。
② 孙家正等:《中国文化年鉴(2007)》,新华出版社2007年版,第108页。
③ 蔡武等:《中国文化年鉴(2008)》,新华出版社2009年版,第161页。

第二章 中国文化服务市场及消费结构的变迁

进行商业演出，演职人员共计9 289人次；出口总收入约为1.77亿元人民币；演出总场次为25 908场，观众为2 593.44万人次；2011年，全国各省、自治区、直辖市共有126项演艺产品（项目）出国（境）进行商业演出，演职人员共计2 594人次；出口总收入约为2.03亿元人民币；演出场次为8 090场，观众为1 316.97万人次。可以看出，2011年出口产品数量和观众数量较上一年有所下降，这与世界经济衰退的大环境有一定关系，但是出口收入却有所上升，说明演出的平均票价和效益上升。中国演出团体和特色演出剧目获得了更高的市场认同，从而实现了更高的市场价值[①]。

2012年，"欢乐春节"活动联合10多个部委、多个国家级院团、20多个省（区、市）及我驻外使领馆、海外文化中心和孔子学院等机构在全球82个国家和地区的144个城市举办了323个交流项目，吸引了约3 000万海外民众热情参与。中欧文化对话年完成了近300个合作项目，涵盖了文学、艺术、哲学、体育等多领域，覆盖含港澳地区在内的22个省市和所有27个欧盟成员国。"华艺新颜"拉美中国艺术节在拉美6国举办展演活动30余场。俄罗斯中国文化节有史以来第一次实现了在俄10个联邦主体、16个城市的全覆盖，各类演出近50场。土耳其"中国文化年"联合14个部委，实施项目81起，涉及300多场活动，覆盖40多个城市。文化部全年与27个国家签订了文化交流执行计划，审批国外文化交流项目1 072项，20 062人次参加；批准对台文化交流项目2 321项，10 440人次参加；对港澳文化交流项目901项，13 915人次参加。98个驻外文化机构配合或开展文化领域活动19 314起[②]。

[①] 中华人民共和国文化部对外文化联络局：《中国对外文化贸易年度报告（2012）》，北京大学出版社2012年版，第150页。

[②] 中华人民共和国文化部：《2012年文化发展统计公报》，http://zwgk.mct.gov.cn/auto255/201404/W020161230856614490730.pdf。

2014年,中国与21个国家签订或续签文化交流年度执行计划,与6个国家签订了互设文化中心协定和谅解备忘录;中国已签订的文化协定共计149个。全年经文化系统审批的对外文化交流项目1667起。文化部主动把对外文化工作放到国家外交整体战略中谋划定位。"欢乐春节"活动在112个国家和地区的321个城市举办了570多场大型活动。圆满举办亚太经合组织第22次领导人非正式会议文艺演出、亚信峰会文艺晚会。组织开展庆祝中法建交五十周年音乐会、第十四届"相约北京"联欢活动等大型文化交流活动。积极践行"亲诚惠容"和"真实亲诚"理念,成功举办"第五届中俄文化大集""东亚文化之都""2014中国—东盟文化交流年""第二届中俄文化论坛""中印友好交流年"等活动。并围绕中央战略部署,积极开展"一带一路"文化品牌的创立工作,成立"丝绸之路经济带西北五省区文化发展战略联盟",举办首届"丝绸之路国际艺术节""海上丝绸之路国际艺术节"等一系列文化交流活动[①]。

2016年,文化部服务国家"一带一路"倡议,出台《"一带一路"文化发展行动计划(2016~2020年)》。23个国家的文化部部长或代表受邀出席"丝绸之路"文博会文化部长圆桌会议并通过了《敦煌宣言》,中国与沿线国家开展交流的机制化水平不断提升。海外文化阵地和品牌建设不断加强,中共六大会址常设展览馆、瑞典斯德哥尔摩文化中心、希腊雅典文化中心、白俄罗斯明斯克文化中心、柬埔寨金边文化中心等启用或揭牌,全球中国文化中心总数达到30个。推进海外中国文化中心多模式发展,部省共建文化中心的机制不断完善。2016年"欢乐春节"在全球140个国家470座城市举办2100多项活动,品牌化、本土化、市场化水平不断提升。在20个国家举办"中华文化讲

---

① 《2014年文化发展统计公报》,2015年5月8日,https://www.mct.gov.cn/whzx/bnsj/cws/201506/P020171201580061331285.pdf。

堂",开展40余场形式各异的中华文化宣介展示活动,以文化方式讲好中国故事,受到各国民众热烈欢迎。举办"中拉文化交流年",覆盖约30个拉美和加勒比地区的国家,直接受众近千万人。举办"中埃文化年""中加文化交流年""中卡(卡塔尔)文化年""俄罗斯中国文化节""非洲文化聚焦"等活动,完成"G20杭州峰会"文艺演出任务。"东亚文化之都""相约北京"联欢活动等品牌活动的影响持续扩大。全年经文化系统审批的对外文化交流项目2 672起,4 574人次参加;对港澳地区文化交流项目446项,8 865人次参加;对中国台湾地区文化交流项目413项,10 865人次参加①。

2017年,中国积极推动文化外交活动机制化,深度参与中俄、中美、中欧等高级别人文交流机制。截至2017年底,中国已与157个国家签署了文化合作协定,累计签署文化交流执行计划近800个,初步形成了覆盖世界主要国家和地区的政府间文化交流与合作网络。主办"中美文化论坛""第十五届亚洲艺术节""东亚文化之都""欧洲文化之都合作论坛""首届金砖国家文化节""第三届中国—中东欧国家文化合作部长论坛"和"意会中国""中非文化聚焦"等文化交流活动,进一步扩大中华文化国际影响力。以讲好中国故事为主线,2017年"欢乐春节"在全球140多个国家和地区的500余座城市举办了2 000多项文化活动,"欢乐春节"品牌效应逐步形成。海外中国文化中心建设顺利推进,2017年希腊雅典文化中心、越南河内文化中心、保加利亚索非亚文化中心、以色列特拉维夫文化中心、缅甸仰光文化中心等5个海外中国文化中心揭牌或启用,海外中国文化中心总数达35个。全年经文化系统审批的对外文化交流项目有3 054项,有63 961人次参加;对港澳文化交流项目有496项,

---

① 《2016年文化发展统计公报》,2017年5月18日,http://zwgk.mct.gov.cn/auto255/201802/W020180209449903490942.pdf。

有 12 567 人次参加；对台文化交流项目有 342 项，有 6 428 人次参加①。

（二）会展市场的结构与规模变迁

会展市场属于文化市场中的一个分支，文化会展属于专业型会展中的一种。伴随着商品、资本和信息的全球流动，世界会展产业稳步发展，成为世界文化市场的一大亮点。中国的会展业萌发于 20 世纪 50 年代，仅仅作为计划经济的补充。改革开放后专业性会展市场逐步形成，经过 40 年的发展已经初具市场规模和比较成熟的产业形态。

1. 20 世纪中后期会展市场的初级形态。

（1）20 世纪 50~70 年代末的起步阶段：计划经济特征明显。

中国会展的起步以 1951 年 3 月参加德国"莱比锡春季博览会"为标志。1953 年，中国贸促会接待了新中国的第一个来华展览会——"德意志民主共和国工业展览会"。1951~1979 年是中国会展业的起步阶段。

这一时期中国经济形态是计划经济体制，国家以指令的方式对生产、资源分配、消费进行人为控制，经济贸易难以有效展开，因此，经济贸易型展览亦缺乏良好的市场根基，仅有如"广州中国进出口商品交易会"（即"广交会"）等极少数展览会具有贸易性质。

此时的展览种类较少，大体上只包括接待来华展览和参加国际展览会，且基本都是由政府主导，由中国贸促会代表国家主办出国展览，具有浓厚的官方性质。在功能方面，由于意识形态的影响，这一时期的中国会展活动兼有经济功能和政治外交功能的双重作用。会展的规模小、展览数量少，展览组织和运作水平

---

① 《2017 年文化发展统计公报》，2018 年 6 月 1 日，http：//zwgk.mct.gov.cn/auto255/201805/W020180531619385990505.pdf。

低下。

据统计，1951～1979年的28年间，中国贸促会共赴104个国家举办出国展览313个；1953～1977年25年间中国共接待112个外国单独来华的展览会，同时也参加了近500个国外会展①。

（2）20世纪80～90年代的变革与发展阶段：走向市场化。

自1978年始，随着中国对外开放程度的日益加深，经济体制改革深入开展，社会主义市场经济体制逐步确立，中国会展业也开始了从计划向市场的变革，并迎来了新中国成立以来第一个较快的发展阶段。

20世纪80～90年代，市场经济的快速发展、商品和服务的大幅度增加为会展业的发展提供了基本条件。这一时期，随着各地会展场馆的兴建，会展业的性质也发生了根本性变化——由经济性和政治性并重转向经营性为主，促进了展览的专业化、国际化发展，会展业开始与世界接轨。1978年中国贸促会在北京举办了"十二国农业机械展览会"，这是中华人民共和国成立以来中国首次举办国际博览会，这次展会的成功举办标志着中国展览业由"国内展览时期"向"国际展览时期"过渡。1985年，中国国际展览中心于建成，并在当年10月成功举办了开馆的第一个展览——第四届亚太国际博览会。1986年中国促贸会参加瑞士"巴塞尔样品博览会"，标志着中国出国展也由原有的宣传交流为主转变为以展览营销为主，展览的贸易性和专业性因此大大增强。但是，这一时期，以政府为主导的展览模式仍然是主要模式，但仍然存在层层设障、层层审批、多头管理的制度性缺陷。

20世纪90年代以后，受到经济快速发展的强劲推动，国内

---

① 魏中龙、段炳德：《我为会展狂：如何经营成功的会展》，机械工业出版社2003年版，第7页。

会展业进入快速发展时期。据统计，1997年全国共举办会展1 063个，1998年1 262个，1999年1 326个，2000年上升为1 684个；其中，国际展约占48%，国内展约占52%。这一时期确立了会展的定期化展览模式，会展业走上了专业化发展道路。外经贸部批准的定期展逐年递增，从最初的6个发展到1998年的176个，其中中国国际展览中心有57个。1993年中国贸易促进委员会以国家名义加入《国际展览会公约》，成为巴黎展览局的正式成员；1995年中国国际展览中心加入国际展览会管理协会（IAEM），随后，上海、深圳、北京展览分会也加入该组织。

这一阶段，北京、上海、大连、珠海等城市的会展业蓬勃发展，成为中国会展业中的领跑者，并出现了一批影响较大的国际展业展览会，如中国国际纺织机械博览会、国际机床展览会、北京国际汽车展览会、大连时装博览会、珠海航空博览会等。展览会的主办单位也从改革开放前的几家发展到上百家。据不完全统计，仅1998年，中国90多家办展单位共在50多个国家举办经贸展览会，并且参加400多个国际博览会，相当于起步期34年出国展览数量的总和；1998年中国境内举办的较有规模的经济贸易博览会共有600多个，是起步期25年国外来华展览数量总和的3倍[①]。到此，中国会展市场初步形成并稳定发展。

2. 21世纪中国会展市场形态的升级。

进入21世纪后，国家对办展体制的放开直接促进了会展业的市场化发展进程，产业规模和体系日益形成，整个产业呈现蒸蒸日上的发展趋势。综合性文化产业博览会、动漫展、期刊博览会等新的展会进入会展市场，使展会内容呈现了多元化的发展趋势，对社会影响力也越来越大，中国的会展市场正逐步趋于成熟。

---

① 黄玉妹：《中国现代会展业的功能研究》，福建师范大学2011年博士学位论文，第50页。

(1) 展会规模日益扩大，市场稳步增长。

"十五"期间，据统计，2001 年全国举办展览会总数为 2 087 个，2002 年多达 3 075 个，较上年增长 47.34%[1]，其中 2002 年仅上海举办展会就已达 238 个，相当于德国举办的展会总数[2]。商务部的统计显示，2003 年虽然受到"非典"的巨大影响，但全国各地举办的经贸领域展览会达到 3 298 个，参展企业为 552.4 万家，参会专业观众为 1 751 万人次，举办节庆活动 5 000 多场，参与观众数亿人次[3]。2004 年会展规模进一步增大，据中国贸促会统计，2004 年底，全国正式注册并具有举办经济技术展览会条件的展览馆共有 118 个，其中 2004 年正式办展的展览馆为 90 个[4]；2004 年中国会展经济年度报告称，2004 年全国展览项目一共 3 560 个，其中 90 个正式展览馆共举办展览会 2 467 个，举办展览会最多的 5 个省市依次为北京、上海、广东、江苏、四川；从观众人数来看，每年有超过 650 万名观众参观国际展览会，以中国国际展览中心为例，每年有 160 万人次。2005 年全国共有大中型展览场馆 150 多个，室内展览面积超过 300 万平方米，每年全国举办的各类展会 3 000 多个，出国办展近 800 个，参展企业 500 多万家，参会专业观众近 2 000 万人次[5]。

"十一五"期间，中国展览业仍然呈现高速发展的态势。会展数量从 2006 年的 4 050 个增长到 2010 年的 5 040 个；会展面积从 2006 年的 4 100 万平方米增长到 2010 年的 5 050 万平方米，5 年增长 23%；会展城市也向地市级迈进，2010 年全国已有 152

---

[1] 中国国际贸易促进委员会宣传出版中心：《中国展览年鉴（2006）》，同心出版社 2006 年版，第 10 页。
[2] 周长春、程旭：《从国内外比较看中国展览业的发展特点》，载于《商业研究》2007 年第 5 期。
[3] 杨晓红：《中国会展经济发展迅猛，总规模年均增长 20%》，2005 年 11 月 3 日，http://big5.china.com.cn/economic/txt/2005-11/03/content_6018980.htm。
[4] 王春雷：《中国会展业：盘点与展望》，载于《中国会展服务》2005 年第 1 期。
[5] 杨海青：《中国展览年鉴（2006）》，同心出版社 2006 年版，第 1 页。

个地级及以上城市建有会展场馆并每年举办会展活动,占全国287个地级及以上城市的53%①。

纵观"十二五"期间,全国展览总数从2011年的7 330个增加到2015年的9 283个,增长26.6%;展览面积从2011年的8 160万平方米增长至2015年的11 798万平方米,增长率达到44.6%;2013~2015年展览总数中有确切展览明细的项目占比始终维持在66%以上②。

2016年,全国展览总数达到9 892个,较上年增长6.6%;展览总面积达到13 075万平方米,较上年增长10.8%。2016年中国举办的展览面积排名前十的省市为广东、上海、山东、江苏、重庆、四川、浙江、辽宁、北京和河南,这十个省市的办展数量占全国总数量的69.7%,办展面积占全国总面积的73.9%③。2017年,全国展览总数达到10 358个,展览总面积达到14 258万平方米,较上年分别增长4.7%和9.3%。

2017年中国举办的展览面积排名前十的省市为广东、上海、山东、江苏、重庆、四川、浙江、辽宁、北京和河南,这十个省、市的办展数量占全国总数量的69.7%,办展面积占全国总面积的71.8%④。2017年,全国投入使用的专业展览场馆达348座,较上年新增32个,增长10.12%。其室内可供展览总面积为1 187.99万平方米,较上年增加187.29万平方米,增长18.71%。全国还有15座展览场馆在建,其室内可供展览总面积达195.31万平方米;另有6座展览场馆已纳入规划待建。其中,

---

① 周春雨、范丽敏:《"十二五"中国会展业向"五化"目标迈进》,载于《中国贸易报》2010年12月14日。
② 中国会展经济研究会:《2015年中国展览数据统计报告》,2019-09-26访问,http://www.cces2006.org/index.php/home/index/category/cate_id/202。
③ 中国会展经济研究会:《2016年中国展览数据统计报告》,2019-09-26访问,http://www.cces2006.org/index.php/home/index/category/cate_id/202。
④ 中国会展经济研究会:《2017年中国展览数据统计报告》,2019-09-26访问,http://www.cces2006.org/index.php/home/index/category/cate_id/202。

总投资为198亿元、室内可供展览面积50万平方米的深圳国际会展中心建成之后将成为全球规模最大的会展场馆。

自2015年中国政府提出"一带一路"倡议以来,"一带一路"沿线国家逐渐成为中国境外自主办展的热门举办地。2017年,中国机构在境外自主举办123场展览,展览总面积为83.6万平方米,较上年分别下降3.1%、增长7.1%。在这123场展览当中,有71场在"一带一路"沿线国家举办,占57.72%;展览总面积51万平方米,占中国境外自主办展展览总面积的61%[①]。

(2)结合区域经济结构,形成六大会展产业带。

21世纪全球经济快速发展与中国经济持续高速增长的契合带来了会展发展的良机,而区域和城市经济发展的不均衡特征导致会展市场的非均衡性发展。由于各城市和各地区的产业结构、地理位置、开放程度和经济发展程度的差异,中国已基本形成了环渤海、长三角、珠三角、中部地区、东北地区、西部地区六个会展产业带。

环渤海会展产业带的概况如下。环渤海会展产业带以京津为核心,包括河北、山东等省份。京津地区拥有各类科研院所近千所,高等院校近百所,科技人员150余万人,是全国知识最密集、科技实力最强的区域。伴随着京津地区的经济高速发展,整个环渤海会展产业带发展迅速。2017年,环渤海会展产业带办展数量达到1 725个,展览面积达到2 496.09万平方米,分别占全国总量的16.65%和17.47%[②]。截至2017年底,环渤海会展产业带已拥有可供使用的展览场馆88个,其中山东省有64个排在首位,北京有9个,河北12个,天津3个。展馆室内展览总面积达到209.87万平方米,其中山东148.75万平方米,北京

[①②] 中国会展经济研究会:《2017年中国展览数据统计报告》,2019 – 09 – 26访问,http://www.cces2006.org/index.php/home/index/category/cate_id/202。

26.28万平方米,河北20.74万平方米,天津14.1万平方米,共占全国的16.9%[①]。北京因部分展览迁址南下,近几年展览数量和展览总面积相对有所减少,2017年北京举办各类展览365个,展览总面积近595.5万平方米。

北京是中国的政治、经济、金融、科教和文化中心,在发展会展产业方面具有得天独厚的优势,会展业发展势头强劲。《2016中国会议统计分析报告》显示,在参加统计的城市中,2010~2015连续6年北京举办国际会议数量排名第一,上海连续6年排名第二。其中2015年北京举办43个国际会议,上海举办33个,杭州举办22个(位居第三),排名第四至第十位的城市分别是南京、昆明、广州、西安、重庆、苏州和义乌。根据ICCA(国际大会及会议协会)每年中期发布全球国际会议(主要统计国际协会会议)的统计数据显示,2015中国共举办了333场国际会议,其中北京举办95场,数量在全国排名第一;2016年中国共举办了410场,北京举办了113场,领先于全国其他城市。

"中国北京国际文化创意产业博览会"(以下简称文博会)是由文化部、国家新闻出版广电总局(前身为国家新闻出版总署和国家广播电影电视总局)和北京市政府共同主办,于2006年举办首届,现已发展成为北京市的品牌展会之一。2017年第十二届文博会规模盛大,共有来自海内外文化创意产业界及相关业界的近200万人次参与,其中包括142位国际组织高层负责人、国家产业主管部门领导和国内外业界知名专家、学者和企业家到会演讲,2500位业界专业人士到会交流。据不完全统计,2017年第十二届文博会期间,共签署文化创意产业的产品交易、艺术品交易、银企合作等协议总金额为977.28亿元人民币。其中影

---

① 中国会展经济研究会:《2017年中国展览数据统计报告》,2019-09-26访问,http://www.cces2006.org/index.php/home/index/category/cate_id/202。

视文化制作、版权项目交易活跃,签约金额为 371 亿元人民币,占比 37.9%;落户园区的文化产业合作项目金额为 478 亿元人民币,占比 49%;文化与科技、金融等融合的项目金额为 171 亿元人民币,占比 17.5%;文化"走出去"项目增加,文化贸易签约金额为 138 亿元人民币,占比 14%[①]。

长三角会展产业带的概况如下。长三角会展产业带以上海为中心,南京、宁波、杭州、苏州等城市为依托。该区域经济实力雄厚,每年的 GDP 总量占中国 GDP 总量的近 20%。会展产业发展潜力巨大。2017 年,长三角会展产业带办展数量达到 2 590 个,展览面积达到 3 573.14 万平方米,分别占全国总量的 25% 和 25.01%[②]。截至 2017 年底,长三角会展产业带已拥有专业展览场馆 67 个,其中江苏有 32 个,排在首位,浙江有 26 个,上海 9 个。展馆室内可供使用展览总面积达到 283.45 万平方米,其中上海有 97.7 万平方米,浙江有 96.74 万平方米,江苏有 89.01 万平方米,共占全国总面积的 22.83%[③]。

上海是中国经济发展最快的城市之一,是长三角地区的经济、技术和文化中心。作为国际化大都市,大量人流、物流、资金汇聚于此,其辐射带动作用和资源集聚效应使上海成为中国乃至世界商业类品牌展会的举办城市。2017 年,上海举办的展会共 767 个,总展出面积为 1 689 万平方米,分别占全国总量的 7.4% 和 11.82%,位居全国城市第一;共有专业展馆 9 个,展馆室内可供展览的面积为 97.7 万平方米,位居全国城市第一[④]。2017 年这 9 个主要场馆共举办展览会 561 个,总展出面积为 1 544.5 万平方米。

---

① 《第十二届北京文博会圆满落幕》,2017 年 9 月 13 日,http://www.iccie.cn/web/static/articles/catalog_ff8080813165bac4013165c92aa0000d/article_ff8080815becfb08015e79b22ae95726/ff8080815becfb08015e79b22ae95726.html。

②③④ 中国会展经济研究会:《2017 年中国展览数据统计报告》,2019-09-26 访问,http://www.cces2006.org/index.php/home/index/category/cate_id/202。

2011年，由中华人民共和国商务部和上海市人民政府于共同决定合作共建的国家会展中心，总投资约160亿元。国家会展中心总建筑面积147万平方米。其中地上面积127万平方米，集展览、会议、活动、商业、办公、酒店等多种业态为一体，是目前世界上最大的建筑单体和会展综合体，可提供40万平方米的室内展览面积和10万平方米的室外展览面积。"中国国际工业博览会"（简称中国工博会）是由工业和信息化部、国家发展和改革委员会、商务部、科学技术部、中国科学院、中国工程院、中国国际贸易促进委员会、联合国工业发展组织和上海市人民政府共同主办，中国机械工业联合会协办，东浩兰生（集团）有限公司承办的以装备制造业为展示交易主体的国际工业品牌展，于1999年举办首届，已通过国际展览业协会（UFI）认证，是中国装备制造业最具影响力的国际工业品牌展，也是中国工业领域面向世界的一个重要窗口和经贸交流合作平台。自2015年起，中国工博会已正式移师国家会展中心（上海）。2017年11月7~11日，"第十九届中国国际工业博览会"在上海成功举办，共设立了数控机床及金属加工展、工业自动化展、节能环保技术与设备展、信息与通信技术应用展、新能源与电力电工展、新能源与智能网联汽车展、机器人展、航空航天技术展、科技创新展9大专业展区，汇聚了大批最新的工业产品和科技成果，展会面积达到28万平方米，超过2500家企业参展，来自27个国家和地区的境外参展展位占总展位的30%[①]。

珠三角会展产业带的概况如下。以广州为中心，加上深圳、珠海、东莞等形成珠三角城市群会展产业区，是中国国际化和现代化程度高、会展产业结构特色突出、会展地域及产业分布密集的会展产业带。2017年，珠三角会展产业带办展数量

---

① 《2017第十九届中国国际工业博览会在上海成功举办》，2017年11月23日，http://www.most.gov.cn/kjbgz/201711/t20171123_136408.htm。

达到1 019个，占全国总量的9.84%，其中广州展览数量为662个、深圳为114个、东莞为64个、佛山为28个、珠海为23个；展览面积达到1 818.82万平方米，占全国总量的12.73%，其中广州展览面积为976万平方米、深圳为325.44万平方米、东莞为300万平方米、佛山为62.3万平方米、珠海为31.05万平方米①。截至2017年底，珠三角会展产业带已拥有专业展览场馆27个，展馆室内可供使用展览总面积达到126.94，占全国的10.22%②。

广州作为华南地区的文化中心和经济中心，会展产业起步最早，会展经济最为活跃。广州现有专业展馆5个，室内可供展览面积达49.24万平方米，位居全国城市第四，仅次于上海、青海和深圳。其中，中国进出口商品交易会展馆（广州）室内可供展览面积达33.8万平方米，其规模仅次于国家会展中心（上海）；广州国际采购中心室内可供展览面积达20万平方米，位居全国城市第七③。

"中国进出口商品交易会"即广州交易会（简称广交会），第一届广交会于1957年4月15日举办，每年举办两次，春季自4月15日至5月5日，秋季自10月15日至11月4日，各20天。至今已历50余年风雨。广交会是历史最久、商品种类丰富、展会商客量大、规模宏大、现代化程度高、专业性强、展览会议功能强大的综合性国际贸易盛会。广交会不仅是广州和珠三角会展业的一张名片，更是整个广州的城市名片。广交会对于整个广州会展行业都有着较大影响力。截至第122届，广交会累计出口成交额约为12 937亿美元，累计到会境外采购商约822万人次。目前，每届广交会展览规模达118.5万平方米，境内外参展企业近2.5万家，210多个国家和地区的约20万名境外采购商与会。

---

①②③ 中国会展经济研究会：《2017年中国展览数据统计报告》，2019-09-26访问，http://www.cces2006.org/index.php/home/index/category/cate_id/202。

2018年5月5日，第123届广交会闭幕新闻发布会在广州广交会展馆举行。据发布会透露，截至2018年5月3日，第123届广交会采购商到会203 346人，来自214个国家和地区，比2017年春交会（同比，下同）增长5.3%，为5年来最高水平；累计出口成交额为1 891.97亿元人民币（折合300.8亿美元），比2017年春交会增长3.1%，为4年来春交会最高水平[1]。因此，一定程度上说，正是广交会的影响力奠定了中国会展产业在国际会展产业中的地位。

东北地区会展产业带的概况如下。东北地区会展产业带以大连为中心，以沈阳、长春为外围支撑城市。东北地区有着独特的地缘优势，其最大的优势就是与朝鲜北部衔接、与俄罗斯远东地区毗邻、与韩国隔东海相望，边境贸易具有很大的发展潜力。2017年，东北地区会展产业带办展数量达到991个，展览面积达1 253.32万平方米，分别占全国总量的9.57%和8.77%[2]。截至2017年底，东北地区会展产业带已拥有专业展览场馆35个。其中，辽宁省有19个排在首位，吉林省有9个，黑龙江省有7个。展馆室内可供使用展览总面积达到93.4万平方米，其中辽宁占有54.91万平方米，浙江占有19.21万平方米，江苏占有19.28万平方米，共占全国总面积的7.52%[3]。

大连市是一个港口城市，近年来，以优越的地理条件和强有力的城市经济为依托，大连市的展览业迅速成长，显示出国际化、专业化水平。2016年全市举办展览106个，展览总面积为126.9万平方米；2017年全市举办展览139个，展览总面积为

---

[1] 《第123届广交会召开闭幕新闻发布会》，2018年5月5日，http://www.cantonfair.org.cn/html/cantonfair/cn/info/2018-05/46808.shtml。

[2][3] 中国会展经济研究会：《2017年中国展览数据统计报告》，2019-09-26访问，http://www.cces2006.org/index.php/home/index/category/cate_id/202。

121.9万平方米①。"中国（大连）国际服装纺织品博览会"是东北地区的品牌展会之一，其前身是自1988年已经成功举办了17届的"大连国际服装节博览会"，2006年升格为国家级博览会，是国内唯一经国务院批准、由中国商务部、纺织工业协会、大连市人民政府主办的行业内专业展会。2017年，"第28届中国（大连）国际服装纺织品博览会"于9月22日在大连世界博览广场开幕，活动为期3天，共吸引800多个服装纺织品牌参展，其中海外品牌达300多个，行业品牌发布会达24场。本届服博会期间举办的2017大连秋季时装周举行了24场海内外知名品牌企业、设计师的时装发布。活动邀请了上千名国际采购商、代理商、买手和商家，加大了与国外行业协会的深度合作②。"中国（大连）国际服装纺织品博览会"不仅是东北地区会展的核心载体，而且正逐步成为国际性会展品牌。

中部地区会展产业带的概况如下。中部地区会展产业带以武汉、郑州为中心城市，以南昌、合肥、长沙、太原为依托，是一个正在形成的会展产业区域。2017年，中部地区会展产业带办展数量达到1500个，展览面积达到1634.14万平方米，分别占全国总量的14.48%和11.44%③。截至2017年底，中部地区会展产业带已拥有可供使用的展览场馆44个。其中，山西11个、河南10个、安徽9个、湖北7个、湖南4个、江西3个。展馆室内展览总面积达到177.78万平方米，其中湖南73.2万平方米、安徽25.95万平方米、湖北24.54万平方米、河南20.2万平方米、山西18.77万平方米、江西15.12万平方米，共占全国

---

① 中国会展经济研究会：《2016年中国展览数据统计报告》和《2017年中国展览数据统计报告》，2019-09-26访问，http://www.cces2006.org/index.php/home/index/category/cate_id/202。

② 贾铁生：《2017中国（大连）国际服装纺织品博览会启幕》，2017年9月22日，http://news.cnr.cn/native/city/20170922/t20170922_523961176.shtml。

③ 中国会展经济研究会：《2017年中国展览数据统计报告》，2019-09-26访问，http://www.cces2006.org/index.php/home/index/category/cate_id/202。

总面积的 14.32%①。

虽然中部地区在整体上不及长三角、珠三角以及环渤海会展产业带，特别是在产业规模、品牌会展和国际性影响力方面仍然处于发展初中期，但中部会展产业带仍然具有一定的规模与特色。武汉是中国传统的工商业重镇，是东、中、西部地区的连接枢纽，具有便捷的公路、铁路、航空立体交通条件。近年来，武汉会展业发展十分迅速，一大批品牌会展开始涌现，如武汉机博会、光博会、食博会、文博会、医博会、房博会、汽车展、种子展等一批具有潜力的展会深受社会欢迎，已呈现出武汉品牌展会的雏形，对推动湖北经济社会的发展起到重要作用。2017 年，武汉会展产业呈加速发展态势，全市共举办展会 313 个，展览总面积为 299 万平方米，同比增长率分别为 6.5% 和 11.99%②。2017 年，武汉有专业展馆 5 个，可供展览的室内面积为 21.74 万平方米。其中武汉国际博览中心室内展览面积达 15 万平方米，位居全国第十一③。2017 年，"第十四届中国武汉农业博览会"于 11 月 17 ~ 20 日在武汉国际博览中心举办，本届农博会设龙头企业、湖北省各市州及农垦现代农业、外省市及国际农业、休闲农业、苗木花卉、"互联网 + 品牌农业"、智慧农业、农业科技、农业机械等 16 大展会的 3 000 家国内外企业参展。据统计，4 天展期共有观众 23.2 万人次，专业采购商 9.05 万人次，现场达成签约交易额高达 81.9 亿元，现场销售额为 9.26 亿元，签约项目 61 个④。

郑州位居中原腹地，优越的中西部区位，使郑州成为中部地区会展业的中心之一。根据中国会展经济研究会发布的《2017 年中国展览数据统计报告》，2016 年，郑州市共举办展会 238

---

①②③ 中国会展经济研究会：《2017 年中国展览数据统计报告》，2019 – 09 – 26 访问，http：//www.cces2006.org/index.php/home/index/category/cate_id/202。

④ 戴辉：《武汉农博会 4 天签约交易额 81.9 亿元》，2017 年 11 月 22 日，http：//www.onezh.com/news/16833.html。

个,展览总面积为 236 万平方米,有 6 个专业展览场馆,室内可供使用展览面积达 12.23 万平方米;2017 年,全市共举办展会 237 个,展览总面积为 258.37 万平方米,有 4 个专业展览场馆,室内可供使用展览面积达 12.9 万平方米①。郑州国际会展中心是郑州最大的展馆,室内可供使用展览面积达 7.4 万平方米,自 2005 年 10 月建成开馆以来,凭借一流的设施吸引来一系列重要的展会,包括"郑州全国商品交易会""中原国际医疗器械博览会""中国中部(河南)旅游交易会""全国药品交易会"等大型展会。

2017 年 3 月 29~31 日,"第十一届中国(河南)国际投资贸易洽谈会"在郑州国际会展中心举办,共有来自 89 个国家和地区的境外客商 7300 多名、66 位世界 500 强和知名跨国公司高管、52 位境外省(部、州)长级官员、外交使节、驻华机构负责人参会。本次投洽会共达成合作项目 319 个、总投资 3558 亿元②。

2018 年 4 月 17~19 日,"第十二届中国(河南)国际投资贸易洽谈会"在郑州国际会展中心举办,3 天展期里,经过数十场对接、推介、洽谈,321 个项目完成签约,河南各地吸引投资 4399 亿元,创投洽会历史新高。单个项目平均投资超过 20 亿元。投资额为 50 亿元以上的项目 13 个,投资总额为 1455 亿元。签约项目涵盖三大产业领域,在农业产业化、制造业提升、现代服务业升级等方面都有突破。其中新材料、机器人、航空航天、

---

① 中国会展经济研究会:《2016 年中国展览数据统计报告》,2019-09-26 访问,http://www.cces2006.org/index.php/home/index/category/cate_id/202;中国会展经济研究会:《2017 年中国展览数据统计报告》,2019-09-26 访问,http://www.cces2006.org/index.php/home/index/category/cate_id/202。

② 《第十一届河南投洽会在郑州国际会展中心隆重开幕》,2017 年 3 月 30 日,http://www.onezh.com/news/15136.html。

循环经济、新能源汽车等战略性新兴产业有项目有43个①。

西部地区会展产业带的概况如下。西部地区会展产业以重庆、成都、西安等城市为中心，以昆明、兰州、乌鲁木齐等省会城市为支撑，是一个独具特色的会展产业区域。进入21世纪，随着国家西部大开发战略的实施和西部经济社会的强劲发展，西部地区凭借其独特的文化资源成为中国会展行业的后起之秀，会展业发展势头强劲。2017年，西部地区会展产业带办展数量达到2 245个，展览面积达到2 989.3万平方米，分别占全国总量的21.67%和20.93%②。截至2017年底，西部地区会展产业带已拥有专业展览场馆73个。其中，四川以41个场馆遥遥领先，位居第一，广西和内蒙古各5个、陕西4个、重庆3个、云南3个、甘肃3个、西藏3个、贵州和青海各两个、新疆和宁夏各1个。展馆可供使用室内展览总面积达到301.94万平方米，其中室内展览面积排名依次是四川、陕西、云南、重庆、广西、贵州、内蒙古、新疆、甘肃、西藏、青海和宁夏，分别是88.21、59.17、55.48、30.52、16.22、10.35、10.31、10、6.74、6.25、5.69和3万平方米，共占全国总面积的24.32%③。

重庆是中国西部地区唯一的直辖市，也是西部地区会展产业发展最快的核心之一。近年来，重庆市会展产业成效越来越好。据重庆市商委会的数据，重庆市已经建成重庆国际会议展览中心、重庆国际博览中心、重庆展览中心、重庆农业展览馆、重庆规划展览馆、三峡博物馆等6个会展场馆，展场总面积达到50万平方米。重庆会展以"中国西部国际投资贸易洽谈会"（简称西洽会）、"中国国际高新技术成果交易会"（简称高交会）为代

---

① 赵振杰：《河南开放站在新的历史起点上——写在第十二届中国（河南）国际投资贸易洽谈会闭幕之际》，2018年4月20日，http://www.henan.gov.cn/zt/system/2018/04/20/010778391.shtml。

②③ 中国会展经济研究会：《2017年中国展览数据统计报告》，2019-09-26访问，http://www.cces2006.org/index.php/home/index/category/cate_id/202。

表的会展活动,将会展与产业有机结合,加快了改革开放的步伐。重庆市成功举办糖酒会、零售商大会等国家级展会,大力培育渝洽会、智博会、渝交会、火锅美食文化节等大型品牌展会,持续发展"潼南菜花节""大足五金展""铜梁龙文化节""巫山红叶节""垫江牡丹节"等地方特色会展。2011 年,重庆市举办展览活动 475 场次,展览总面积只有 382.8 万平方米,直接收入为 43.6 亿元。到 2015 年,重庆市展览活动几乎翻了一番,达到 749 场次,展览总面积为 702.3 万平方米,直接收入为 108.3 亿元①。据统计,2018 年上半年,重庆成功举办各类会展活动 297 个,展出面积为 463.8 万平方米,会展业直接收入为 88.6 亿元,会展拉动消费 789.3 亿元。2018 年上半年重庆会展业交出了不错的"成绩单",重庆渐成"会展之都"②。

成都市着力打造中国的休闲文化中心,会展业是其重点发展产业之一,得到地方政府的大力支持并取得显著成效。成都市博览局是中西部首个加入国际大会及会议协会(ICCA)的政府机构,同德国科隆展览、英国博闻集团、英国励展博览集团等国际领先会展企业签订了合作备忘录,为成都会展业的领先发展、规范发展和国际化发展提供了强大的政府支持和机制保障。近年来,成都市按照"三城三都"城市建设目标,加快打造国际会展之都,着力加强与国际知名会展企业合作,大力引进国际知名品牌展会,培育具有国际知名度的"名展、名馆、名企、名业"。据统计,2017 年,成都共举办重大会展活动 596 个,其中国际性会展活动 140 个。展出面积为 563 万平方米,会展业总收入为 931.9 亿元,其中直接收入为 93.6 亿元,拉动收入为 838.3

---

① 郑三波:《重庆会展之都正在崛起,会展产业链经济突破千亿元大关》,2018 年 5 月 21 日,https://nmg.qichacha.com/postnews_ba254b1da80e6dcb9bf36fe90d7c8354.html。

② 杨艺:《重庆上半年商贸运行稳中向好》,2018 年 8 月 6 日,https://www.cqrb.cn/html/cqrb/2018-08/06/001/content_209548.htm。

亿元，活动参与人数为 9 955.8 万人次，同比增长 7.6%。成都市博览局的数据显示，2018 年 1~6 月，成都举办"第 98 届中国糖酒商品交易会""2018 成都全球创新创业交易会""第十九届成都国际家具工业展览会"等重大会展活动 340 个，会展业总收入为 541.2 亿元，同比增长 15.4%。目前，成都会展千亿产业已初步形成。预计 2018 年成都将举办重大展会活动 640 个以上，展出面积超过 980 万平方米，国际高端展会占比达 23.5%，会展业总收入突破 1 000 亿元大关，参展人数突破 1 亿人次，外地展商和观众数量突破 2 000 万人次①。

西安是中国著名的历史文化之都，是"丝绸之路"的起点城市。"一带一路"倡议提出以来，西安与"丝绸之路"沿线各国的合作不断增强。西安市旅发委统计数据显示，2017 年，来西安旅游的境外游客达 175.13 万人次，同比增长 20.72%。2018 年 1~5 月，西安市接待海内外旅游者 8 301.62 万人次，同比增长 47.33%；旅游业总收入为 862.13 亿元，同比增长 56.37%②。

在大力发展文化旅游产业的战略框架下，西安会展业的发展生机勃勃。2018 年 3 月 30 日至 4 月 1 日，第五届西安丝绸之路国际旅游博览会在西安曲江国际会展中心举办，吸引了来自哈萨克斯坦、马来西亚、土耳其等 35 个国家和地区、中国 31 个省区市的政府机构及参展企业，共有展商 500 余家。3 天展期共开展商务洽谈 6 480 场，签订合同 3 042 份，达成意向金额 16.5 亿元；共接待专业观众 7 500 余人次，公众现场参观采购超过 90 000 余人次。展会期间开展 350 余场大型旅游惠民活动、惠民

---

① 《国际巨头入川 成都会展业进入"黄金时代"》，2018 年 8 月 29 日，https：//www.sohu.com/a/250697440_115362。
② 张杨：《"一带一路"倡议五周年 西安丝路旅游活力倍现风头正劲》，2018 年 8 月 28 日，http：//www.rmzxb.com.cn/c/2018-08-28/2153736.shtml？n2m=1。

第二章　中国文化服务市场及消费结构的变迁

举措多达3 573项、价值约5亿元①。2018年5月11~15日,"第三届'丝绸之路'国际博览会暨中国东西部合作与投资贸易洽谈会"在西安市举办,吸引了来自哈萨克斯坦、英国、马来西亚、菲律宾等全球75个国家和地区、52位政要、1 900余名境外嘉宾参会,共举办"丝绸之路经济带"国际合作论坛、"丝绸之路"教育合作交流会、2018丝路国际文化产业创新与发展峰会等40余场活动,涉及经济、文化、金融、法律、教育等20多个领域和主题。陕西省代表团在此次博览会上共签订利用外资项目合同总投资额51.22亿美元,其中外资额47.08亿美元②。

(3)会展主办主体日益多元化。

20世纪90年代以前,中国举办的会展大多由政府部门、官方或准官方机构主导,社会力量发展不足,参与程度不高,政府色彩浓厚。进入21世纪,随着中国市场经济的发展、体制外民间力量的成长,中国的会展产业发展逐步进入市场化阶段,会展活动的主办者除政府部门外,各级贸易促进机构、各类行业协会、商会和会展企业等日益成为会展的重要力量,中国会展产业呈多元化趋势发展。主要有以下三类:

第一类,政府、贸促机构办展。政府具有一定的权威性,政府办展能够增强展会的号召力和影响力,吸引更多的客商。特别是对于文化类展会如"中国(深圳)国际文化产业博览交易会"和"中国北京国际文化创意产业博览会"等,均是中华人民共和国文化和旅游部、国家新闻出版广电总局与省市地方政府联合主办。政府主管部门的介入,可以对文化会展的发展特别是启动阶段的发展起到极大的推动作用。但在市场经济下,当文化展会发展到一定阶段后,政府部门的深度介入有可能"挤出"

---

① 杨明:《西安会展网:2018西安丝绸之路国际旅游博览会落幕》,2018年4月2日,http://xahzw.xa.gov.cn/ptl/def/def/index_1272_4383_ci_trid_2787879.html。
② 蔡馨逸:《第三届丝绸之路国际博览会拓展国际间合作新空间》,2018年5月5日,http://www.xinhuanet.com/politics/2018-05/15/c_129872931.htm?baike。

市场力量，对文化会展市场稳定和健康发展存在负面影响。

第二类，行业协会、商会办展。在中国大多数成功举办的国际性展览，其主办方都是中国的行业协会，如"中国艺术节演艺产品博览交易会"和"中国国际动漫游戏博览会"等，都是以行业协会为主体、政府部门提供协助的展会。行业协会、商会在文化类展会的作用日益上升。

第三类，企业办展，包括国有企业、民营企业和外资企业。公司与企业办展通常与政府部门和行业协会结为伙伴，但由于受到资金、技术特别是号召力的诸多限制，目前企业办展主要集中在专业展会领域，或在大型文化展会中承担协助性和专业性角色。

尽管中国现阶段会展主办主体呈多元化发展趋势，越来越多的企业、行业协会、商会成为会展活动的主办或者承办机构，外资企业也通过与国内企业合作的方式进入国内会展市场，但不可否认，由于政府与社会所掌握的展会资源存在巨大的级差，当前由政府主导或政府委托的行业协会主办文化类品牌会展具有更高的效率。因此，在一个较长时期内，政府部门或受政府委托的行业协会、商会办展，仍将是中国文化展会的主流形态。

（三）电影市场的结构与规模变迁

电影市场一般分为制作、发行、放映三大专业市场。作为文化市场中发展快速、特色鲜明的细分市场之一，电影市场的发展牵动着整个电影产业链。中华人民共和国成立以来，中国电影市场经历了艰难曲折的发展，取得了举世瞩目的成就。

1. 1950~2000年的中国电影市场：倒U型发展轨迹。

中华人民共和国成立之初，中国电影事业的发展模仿苏联的发展模式，建立了中央统管的制作、发行、放映的行政指令性计划系统。在这一体制下，电影产业由国家统管统销，每年国家拨发财政预算保证电影的制作、生产和发行、放映。电影制片厂的设立，各制片厂的拍片数量、影片题材都严格按照国家的行政计划实施。

统计显示，这时期中国电影产品中，故事片的生产能力有限，纪录片、科教片数量大大超过故事片、动画片，电影的娱乐性不强。这一时期电影产品的主要属性并非市场娱乐商品，而是政治教化和意识形态宣传的载体。但由于业余文化生活的严重匮乏，电影是当时中国人重要的娱乐方式。1979年，中国电影的观影人数达到279亿人次，平均每天有7 000万人次，创造了中国电影史上观影人数的历史性纪录。

20世纪80年代，随着中国经济体制改革的进程，电影产品的经济属性得到承认，电影发行放映公司被规定为企业性质，独立核算、自负盈亏、通过银行贷款自筹资金，实现生产利润，并缴纳大小十余个税种①。20世纪80年代初期，由于电影产业作为内容产品的质量不高，加之录像业特别是电视媒介的迅猛发展分流了大量的电影观众，导致了这一时期的中国电影市场各项统计指标都大幅下滑，国内1/3左右的电影发行企业都出现亏损。到1984年，中国城市电影发行放映业务已连续4年滑坡，观众平均每年减少5亿多人次，发行收入平均每年下降2 600多万元，城市观众累计下降33亿人次②。

进入20世纪90年代，中国电影行业的市场化之路仍然在探索中前行。由于中国电视机生产技术的日益成熟，电视剧生产行业快速发展，电影行业整体性落后，观众被大量吸引到电视机面前，电影观众严重流失，电影市场急剧萎缩，电影市场的严重危机倒逼中国电影体制改革。尽管国家在80年代就已经将电影行业划归为企业性质，但电影行业的计划体制结构并没有被触动。

---

① 唐榕：《改革开放三十年中国电影体制改革研究》，载于《现代传播——中国传媒大学学报》2009年第2期。

② 李道新：《中国电影文化史》，北京大学出版社2005年版，第393页。

1993年国家广播电影电视部发布《关于当前深化电影行业机制改革的若干意见》，提出改变统购统销的旧体制，允许制片单位与各地的发行放映单位直接对话，无须经过中影公司的许可，取消了中影公司的垄断发行权；1997年，16家国有制片厂的垄断局面被打破，"个人以资助、投资的形式"均可"参加摄制电影片"，国家对系统外资金进入电影行业出现政策松动。

但由于存在政策效率的滞后性，1993年中国电影行业的体制改革并没有产生立竿见影的效果。20世纪90年代中国电影的总产量呈下降趋势，特别是90年代后期电影产品产量加速下滑，电影行业的收入也急剧减少，1998年中国的电影市场收入约为14亿元，1999年则跌破10亿元，全年收入仅为8亿元左右，电影观众也降至4.5亿[①]。中国电影市场至此跌入谷底。

2. 21世纪以来的中国电影市场：商业模式的探索与成长。

进入21世纪，国家关于电影市场的改革全方位推进，中国电影行业的产业化、市场化进程明显加快，民营资本和外资开始进入电影市场，电影产品数量和质量稳步提升，市场票房逐年增长，中国电影市场逐步进入繁荣发展的新时期。

21世纪的最初3年，电影市场情况并未出现根本性好转，影片制作数量较20世纪90年代末总体上没有增长，纪录片制作更是降到了历史性低位。但总体上看，在电影市场需求的引领下，故事片的生产成为这一阶段电影生产的主流。2000年全国共生产故事片91部，占生产影片总数的60%；2016年全国共生产故事片772部，占影片总数的81.8%[②]。随着电影产品的娱乐化转向，中国电影市场在规模和结构上正在经历着全新的变化。

---

① 李道新：《中国电影文化史》，北京大学出版社2005年版，第401页。
② 中华人民共和国国家统计局：《中国统计年鉴（2017）》，中国统计出版社2017年版。

第二章 中国文化服务市场及消费结构的变迁

（1）电影市场规模与电影消费人次同步增长。

改革开放以来，中国 GDP 年均增长率达到 9.5%，居民人均收入快速增长，文化消费在日常消费中所占比重也逐步提高。电影院线建设、数字电影技术特别是数字立体电影技术的发展和普及带动了中国电影消费大众化消费时代的到来。电影市场作为大众文化消费市场的一个重要组成部分也成为城镇居民普及性文化消费的重要组成部分。

2005 年，中国城市院线的观影人数仅有 7 303 万人次，而 2017 年这一数据提高到 35 475 万人次①，6 年增长了近 5 倍。观影人数的增长代表着电影市场票房的增长。2005~2011 年中国内地电影票房收入如表 2-2 所示。

表 2-2　　2005~2011 年中国内地电影票房收入　　单位：亿元

年份	2005	2006	2007	2008	2009	2010	2011
票房收入	20.45	26.2	33.27	43.41	62.06	101.72	131.15

资料来源：国家广播电影电视总局统计信息，http://gdtj.chinasarft.gov.cn。

2005 年，中国内地（不含港澳台地区）电影票房收入为 20.45 亿元；2009 年内地电影票房收入突破 60 亿元大关，达到了 62.06 亿元；2010 年历史性地突破 100 亿元，达到 101.72 亿元；2011 年中国内地电影票房收入为 131.15 亿元。从以上数据可以看出，2009~2011 年，中国内地电影票房收入"疯长"，进入爆发式增长阶段，自 2012 年起便成为全球第二大票房市场，2017 年票房收入已接近 86 亿美元，仅次于北美的 111 亿美元。2012~2017 年中国内地电影票房收入如表 2-3 所示。

---

① 《去年观影人数超 3.68 亿我国电影院线掀数字革命》，2012 年 11 月 27 日，http://finance.china.com.cn/roll/20121127/1156323.shtml。

表2-3　　　　2012~2017年中国内地电影票房收入　　　单位：亿美元

年份	2012	2013	2014	2015	2016	2017
票房收入	25.5	33.05	45.30	67.54	70.07	85.94

资料来源：卢斌，牛兴侦，刘正山等主编：《电影蓝皮书：全球电影产业发展报告（2018）》，社会科学文献出版社2018年版。

银幕数的增加也是电影市场规模扩大的表现之一。2003年，中国影院银幕数仅为1 906块。2006年首次突破3 000块，达到3 034块。2008年，中国影院银幕数增加到4 097块。到2011年中国影院银幕数增加到约9 600块，接近10 000万块。2012年已经达到13 118块，到2015年中国影院数量超过6 000家，银幕数量超过30 000块，新建影院数量和新增银幕数量近年来同步稳增。从2003年的近2 000块增加到2015年的近30 000块，中国影院银幕数12年间增长了15倍，从目前情况来看，银幕数量仍然处于快速增长的上升过程中。

2016年11月7日，全国人民代表大会常务委员会发布《中华人民共和国电影产业促进法》。在促进电影产业健康繁荣发展、弘扬社会主义核心价值观、规范电影市场秩序、丰富人民群众精神文化生活等方面发挥了重要作用。

（2）电影市场从单一结构到多维结构的变化。

第一，民营资本和外资进入电影市场，形成了国有电影企业与民营电影机构并行发展的市场结构。2002年2月1日起，国家广电总局关于"摄制电影许可证（单位）"规定，包括民营企业在内的社会资金可以通过申领许可证进入电影制片领域，获得许可证的公司能独立享有影片的一次性出品权，既可以独立出品，也可以与不多于两个的其他制片单位联合出品。这一规定的施行，不但为民营企业、合资企业等社会力量进入电影制片领域提供了"准入证",而且大大简化了电影项目投资与管理环节①。随后,一大批民营电影公司如华谊兄弟等进入电影产业,发展成为电影行业的领军企业。民营企业进入电影市场,搅动了电影制片行业国有制片厂一极独大的市场格局,并在体制外形成了电影产业市场化发展的制度示范。

2003年12月1日起施行的《电影制片、发行、放映经营资格准入暂行规定》为私人资本、外资参与中国电影产业化进程提供了政策基础。这一《规定》明确了"鼓励境内国有、非国有单位(不含外资)与现有国有电影制片单位合资、合作成立电影制片公司或单独成立电影制片公司;允许外资参股与境内现有国有电影制片单位合资、合作成立电影制片公司","鼓励国有、非国有影视文化单位成立专营国产影片发行公司以参股、控股的形式投资现有院线公司或单独组建院线公司"等条款,此外,对电影发行、放映以及成立电影技术公司等各个环节也都作出了相关规定。至此,中国电影业在制片、发行、院线、经营、电影技术环节上实现了向国内私有资本全面开放②。

2003年9月28日,国家广电总局出台《外商投资影院暂行规定》和《中外合作摄制电影片管理规定》,首次允许外资控股中国电影院线和电影技术公司。此后又有国家广电总局《电影剧本(梗概)立项、电影片审查暂行规定》《中外合作摄制电影片管理规定》《电影制片、发行、放映经营资格准入暂行规定》和《电影企业经营资格准入暂行规定》等政策性文件的施行,外资逐步获得与国内资本相同的市场地位,拥有了广泛进入中国电影市场各个细分领域的通行证。

这一系列法律法规的出台,为民营资本和外资进入电影市场建立了良好的制度性通道,快速改变了中国电影市场的格局,民营资本开始大规模进军中国电影市场。国家统计局资料显示,

---

①② 周昕:《电影市场:民营资本投资趋势分析》,载于《发展》2005年第4期。

2005年成立的各种民营影视公司已达2 000多家，在数量上已超越国有电影公司，保利博纳、华谊兄弟等开始在行业内崭露头角。到2000年，民营资本已经渗透到电影的制片、发行、院线等电影产业链的各个环节，成为电影市场上的主力军。

第二，探索形成电影市场的集约化发展道路，形成电影集团主导下的多层次市场。电影产业的集约化发展道路，是针对中国电影市场"弱小散"的现状而形成系统性解决方案。2000年，国家广电总局、文化部联合下发了《关于进一步深化电影业改革的若干意见》和两个实施细则，明确提出组建电影集团和实现股份制改革，实现电影制片、发行、放映的一体化，这标志着中国电影管理体制的改革步伐全面提速。2001年2月，国家广电总局发布《关于进一步推进组建电影集团的原则意见》。12月又印发了《关于积极推进广播影视集团化改革的实施细则（试行）》，为仍然存留的具有计划体制特色的国有电影企业的集约化发展提供了政策性推动力。

在国家政策的指引下，中国电影行业的集约化发展趋势逐步加快，相继成立了中国电影集团公司、上海电影集团有限公司、潇湘电影集团公司等。成立于1999年2月的中国电影集团公司是现阶段中国规模最大、产业链最完善的电影公司，是中国电影集团化、集约化发展的典型代表。它是由原中国电影公司、北京电影制片厂、中国儿童电影制片厂、中国电影合作制片公司、中国电影器材公司、电影频道节目中心、北京电影洗印录像技术厂、华韵影视光盘有限责任公司等8家单位组成，这8家公司进行业务重组、资产整合和产权制度的改革，形成现代企业制度和运行机制。

经过十几年的不断发展，中国电影集团公司旗下已经拥有共66家各类企业，其中全资子公司15个，主要控股、参股公司近30个，拥有1个电影频道，总资产28亿元，业务范围涉及影视制片、制作、发行、营销、院线及影院、器材生产与销售、放映设备租赁、演艺经纪、后电影产品开发等众多业务环节，几乎涵盖了整个电影产业链。2013年、2014年、2015年，中影集团总营收分别为45.63亿元、59.60亿元、72.97亿元，增速为1.82%、30.61%、22.42%，其中电影发行与放映营收占比达76.43%、81.245%、81.14%。作为中国电影集团公司旗下子公司，中影股份有限公司由中影集团联合央广传媒、江苏广电、中国联通等7家公司共同出资于2010年成立，中影集团占股93%。中影股份有限公司的成立，可以视作中影集团谋求上市的重要一步。2016年7月20日，中影集团宣布在上海证券交易所上市，拟发行不超过4.67亿股A股股票①。

（四）广播电视市场结构和规模的变迁

与电影市场发展变迁的轨迹相似，中国广播电视市场也脱胎于文化电视事业体系，通过"制播分离"的改革路径，使部分内容制作机构转制为企业，并吸纳民营企业进入。同时，广播电视的播出渠道大多维持事业体制，形成了中国广播电视市场事业机构与企业并行交织的市场结构。

1. 20世纪50~70年代：广播电视事业体系的形成。

中华人民共和国成立初期，中国广播事业归口政务院新闻总署管理。1950年，新闻总署召开京津新闻工作者会议，为广播电台确立了"发布新闻、社会教育和文化娱乐"的办台方向。1954年，广播事业局成为国务院的直属机构之一。1955年国务院规定，改变中央和地方广播事业由广播事业局直接管理的做法，地方广播电台归口各地方政府管理，但在大政方针与具体业务和事业建设方面接受广播事业局的领导，这意味着国家对广播事业分级管理模式的确立。到1956年，经过数次调整后，中国

---

① 《中影上市首日股价涨44% 影业最大IPO恐难回老大地位》，2016年8月9日，http://ent.qq.com/a/20160810/004842.htm。

的全国广播事业规模奠定，共有地方广播电台56座，其中省级广播电台27座，地市级广播电台29座①。建立起中央、省、市三级办广播的广播事业发展模式。

1958年5月1日，中央电视台前身——北京电视台开始试播。同年，上海电视台、哈尔滨电视台相继与观众见面，这些电视台的出现成为中国电视事业诞生的标志性事件。电视台开办初期，电视节目内容相对单一，其中电影和戏剧的转播占了极大的比重。北京电视台开办初期，播放电影的时间占全部节目时间的75%，戏剧转播占15%；到了1959年底，故事影片占50%，戏剧转播占30%，其他节目占20%，其中还包括了纪录片和科教影片②。在管理体制上，电视台由广播事业局进行管理，只允许中央和有条件的省开办电视台。

从1958年"大跃进"运动到1976年"文革"结束，全国各地不管有无条件纷纷开办电视台，天津、黑龙江、广东、湖北、四川等地先后建立起电视台或试播台，全国共建立了29座电视台或试播台。全国的广播电台也从1958年的91座上升到1960年的137座。但到1963年，电视台、试验台仅留下8座。广播电台也下降到1962年的89座，整个中国广播电视事业进入了低潮时期。

"文革"时期，中国的广播事业特别是有线广播快速发展。1966年，77%的人民公社、54%的生产大队和26%的生产队已经接通了有线广播。到1973年，全国有线广播网基本普及，95%的生产大队和91.4%的生产队接通了广播，61.5%的农户家中装有广播喇叭。"文革"中全国农村的有线广播喇叭数增长10倍以上③。

---

① 郭镇之：《中外广播电视史》，复旦大学出版社2008年版，第171页。
② 郭镇之：《中外广播电视史》，复旦大学出版社2008年版，第176页。
③ 郭镇之：《中外广播电视史》，复旦大学出版社2008年版，第187页。

1973年，北京电视台面向首都观众的彩色电视正式试播。1976年国家商业部和广播事业局对全国电视机的数字进行统计，截至1975年底，全国共有电视机46.3万台，其中68%分布在城市，32%在农村，电视的普及程度有限。而收音机的社会拥有量逐步增长，从1965年的800万台增加到1973年的1 800万台，1978年达到7 546万台。

2. 20世纪80年代至90年代末：广播电视事业的市场转型与快速增长。

改革开放后，中国社会经济体制改革的示范效应逐步从经济领域向文化领域渗透。1983年，国家广播电视部（原广播事业局）召开第十一次全国广播电视工作会议，提出了"立志改革，在改革中调整、提高、整顿、发展"的战略性思路，同时制定了多项对后来中国广播电视事业发展影响深远的政策，如中央、省、市、县"四级办广播，四级办电视，四级混合覆盖"的政策，允许市级和县级广播电视台除了转播中央和本省省级广播电视台的节目外，还可以播出自办的节目。这就在广播电视管理的僵化体制上打开了一个政策性缺口，极大地增强了广播电视单位面向市场的活力，在这一政策的刺激下，市、县电视台数量迅速增长，由1982年的不足20个猛增到1985年的172个。但进入21世纪后，由于从上到下四级同质化布局，四级办台又成为广播电视体制第二轮改革的对象。

20世纪90年代，是中国广播电视市场高歌猛进的大发展时期。中国整个社会经济结构由计划体制向市场机制转型所释放出来的"改革红利"，首先为广播电视市场所承接。由于广播电视行业本身的经营性属性强、市场进入性好，中国的广播电视市场进入一个历史性发展时期。1990年，中国有广播电台635座，广播节目750套，全年制作广播节目647 762小时，广播覆盖率达74.7%；到了1997年，中国广播电台数量发展到了1 363座，广播节目1 616套，全年制作节目3 195 941小时，广播覆盖率

86.02%。

1997年底到1998年5月,全国广播电视播出机构进行重新审核登记,原有的广播电视播出机构分别予以确认、撤销、合并,广播电台的数量发生了大幅度的变化,1998年仅有298座,1999年有295座。但广播节目套数、全年制作广播节目小时数和广播覆盖率仍然逐年提高。

电视事业方面,中国的无线电视台由1992年的586座发展到1996年的980座,增加了394座;有线电视台发展到1 200座,并出现了经济电视台。同时,电视台引入了市场机制,实行"制播分离",开始走向了产业化的经营之路。但由于存在强大的事业体制,广播电视市场的市场化程度有限。

3. 21世纪广播电视市场的壮大与市场模式的定型。

(1) 广播电视市场发展概貌。

广播市场方面,"十五"期间中国的广播综合人口覆盖率逐年提升;全年广播节目播出时间和节目制作时间分别从2000年的741.57万小时和404.30万小时上升到2005年的1 030.42万小时和613.92万小时。以2005年为例,当年全国共有广播电台273座,广播发射台及转播台788座;全国广播综合人口覆盖率为94.48%;全国共有无线广播节目1 206套;全年广播节目播出时间为1 030.42小时,全年广播节目的制作时间也达到了613.92小时[①]。

"十一五"期间,中国广播综合人口覆盖率持续提高,广播节目播出时间和节目制作时间也继续增加。以2010年为例,当年中国广播节目综合人口覆盖率已经达到96.78%,其中农村广播覆盖率为95.64%;全国公共广播节目发展到2 549套;全年广播节目播出时间为1 266.03万小时,广播节目制作时间也上

---

① 中华人民共和国统计局编:《中国统计年鉴(2006)》,中国统计出版社2006年版,第866页。

升到了 681.42 万小时①。

电视市场方面,"十五"期间电视节目播出时间和节目制作时间总体上也呈快速上升趋势。有线电视用户数量从 2000 年的 8 476.03 万户增加到 2005 年的 12 842.06 万户,增加了近 52%。以 2004 年为例,当年全国共有节目套数 2 389 套,中央台节目套数为 19 套,地方台达到 2 370 套;全国电视综合人口覆盖率为 95.29%;全年电视节目播出时间为 1 103.52 万小时,全年电视节目制作时间达到 211.71 万小时;全国共拥有电视剧制作机构 300 多家,年生产电视剧 1 000 多部、11 000 集②。

"十一五"期间,全国电视市场仍然保护快速发展的势头。到 2010 年,中国电视节目综合人口覆盖率达到 97.62%,农村覆盖率也达到了 96.78%;有线电视用户为 18 872 万户,比上年增加了 1 619 万户,覆盖率上升到 46.4%;其中农村有线电视用户增加到 7 293 万户,覆盖率为 29.35%;数字电视用户达到 8 870 万户;全国共有公共电视节目 3 272 套,付费电视 78 套;全年制作电视节目 2 742 949 小时;全年公共电视节目播出达到 16 355 043 小时,其中电视剧 249 164 部,动画电视 19 033 部③。

最新数据显示,2016 年中国电视节目综合人口覆盖率达到 98.88%,有线电视实际用户数达到 22 830 万户,覆盖率达到 52.75%,全年制作电视节目时间约为 350.7 万小时,播出公共电视节目 3 360 套,播出时长到 1 792.4 万小时④。

---

① 中华人民共和国统计局:《中国统计年鉴(2011)》,中国统计出版社 2011 年版,第 894 页。
② 中华人民共和国统计局:《中国统计年鉴(2006)》,中国统计出版社 2006 年版,第 866 页。
③ 中华人民共和国统计局:《中国统计年鉴(2011)》,中国统计出版社 2011 年版,第 859 页。
④ 中国国家统计局:《中国统计年鉴(2017)》,中国统计出版社 2017 年版,第 748 页。

(2) 广播电视市场成长与行业收入结构的优化。

经过 40 多年的改革成果积累和中国市场经济对广播电视行业日益增长的需求，中国广播电视行业的收入出现结构性变化。1979 年以前，中国广播电视的经费来源完全依赖国家的财政拨款。1979~1991 年，广播电视系统虽然开始商业经营，但基本目标仍然是"开辟财源，以补充国家拨款的不足"，俗称"以文补文"。1991 年，全国广播电视实现商业收入 16.39 亿元，其中国家财政拨款为 21.32 亿元，商业收入相当于国家拨款的 79.3%。1992 年，全国广播电视商业收入达到 20.39 亿元，比 1991 年增长 4 亿元，相当于当年国家拨款额的 85.7%。此后，许多省市广播电视的商业收入逐渐增加。北京、上海、湖南、山东、辽宁、江苏、浙江、四川、湖北、福建等省市广播电视行业 1993 年的商业收入都已经超过亿元。

进入 21 世纪，全国广播电视系统的总收入进入快速增长时期，广告收入日益成为广播电视商业收入的主要来源。2002 年，全国广播电视总收入为 514 亿元，其中广告收入为 280 亿元，占总收入的 54.47%；财政拨款为 75.84 亿元，占总收入的 14.75%[①]。"十一五"期间全国广播电视总收入的年均增幅为 19.84%。2010 年中国广播电视总收入（含财政拨款）达到 2 301.87 亿元，其中商业收入为 2 002.85 亿元，远远超出国家财政拨款。

在商业收入的分布上，中央广播电视机构和东部发达地区的广播电视机构逐步成为全国广播电视市场中的主导性力量。2010 年，中央直属广播电视机构总收入为 352.76 亿元，东部地区由于经济社会发展对广告行业的巨大需求，带动了广播电视市场容量的爆发性增长，上海广播电视行业商业收入在全国率先突破

---

① 中国广播电视年鉴编辑委员会：《中国广播电视年鉴（2004）》，中国广播电视年鉴社 2004 年版，第 16 页。

200亿元大关,浙江、广东、江苏、北京四个省(直辖市)的广播电视行业商业收入超过100亿元。在广播电视商业收入构成中,广告仍占主要份额,2010年全国广播电视行业广告收入为939.97亿元,占总收入的46.93%,网络收入是广播电视行业商业收入中的另一个重要组成部分,占总收入的24.34%,其余为其他收入[①]。2016年,广播电影电视产业着力深化供给侧结构性改革,转方式、调结构,全国广播电影电视产业总收入为5 532.6亿元,同比增长9.01%。其中,广播电视服务业创收达到4 322.4亿元,同比增长9.36%[②]。

(3)集团化发展道路和"制播分离"改革路径。

1998年以后,中国广播电视行业市场化进程中所要面临的一个现实问题是,在计划体制下形成的"四级办台"体制惯性导致广播电视行业转入市场经济体制时不得不面对全行业的"小、乱、滥、散",组建广播电视集团成为中国电视行业适应市场经济体制要求的必然选择。1998年无锡市组建广电集团,对原有的电台、电视台、频道资源等进行整合,以体制改革推动市场化进程。1999年无锡广电集团净产值超过4.5亿元,集团总收入达18 577.4万元,比改革前的上一年增长32%,仅仅一年时间就取得了巨大成效,为中国广播电视行业总体性改革提供了宝贵的经验。

2000年,国家广播电视总局公布了《2001年至2010年广播影视事业发展计划纲要》,要求形成"广播电视电影三位一体、有线无线教育三台合并、省市县三级贯通",资源共享、人才共用、优势互补、效益明显、富有活力的中国广播电视行业发展格局,并建设若干个在国际上有影响力、有竞争力的跨地区、跨行

[①] 国家广播电影电视总局发展研究中心:《中国广播电影电视发展报告(2011)》,社会科学文献出版社2011年版,第44~46页。

[②] 国家广播电影电视总局发展研究中心:《中国广播电影电视发展报告(2017)》,社会科学文献出版社2017年版,第48页。

业的广播影视传媒集团。2000年11月，国家广电总局下发《关于广播电影电视集团化发展试行工作的原则意见》，2001年8月，下发《关于深化新闻出版广播影视业改革的若干意见的通知》和《广播影视体制改革试点工作实施方案》等，鼓励广电行业的集团化发展。

在无锡广电集团的示范效应和国家政策的大力推动下，湖南、上海、北京、山东、江苏、浙江、四川、广东等省级广播影视集团纷纷成立，极大地推进了广播电视行业的市场化进程。对于中国广播电视市场的初级结构而言，集团化改革可以发挥资源优势、技术优势、人才优势和规模经济优势，将广播电视市场从原生事业性结构调整提升为符合市场经济规律的竞争效率型结构。

进入"十一五"时期，"制播分离"改革措施成为推动中国广播电视行业市场化的重要手段，也是广播电视行业对接市场体制的一个"接口"。所谓制播分离，是相对于中国广播电视行业一直实行的"制播合一"而言，是指实行电视节目制作与播出相分离，即"内容生产"与"传播渠道"相脱离。除了新闻、社教等节目由电视台制作外，其他一般电视节目则放开管制，由社会企业和机构制作，电视台对节目进行选购和播出。实施"制播分离"是广播电视行业基于市场资源配置功能的一种制度设计，是世界上的大多数电台、电视台的基本经营方式。2009年，国家广电总局印发了《关于认真做好广播电视制播分离改革的意见》，明确了制播分离改革的范围、方式、主要任务和政策保障等。随后，各地电台、电视台选择影视剧、娱乐、体育类等节目栏目，按照先台内后社会进行制播分离试点，实现了投资主体多元化、制作主体公司化。如天津电视台、吉林电视台将电视剧制作分离出来，组建面向市场的节目制作公司，实现了电视剧的制播分离。上海、江苏、天津、湖南、湖北、重庆等地在推进省级电台和电视台合并的同时，将经营性资产剥离，组建了台属、台控、台管的传媒公司。2010年，中国广播电视市场上的"制播分离"改革取得明显进展。

（五）网络游戏市场的结构与规模变迁

自 2000 年中国网络游戏市场兴起，到 2006 年本土原创网游爆发，网络游戏成为中国游戏市场的支柱与重要组成部分，中国的网络游戏尽管比欧、美、日、韩起步晚，但在短期内迅猛发展，其速度令人惊叹。同时，网络游戏带动着相关产业的发展，如通信业、IT 产业、媒体以及出版业等等。中国网络游戏产业已形成集开发、运营、销售于一身的产业链，相关产业也可从网络游戏产业链条中获得大量收益。在目前中国整个互联网产业中，网络游戏产业规模仅次于电商和广告，领先于电影、电视剧、网络视频、网络文学、音乐等其他娱乐产业，已成为文化领域重要支柱型产业之一。

1. 2003~2017 年：网络游戏市场规模的急剧增长。

中国近些年网络游戏市场的发展态势主要体现为前快后慢。2004~2008 年，由于处于起步发展阶段，市场规模相对较小，中国网游市场的年销售收入增长率均超过 50%，2004 年、2007年、2008 年甚至超过了 60%。例如，2003 年中国网络游戏市场的销售收入为 19.2 亿元，2004 年达到 31.1 亿元，同比增长62%；2005 年和 2006 年中国网络游戏市场的销售收入分别达到47.9 亿元和 74.9 亿元；2007 年中国网络游戏市场的销售收入首次突破百亿元大关，达到 121.6 亿元；2008 年则继续增长，接近200 亿元。2009~2014 年，网络游戏市场依然保持较为强劲的增长速度，年增长率基本保持在 30% 以上，2014 年首次突破千亿元大关。2015 年以后，网络游戏市场虽然在销售收入上继续增长，但增幅与前几年相比明显放缓，2015 年的增长率为 24.1%，2016 年和 2017 年分别为 17.7% 和 23.1%。从绝对数看，这种增长速度仍然是一种高速的发展速度。

《2017 年中国游戏行业发展报告》显示，2017 年中国网络游戏市场规模为 2 011 亿元，同比增长 23.1%。随着技术的创新，以及用户习惯的转变,网络游戏内部结构存在较大分化:移动游戏以全年约1 122.1亿元的营业收入领先,同比增长38.5%,占网络游戏市场的比重达55.8%;客户端游戏营业收入约为696.6亿元,同比上升18.2%,占网络游戏市场的比重为34.6%;网页游戏营业收入约为192.3亿元,同比下降14.7%,占网络游戏市场的比重为9.6%。

网络游戏市场之所以能在短时期内形成并迅速发展,离不开21世纪以来中国网络技术环境的高速发展,即"两个网络"以及"两种终端"的普及。"两个网络"即互联网和移动网络的发展和迅速普及,为人与人互动提供了新的技术平台;"两种终端"即电脑和手机特别是智能手机的普及,实现了互联网与电脑的组合以及移动网与智能手机的组合,使网络游戏这种新的游戏形式得以实现。

网络游戏市场的快速膨胀,也与中国庞大的网络用户数量相关。仅从网络游戏用户数量来看,2005年中国网络游戏用户为2 900万人,到2008年已经达到4 936万人,比2005年增加了70%;网络游戏用户数量不断增长,2010年首次破亿,达到1.2亿人;2011年用户数量继续增长,达到1.6亿人,较2010年增长33%;2014年,用户数量达到3.8亿人,比2013年增长了4.6%;截至2017年,中国网络游戏用户规模达到8.5亿人。同时,不断膨胀的网络游戏市场吸引了社会资本的广泛进入,从事网络游戏经营的企业数量不断增多,截至2017年底,中国上市游戏企业已有185家,其中A股上市游戏公司151家,港股上市游戏公司26家,美股上市游戏公司8家。

2. 中国网络游戏市场结构变化的轨迹。

(1)产品结构:由进口游戏主导到进口与国产游戏并行再到超出。

在中国网游市场形成和发展的初期,所运营的网络游戏几乎都是进口网游,如上海盛大公司代理运营韩国网络游戏《传奇》。2005年开始,国家广播电视总局、国家新闻出版总署和文化部实施了国产动漫和网络游戏扶持工程,越来越多的企业投入国产网络游戏的开发与运营,进口游戏产品一统天下的局面被打破。在国家新闻出版总署"中国民族网络游戏出版工程"、国家广电总局"中国原创游戏精品出版工程"等一系列政策的推动下,中国网络游戏自主研发取得显著成果。2017 年,中国自主研发网络游戏收入稳健提升,约为 1 420.7 亿元,同比增长约 14.5%。中国网游拥有广大海外用户,2016 年游戏类应用最受海外用户欢迎,占比高达 33%。据 App Annie 的报告,在表现最出色的 25 个国家和地区,中国发行商海外游戏收入从 2016 年上半年到 2017 年上半年增长了 2.3 倍。在数据统计机构 Newzoo 公司 2017 年上半年全球游戏收入前 20 的企业排名中,中国三家游戏公司完美世界、腾讯、网易名列其中,创造了历史最高纪录。2006 年以来,中国网络游戏出口规模已经增加 30 倍。2016 年,中国自主研发网络游戏海外营业收入约为 72.3 亿美元,同比增长 36.2%[1]。2017 年,中国自主研发网络游戏海外营业收入约为 76.1 亿美元,同比增长 10%。

自 2009 年起,国产网络游戏呈现出井喷的趋势,数量远远超过进口游戏,稳稳占据国内网络游戏市场的主导地位。2017 年,国家新闻出版广电总局批准出版游戏约 9 800 款,其中国产游戏约 9 310 款,进口游戏约 490 款。除了继续占据国内网络游戏市场的主导地位外,国产游戏出口规模继续维持稳步扩大的态势,更多的中小型网络游戏企业积极开拓海外市场,大型游戏企业还通过投资、并购或是设立海外分公司的形式参与国际竞争。据不完全统计,2015 年中国企业海外并购游戏公司交易共有 8 起,2016 年有 6 起,2017 年随着海外并购监管加强,资金出境困难,海外并购交易数量下降。2016 年全世界游戏行业并购交

---

[1] 《中国网游强势崛起,成文化出口主力军》,2017 年 11 月 8 日,https://www.mct.gov.cn/whzx/bnsj/whscs/201711/t20171128_828106.htm。

易额达到210亿美元,其中最大的一笔交易是腾讯集团以86亿美元的价格收购芬兰手游巨头Supercell公司84.3%的股份,这笔并购同时也是全球游戏史上最大金额的并购。表2-4列举了中国游戏产业2016~2017年海外并购代表性项目。

表2-4　　中国游戏产业2016~2017年海外并购代表性项目

达成时间	项目	累计金额（亿元）	最终持股（%）
2016年3月	掌趣科技投资韩国游戏巨头Webzen	11.01	19.24
2016年3月	游族网络并购德国知名游戏开发商Bigpoint	5.8	100
2016年6月	腾讯并购芬兰手游开发商Supercell	566	84.3
2016年9月	中技控股并购英国在线游戏开发商和发行商Jagex	16.32	51
2016年10月	世纪游轮（巨人网络壳公司）并购以色列棋牌公司Playtika	305	100
2017年5月	藤村投资旧金山手游开发商Pocket Gems	10.3	38
2017年11月	金科文化并购《会说话的汤姆猫》的开发商和发行商Outfit7	66	100

资料来源：笔者根据互联网公开信息整理。

（2）行业结构：大型网络游戏公司形成并占据市场竞争的主体地位。

自2003年以来,从事网络游戏经营活动的企业数量不断增加。2014年全国新增具有网络游戏运营资质的企业1 183家,截至2014年底,具有网络游戏运营资质的企业累计达到4 661家[①]。网络游戏市场逐步形成完全竞争性市场,并演进为等差竞

---

① 《〈2014年中国网络游戏市场年度报告〉摘要》,2015年7月7日,http://www.ccm.gov.cn/zgwhscw/wlwhsc/201507/63e0ba78e29f4032b19859e02312a888.shtml。

争格局,即数家主导性大型企业与众多的跟从性企业形成等次结构。就目前情况来看,深圳腾讯、广州网易和上海盛大等网络游戏市场巨头仍占据市场竞争的主导性地位。

以 2017 年网络游戏业务营收为标准(见表 2-5),可以将中国网络游戏企业分为四个梯队。年营业收入在 100 亿元以上的为第一梯队,包括深圳腾讯、广州网易、欢聚时代家公司。这三家公司是中国网络游戏行业的龙头企业,其中 2017 年腾讯的网游收入达到 978.83 亿元,其市场占有率较高,网易、欢聚时代则分别达到 362.82 亿元和 115.95 亿元。年营业收入在 10 亿~50 亿元之间的企业为第二梯队,竞争较为激烈,包括三七互娱、昆仑万维、奥飞娱乐、搜狐畅游、完美世界、巨人网络、西山居等 13 家公司。其中完美世界 2010 年和 2011 年的海外市场收入均排在中国网络游戏公司之首。年营业收入在 2 亿~10 亿元之间的企业为第三梯队,这一梯队企业主要运营网页游戏和二线客户端游戏。第四梯队的年营业收入在两亿元以下,这一梯队企业主要以运营网页游戏业务为主。在完全竞争市场,不同规模企业所形成的等差竞争格局是市场逐步成熟的重要标志。

表 2-5 2017 年部分上市游戏公司财报汇总

公司名称	营收(亿元)	收入同比增长(%)	主要产品
腾讯	978.83	38.2	《王者荣耀》
网易	362.82	29.7	《梦幻西游手游》
西山居	31.2	23.0	《剑侠情缘》
欢聚时代	115.95	41.3	虎牙直播
三七互娱	61.92	18.0	《永恒纪元》
恺英网络	31.34	15.2	《阿拉德之怒》
完美世界	56.5	20.0	《诛仙手游》
智明星通	39.79	-15.2	《COK》

续表

公司名称	营收（亿元）	收入同比增长（％）	主要产品
巨人网络	29.07	25.1	《球球大作战》
昆仑万维	34.36	41.7	《闲来麻将》

资料来源：笔者根据各游戏公司2017年财报整理。

（3）结构升级：移动网游市场对传统互联网游戏市场的替代。

移动网络游戏是当代网络游戏市场的发展方向。移动网游市场替代传统互联网游戏市场，体现了网络技术创新对产业结构形态变迁的深刻影响。

21世纪初期，中国互联网游戏市场的兴起和发展伴随着互联网和个人电脑的普及进程。近年来，随着中国智能手机用户逐渐增多以及3G、4G网络时代的到来和移动互联网的日益成熟，中国移动网游市场迅速发展，网络游戏市场在规模迅速扩大的同时，也正在经历着结构性变化，即中国移动互联网和大数据技术推动着网络游戏市场的结构升级。

2006年，中国移动网游市场销售收入为6.7亿元；2007年小幅增长到8.9亿元；2008年突破10亿元，达到13.1亿元；2009年增长到17.8亿元；2010年突破25亿元；2011年达到了38.7亿元；2012年为65.1亿元，同比增长68.2%；2013年移动网络游戏市场销售收入首次突破百亿元，达到148.5亿元，同比增长69.3%；2014年为274.9亿元，突破了200亿元大关，同比增长144.6%，移动游戏市场占有率达到24%，比2013年上升了10.5个百分点；2015年达到514.6亿元，同比增长87.2%；2016年达到819.2亿元，同比增长59.2%。从数据上看，智能手机保有量的增长无疑为移动网络游戏市场的爆发性增长提供了条件，2015年以后，中国网络游戏市场进入到移动网游时代。

3. 中国网络游戏市场的特殊属性。

第一，网络游戏市场具有强劲的产业带动效应。相关机构的研究显示,2002年中国网络游戏市场直接收益为9.1亿元,为电信业带来的直接收入为68.3亿元(7.5倍于直接收益),为IT业带来的直接收入为32.8亿元(3.6倍于直接收益)。2006年度网络游戏产业为相关行业带来的直接收入为333.2亿元,是网络游戏市场规模的5.1倍;为电信行业带来的直接收入达210.5亿元,是网络游戏市场规模的3.2倍;为IT行业带来的直接收入达83.3亿元,是网络游戏市场规模的1.4倍;为出版和媒体行业带来的直接收入达39.4亿元,是网络游戏市场规模的0.6倍①。

第二,网络游戏市场的经济属性与社会属性相分离。网络游戏市场是随着网络技术创新而出现的蓝海市场,蕴藏着巨大的经济利益,但同时也是社会注意力的"风暴中心",网络游戏产品被社会学家称为"网络鸦片"而备受社会的道德谴责。从来没有一个专业性市场像网络游戏市场这样,其经济属性与社会属性出现严重的分离。因此,如何通过对网络游戏的监管与市场引导发挥其积极的经济效益而减少其负外部性,加强法规建设和强化管理成为网络游戏市场健康发展的内在要求。

在政府监管方面,国家文化主管部门如文化和旅游部、新闻出版总署(国家版权局)、国家广播电视总局、信息产业部、国家市场监督管理总局、全国"扫黄打非"工作小组办公室等部门机构分别对网络游戏的相关内容和服务进行规范、引导和管理,网络游戏市场成为政府多个部门重点监管的领域。国家文化主管部门组建了专业市场执法队伍,出台了众多的市场管理规范,如《互联网上网服务营业场所管理条例》《互联网文化管理暂行规定》《关于网络游戏发展和管理的若干意见》《网络游戏

---

① 王宏亮:《网络游戏"财富流"调查》,2003年7月30日,http://money.163.com/editor/030730/030730_152878.html;刘杰华:《2006年度中国游戏产业报告概述》,2007年1月17日,http://news.17173.com/content/2007-01-17/20070117124432710.shtml。

管理暂行办法》等。2017年2月，文化部严查网络游戏含有禁止内容、网络游戏宣传推广含有禁止内容等违规行为，依法查处41家网络游戏运营单位，集中检查50款主要手机游戏产品，网络游戏市场环境得到有效净化[①]。2018年2月，中共中央宣传部、中央网信办、工业和信息化部、教育部、公安部、文化部、国家工商总局、国家新闻出版广电总局发布《关于严格规范网络游戏市场管理的意见》，从统一思想认识、强力监管整治、落实主体责任等六个方面作出全面部署安排。这些管理制度的出台和执法队伍的建设在维护网络游戏市场的秩序方面发挥了重要作用。

（六）网络直播市场与网络短视频市场

大数据与移动互联网技术的高速发展，使网络媒体全方位地渗透进人们的生活中，网络直播与网络短视频作为新兴的信息传播和媒体社交平台，发展十分迅速，2012年后的几年之内，中国形成了网络直播市场和短视频市场，是4G时代移动互联网技术更加深入到人们日常生活、文化创造和文化消费，更加平民化的结果。

据2019年5月27日第七届中国网络视听大会上正式发布的《2019中国网络视听发展研究报告》显示，截至2018年12月底，中国网络视频用户规模达7.25亿人，占整体网民的87.5%，其中短视频用户规模为6.48亿人，网民使用率为78.2%，短视频用户使用时长占总上网时长的11.4%，超过综合视频（8.3%），成为仅次于即时通信的第一大应用类型；网络直播用户规模则为3.97亿人，网民使用率为47.9%，2018年中国网络直播市场规模为516.2亿元，短视频市场规模为467.1亿元。

---

① 中华人民共和国文化和旅游部：《文化部公布2016至2017年度全国文化市场十大案件》，2018年2月2日，https://www.mct.gov.cn/whzx/bnsj/whscs/201802/t20180207_831152.htm。

1. 网络直播市场和短视频市场的兴起。

中国网络直播平台最早的雏形是在线语音平台。2005年左右,大型网络游戏的火爆使得玩家对在线语音系统有着较高要求,当时流行的社交软件QQ、MSN的语音功能存在着连接不稳定、音质不清晰的问题,在这种情况下,YY语音平台在竞争中脱颖而出,获得了大量的用户。由于玩家们在游戏闲暇之时会进行一些娱乐社交活动,YY根据这种特点推出了专门的娱乐频道,在线进行直播语音娱乐表演。随着网络带宽的提升与网络摄像头的进一步普及,一些娱乐网站(诸如"六间房""9158")将语音直播发展为视频直播,并与传统的夜总会相结合,打造出了秀场这种直播形式,观众付费进入直播间,并通过赠送礼物的方式要求主播进行指定的娱乐表演。但由于当时移动互联网还未兴起,加之直播内容较为低俗,质量较低,所以这种秀场直播虽然在特定用户群体中取得了一定流量,但并未引起社会广泛关注。

2011年,腾讯代理了风靡全球的《英雄联盟》这款竞技类游戏,大量玩家想要及时了解国内外比赛状况并学习职业玩家的游戏技术,为游戏直播带来了广大的潜在用户。YY语音平台看准契机开发了视频直播系统,斗鱼、战旗等网络直播平台也应运上线,游戏成为网络直播的主要内容,观众们聚集在各个直播间,观看主播玩游戏或解说游戏赛事。网络直播成为平民化的大众娱乐形式。这一时期,网络直播用户规模与市场规模迅速扩大,新的网络内容形式吸引了大量资本涌入,各直播平台大举扩张,抢占流量制高点,2015年全国在线直播平台数量已接近200家①。据不完全统计,2016年巅峰之时,在手机应用商店里同时有300多家移动直播App可供用户下载,由此也演绎出了后来被媒体称为的"千播大战"。各式直播平台风云而起,主播的工资

---

① 中商产业研究院:《2016年直播行业分析报告》,2016年8月29日,http://www.askci.com/。

也开始跟着水涨船高，一些超级主播身价甚至达到数千万，平台之间互挖墙脚的情况也开始愈演愈烈，直播市场较为混乱。2015年网络直播用户达到1.93亿，市场规模达到100亿元。2016年开始，网络直播行业开始爆炸式增长，用户规模突破3亿人，市场规模则发展为200亿元以上。2017年中国在线直播市场规模则达到369.6亿元，年增长率高达83.3%；用户规模达到3.92亿人，同比增长26.5%。

2016年开始，随着4G网络的普及、WIFI网络的大面积覆盖和智能手机的普及应用，移动直播市场和短视频市场成长迅速，移动直播市场的规模也呈几何式增长。2015年，中国移动直播市场规模为11.2亿元，到2017年短短两年间已增至122亿元①。越来越多的人习惯用手机看直播，越来越多的娱乐主播开始用手机直播，不仅娱乐、生活类直播取得较大发展，户外直播也迅速被开发，直播内容变得极其丰富：除了传统的唱歌、跳舞等直播内容形式之外，旅游、美食、教育、购物、户外生活等直播内容也开始进入人们的视野。至此，中国网络直播正式进入全民直播时代，人们将直播当作社交生活的一部分，利用直播展现自己日常生活，并积极与他人互动。

移动互联网与智能手机的发展同时促成了网络短视频市场的出现。2012年前后，网络短视频市场开始兴起，并迅速成为大众消费热点，体现出数字技术发展下媒体的平民化趋向和商业模式创新。这一市场的出现与"网络红人"（俗称"网红"）现象联系在一起。在行业发展初期，秒拍、美拍等短视频软件主要是依附于微博、微信等社交媒体而存在。随着移动互联网的发展和一系列网络短视频红人的出现，快手、抖音、火山视频等独立短视频应用平台开始出现，在吸引大量用户的同时，也引起资本的

---

① 前瞻产业研究院：《中国网络直播行业商业模式创新与投资机会深度研究报告》，2018年5月22日，http://bg.qianzhan.com/。

第二章 中国文化服务市场及消费结构的变迁

高度关注。据统计，2012年短视频市场的投融资金额为1.8亿元，而到2016年已达到62.4亿元①。随着资本不断进入与移动互联网进一步成熟，2017年开始，网络短视频迎来了高速发展的新阶段，网络短视频用户由2017年的2.42亿人次激增至2018年的6.48亿人次，市场规模则由2017年的55.3亿元激增至2018年的467.1亿元。抖音、快手等网络短视频平台已成为人们日常生活的一部分，并引起社会广泛关注与讨论②。

由于网络直播与网络短视频用户群体的差异性不大，二者的经营和盈利模式类似，两个行业与市场之间的边界也变得越来越模糊，直播应用里包含短视频内容，短视频应用里包含直播内容已成为普遍现象。随着网络直播行业与网络短视频行业的快速扩张，二者都希望为用户提供"一站式"服务，两个行业之间的竞争也越来越激烈，两个行业的融合将成为未来发展趋势。

2. 政府对新兴市场的管理跟进。

网络直播与网络短视频的迅速兴起，在极大丰富网民的文化娱乐生活、带动互联网经济发展的同时，直播零门槛导致的主播素质低下、直播内容低俗色情、侵犯他人知识产权、主播借机实施诈骗等违法乱纪行为等问题也相继出现，并存在诸多管理缺陷。不仅严重破坏了网络环境，还扰乱了社会公共秩序。同时，大量资本在短时间内进入网络直播和网络短视频领域，也同样需要有关部门对其中暗含的金融风险、洗钱隐患等进行监管。加强对网络直播与网络短视频的立法规制，完善网络直播监管体制，对中国网络直播产业与短视频产业的健康发展具有十分重要的现实意义。

中国政府在网络直播与网络短视频兴起之前便已出台过相关

---

① 易观数据：《中国移动短视频市场专题分析2017》，2017年3月22日，http://www.analysys.cn/。
② 易观数据：《2018中国短视频市场商业化发展专题分析》，2018年8月15日，http://www.analysys.cn/。

法规。例如，2000年国务院出台的《互联网信息服务管理办法》明确了经营性互联网信息服务的许可制度和互联网信息服务提供者不得采取的行为；2003年文化部出台的《互联网文化管理暂行规定》规定了互联网文化单位设立的条件、程序以及"网络文化经营许可证"的申请制度；2007年国家广电总局出台的《互联网视听节目服务管理规定》则进一步规范了规范互联网视听节目服务秩序。在网络直播与网络短视频发展起步阶段的2011年，国务院与文化部相继修订了《互联网信息服务管理办法》和《互联网文化管理暂行规定》等法规。这一系列政策法规的出台与修订为新兴的网络直播和网络短视频行业的监管提供了依据。

2016年是网络直播与网络短视频行业井喷式增长的一年，随着网络直播与网络短视频受众愈发广泛，市场体量愈发庞大，原有的政策性法规已经难以完全应对网络直播与网络短视频领域不断变化的现实状况。在这种情况下，2016年4月13日，北京市网络文化协会携同爱奇艺、乐视、优酷、酷我、映客、花椒等20余家直播平台共同发布《北京网络直播行业自律公约》，承诺直播房间必须标识水印，并对内容存储时间和主播实名认证等内容进行了规定。同年7月1日，文化部发布了《关于加强网络表演管理工作的通知》，对网络文化经营单位利用互联网传播网络游戏、现场文艺表演等文化产品解说或技法展示的行为进行规范管理，明确规定"不得利用移动互联网应用程序从事危害国家安全、扰乱社会秩序、侵犯他人合法权益等法律法规禁止的活动，不得利用移动互联网应用程序制作、复制、发布、传播法律法规禁止的信息内容"。2016年9月9日，国家新闻出版广电总局发布《关于加强网络视听节目直播服务管理有关问题的通知》，对提供网络视听节目直播服务的机构进行规范管理。11月4日，国家互联网信息办公室出台《互联网直播服务管理规定》，这也是我国现行第一部专门针对网络直播的规范性文件，该规定对网络直播平台的管理责任、服务范围、安全保障机制等工作提出明确要求。11月7日，全国人大常务委员会通过《中华人民共和国网络安全法》，这是中国第一部全面规范网络空间安全管理方面问题的基础性法律，对规范网络直播与网络短视频环境，引导网络直播与短视频价值观、整治网络直播与短视频行业现存乱象有着重要意义。12月2日文化部发布《网络表演经营活动管理办法》，要求网络直播平台必须取得《网络文化经营许可证》方可提供网络表演直播服务，对网络表演经营单位及网络表演者的服务资质提出了严格要求，对网络表演的违规内容类别进行了明确，并强化了网络直播平台的主体责任。

2018年8月，全国"扫黄打非"办公室会同工业和信息化部、公安部、文化和旅游部、国家广播电视总局、国家互联网信息办公室联合下发《关于加强网络直播服务管理工作的通知》，该通知要求网络直播平台应向电信主管部门履行备案手续，并就健全网络直播服务监管工作机制作出明确规定，进一步规范了网络直播平台的管理架构。而在网络短视频方面，2019年1月，中国网络视听节目服务协会发布《网络短视频平台管理规范》及《网络短视频内容审核标准细则》，这两份文件从机构把关和内容审核两个层面为规范短视频传播秩序提供了依据。《网络短视频平台管理规范》对平台应遵守的总体规范、账户管理、内容管理和技术管理规范提出了20条建设性要求；《网络短视频内容审核标准细则》面向短视频平台一线审核人员，针对短视频领域的突出问题提出操作性审核标准100条。

除了出台相关法律法规外，各地在政府的牵头与鼓励下成立了一系列网络直播与短视频的相关协会。其中最为重要的是中国电子商会网络直播与短视频专业委员会，其主要任务是规范网络直播与短视频传播行为，推进网络直播与短视频行业规范与标准的制定，同时为网络直播与视频行业企业提供交流合作的平台。在这一系列政策法规的出台与协会成立基础上，中国网络直播市场开始进入规范发展的阶段，各式平台大量合并，直播平台的数量有所下降，一些曾经被诟病的低俗直播内容被整改下架，网络直播内容得到规范。除游戏类直播外，娱乐、生活类直播开始占据市场主导，直播的潜在受众进一步扩大，网络直播用户人数与网络直播市场规模稳步发展。

3. 案例分析：斗鱼公司的发展与特征。

斗鱼公司是中国网络直播平台中的领头羊，现有2 200多名员工，6轮融资总额达70亿元，估值高达250亿元，并于2019年4月向纽约交易所递交招股说明书，申请在纽交所上市，预计融资规模约5亿美元。斗鱼TV的前身是ACFUN生放送直播，在2014年1月从ACFUN独立出来改名为斗鱼TV，主要以游戏直播为主，涵盖娱乐、体育、户外、生活等方面。斗鱼培养、包装主播的能力实属行业翘楚，目前斗鱼已拥有全行业数量最多的头部主播，在国内人气排名前100的游戏主播中，50人与斗鱼签订了独家直播合同，包括8个排名前十的主播。这些大牌主播令斗鱼拥有庞大的电子竞技观众群体，平均每月观看电子竞技直播的活跃用户达到9 580万人。截至2018年12月31日，斗鱼每月的活跃访问用户达1.364亿人，其中PC平台月活跃访问用户为9 780万人，移动平台月活跃访问用户为3 860万人，季度平均付费用户为380万人。2019年一季度，其付费用户已达600万人，同比增长66.7%。

斗鱼最初的定位是游戏直播平台，近年来在持续深耕游戏直播的同时，不断开拓泛娱乐领域的直播类型，向娱乐综艺、真人秀等泛娱乐直播业务渗透，已成为一个全面的娱乐直播平台。从网页与App来看，斗鱼直播平台的直接业务一共分为四个板块：直播、视频、游戏、鱼吧，其中直播是其核心业务，向广大观众提供不同形式的直播内容；视频则是以直播录像为基础，同时包括了主播及斗鱼管理人员对直播二次加工制作的视频；游戏是斗鱼联合其他游戏厂商所共同运营的线上小游戏；鱼吧则类似百度贴吧,是为主播与观众们提供的一个信息发布与社交网络平台。

斗鱼的运营与产业并不仅仅集中在其直播平台之上,而是围绕游戏直播打造出了整个娱乐产业链。斗鱼商业上的成功带来了示范效应与集聚效应,截至2019年初,斗鱼周边已集聚了600多家相关企业,形成了一个直播产业集群。同时,斗鱼与当地政府深度合作,成立斗鱼产业基金,并在武汉市建设占地20万平方米的斗鱼小镇,布局直播生态链,带动武汉市。同时,斗鱼与传统行业深度融合,形成"互联网+"与"直播+"的产业格局,斗鱼利用其直播平台的宣传效益与主播的影响力,与传统企业进行合作,将虚拟经济与实体经济相融合,线上线下相互作用,延伸直播产业链,进而达到相互融合和促进发展的效果。例如,斗鱼联合游戏厂商举办了一系列线下游戏比赛,诸如 LOL 全球总决赛、CSGO 亚洲线上邀请赛、绝地求生黄金大奖赛、腾讯棋牌盛典、E3 游戏大展等,在吸引国内游戏观众线下线上观看的同时,也招纳到相关游戏厂商、电脑硬件厂商等的巨额广告费用。

"斗鱼嘉年华"是斗鱼线下"直播+"的标志性活动之一,自 2016 年举办以来,已经成为直播行业内最大的视听盛宴,影响力远远超出直播界。2018 年起,"斗鱼嘉年华"升级为国际斗鱼直播节,场地面积达 45 万平方米,覆盖电竞赛事、音乐表演、体育极限、影视动漫、豪跑展出、游园美食和大型游艺等泛娱乐行业内容。据统计,从 2018 年 4 月 29 日开幕至 5 月 1 日 24 点,3 天内累计全网线上观看约 2.3 亿人次,入园 52.18 万人次,其中 4 月 29 日入园 15.68 万人次,进入官方直播间达 1 172 万人次,微博上的相关话题阅读量达 3.3 亿人次[①]。斗鱼直播节在加强与粉丝的粘性互动的同时,举办了文化产业招商洽谈会,吸引

---

① 《斗鱼嘉年华3天吸粉52.18万线下流量成为互联网新战场》,载于《北京晨报》2018 年 5 月 3 日。

国内外知名文化企业代表 200 余人参加,最终,19 个文化产业项目签约落地,涉及网络直播、游戏、版权保护、商业综合体、文化旅游、影视投资等领域,签约金额为 80.9 亿元[①],带动了武汉市整体文化产业与文化消费发展,成为武汉市新的文化名片之一。

(七)动画(漫)市场的结构与规模变迁

动画(漫)市场是由卡通、动画、漫画等艺术形式的生产、交换、消费的各个环节和相关市场主体所构成的专业市场。中华人民共和国成立以后,中国动画(漫)行业整体被纳入事业体系。改革开放以来,民营动画(漫)企业的成长促进了中国动画(漫)市场的形成,并迅速发展为世界最大的专业性市场之一。中国动画(漫)市场的发展历程与国家经济、政治和社会的发展步伐紧密相连,体现出文化市场受技术进步和制度创新双重制约的发展轨迹。

1. 中国动画(漫)市场发展历程。

(1)起步发展阶段(1949~1978 年)。

这一时期中国实行严格的计划经济体制,动画片的生产和放映都服从国家指令性计划安排。上海美术制片厂每年动画片的生产任务和产量均由国家制定,并由国家统销统购。此外动画片的播放渠道也只有电影院一种途径。在动画的定位选择上,动画片生产与传播被当作社会教育事业的一部分,主要担负着国家意识形态建设和维护的职能,成为服务少年儿童、"寓教于乐"的文化载体。这些因素也使得中国动画(漫)产业长期处于一种"有事业无产业"的发展状态,但也在国家力量的主导下制作出了许多中国动画史中的精品之作,如第一部彩色木偶片《小小英

---

① 《斗鱼直播节签约 80.9 亿元,网络直播助推武汉数字经济崛起》,载于《湖北日报》2018 年 5 月 2 日。

雄》（1953年）、第一部彩色传统动画片《乌鸦为什么是黑的》（1955年）、第一部中国风格的剪纸片《猪八戒吃西瓜》、第一部折纸片《聪明的鸭子》、第一部水墨动画片《小蝌蚪找妈妈》（1961年）等都出自这一时期。此外，这一时期曾有多部动画片获得过国际大奖，如经典动画片《大闹天宫》曾荣获了第22届伦敦国际电影节最佳影片大奖，但这只是个别优秀作品获奖，真正意义上的动画（漫）市场并没有形成[①]。

(2) 双轨体制并行阶段（1979年至20世纪90年代初）。

进入改革开放时期，体制外的文化市场逐步兴起，中国涌现出多家新的动画片制作机构，改变了上海美术电影制片厂一枝独秀的动画片生产格局。这一时期也制作出了一批经典的动画影片，如《哪吒闹海》（1979年）、《葫芦兄弟》（1987年）、《邋遢大王历险记》（1987年）、《黑猫警长》（1984~1987年）、《阿凡提的故事》（1981~1988年）等。在题材创作方面，这一时期动画题材开始超越儿童片的思维，出现思想内容较为深刻的动画艺术片，如《三个和尚》（1980年）、《新装的门铃》（1986年）、《牛冤》（1989年）等，电视动画片也在这一时期首次出现，相继有《哪吒闹海》《黑猫警长》《葫芦娃》等作品在国内市场上崭露头角。

但这一时期同时也是国外动画片大举进入中国动画（漫）市场的时期，美、日、欧等国家的动画片挟其先发优势逐步占据了中国快速成长的电视动画（漫）市场，与动画相关的各种衍生产品也开始在中国文化市场出现。动画（漫）市场上的"代工"模式开始在中国沿海地区盛行，在广州、深圳、珠海等地开始出现了一些专门为美、日、欧动画片进行中期加工制作的动画公司，中国内地依靠廉价丰富的人力资源优势开始取代中国台湾和香港地区成为欧美、日本动漫产业的最大加工地。

[①] 王冀中：《动画产业经营与管理》，中国传媒大学出版社2006年版，第2页。

（3）政府主导、产业发展阶段（20世纪90年代中期至2002年）。

在西方和日本动画产品大举进入国内市场、国内动画生产能力普遍不足的情况下，国产动画（漫）产业的发展日益受到政府的重视。这一时期，国外动画（漫）作品曾在中国动画（漫）市场上一度创下90%以上的市场占有率，引发社会、学界和政府的高度关注。1995年"中国儿童动画出版工程"（即"5155"工程）正式启动，这项以扶持发展中国特色动画文化为目的的工程由国家新闻出版署和中宣部联合实施，国家设立了5个动画（漫）出版基地，分别在华东、东北、中南、华北、西部地区布局。5个新的动画（漫）刊物《中国卡通》《北京卡通》《少年漫画》《漫画大王》《卡通先锋》创刊。1999年9月，上海动画影视（集团）公司正式成立，标志着中国动画开始走上集团化的道路[①]。这一时期生产的优秀动画片有：动画长片《宝莲灯》（1999年）、动画系列片《舒克和贝塔》（1989~1992年）、《蓝皮鼠与大脸猫》（1993~1994年）、《大头儿子和小头爸爸》（1995年）、《海尔兄弟》（1998年）等。

这一时期，国内动画（漫）市场仍然处于初期发展阶段，尽管有个别产品体现了较高的水平，但总体上国内动画（漫）产业发展水平有限，如动画片内容单一，娱乐性、趣味性不足，风格单调死板，缺乏与国外动画（漫）产品的竞争力，国外动画（漫）产品在市场上仍然占据优势。

（4）飞速发展并成为世界产量大国阶段（2002年至今）。

2002年后，国家确立了大力发展文化产业的国家战略，中国动画（漫）产业进入一个高速发展的阶段。各级政府、企业以及学界相关单位大举进入动画（漫）市场，国内动画（漫）市场呈现出前所未有的发展态势。2006年4月，国务院转发了

---

① 王冀中：《动画产业经营与管理》，中国传媒大学出版社2006年版，第166页。

财政部、文化部等十部委《关于推动中国动漫产业发展的若干意见》。随后，动画（漫）产业逐渐成为各地文化产业中的优先发展领域。据国家工商总局统计，2002～2006年，全国动画（漫）制作机构从120多家猛增到5400多家，20多个省、市、自治区将发展动画（漫）列入"十一五"规划①。2006年，国产动画片的创作产量大幅上升，全年制作完成的国产电视动画片共124部，总计约为8.5万分钟。2006年中国动画（漫）产业市场规模约为358亿元，比2005年的256亿元增长39.8%②。

2006～2010年，中国动画（漫）市场仍然延续着迅猛发展的势头，就电视动画的生产来看，2010年中国经广电总局备案的电视动画片达601部，实际生产动画片385部，时间共计22.05万分钟③。从动画（漫）电视生产核心城市来看，2010年，杭州、无锡、沈阳、深圳、广州、苏州、宁波、北京、郑州、合肥这10个电视动画（漫）生产排名靠前城市共生产244部动画片，占当年总生产数的63.3%；从动画（漫）电视生产企业看，2010年度，全国前十位的动画（漫）生产企业共生产动画片92部，时间共计8.65万分钟，占当年生产总数的39.2%。据统计，2011年，中国动画（漫）行业独立完成435部国产动画片，共计261244分钟，超过日韩成为世界第一产量大国。2012年共有33部国产动画片获得了公映许可证，创造了4.7亿元人民币的票房。

2013年以后，移动互联网发展迅速，文化市场上视频平台崛起，国产动画（漫）在提高产量的同时走向产量与质量并重的时期。2013年国产动画片再度发力，《喜羊羊与灰太狼5》票

---

① 《动漫大跃进：看得见的手与看不见的手》，2007年7月13日，http://finance.sina.com.cn/review/observe/20070713/11523783427.shtml。

② 中国出版年鉴社编：《中国出版年鉴2008》，中国出版年鉴社2008年版，第843页。

③ 盘剑编：《中国动漫产业发展报告2010～2011》，中国社会科学出版社2012年版，第21页。

房过亿元,《洛克王国Ⅱ》票房超过 6 800 万元。2014 年中国共有动画(漫)企业 4 600 余家,专业人员近 22 万人,从业人员 50 余万人,年产值在 3 000 万元以上的动画(漫)企业 24 家,年产值超过 1 亿元的大型企业 13 家,形成以广东、上海、北京为龙头,珠三角、长三角和环渤海地区协同发展的核心区域。2015 年中国共有动画(漫)企业 4 600 余家,从业人员达到 50 余万人,出现了《大圣归来》《艾米与咕噜》等精品电影,总票房达到 45 亿元,其中《大圣归来》获得票房近 10 亿元,成为中国电影历史上票房最高的动画(漫)电影。2016 年中国动画(漫)产业总产值达到 1 200 亿元,国产动画(漫)电影共放映 390.9 万场,观影人次达到 7 056.7 万,实现票房 23.42 亿元,同比增长依次为 13.6%、15.3% 和 14.1%。2017 年中国动画(漫)行业总产值达到 1 500 亿元,在文化娱乐产业总产值中的占比为 24%[①]。

2. 动漫市场的结构性特征。

(1) 动画(漫)产量增长较快而质量发展不足,呈现出外延型市场增长模式。

2000 年,国家政策层面第一次正式提出发展动画(漫)产业的目标,国产动画(漫)产量一年一个新台阶。2004 年之前,中国动画(漫)年产量不足 4 000 分钟,2010 年产量已经高达 22 万分钟,2011 年超过 26 万分钟。大约用了不到 10 年时间,中国便从一个动画(漫)产量小国跃身成为世界第一动画生产大国,创造了世界上独一无二的发展速度。

但是,中国动画(漫)市场走的是一条主要依靠政策力量推动的外延式发展道路,体现动画(漫)市场内涵式发展的质量和产值增长并没有与产量实现同步增长。据有关统计数据,

---

① 《艾瑞咨询:2018 年中国动漫行业报告》,2018 年 12 月 19 日,http://www.199it.com/archives/808558.html。

第二章　中国文化服务市场及消费结构的变迁

2004年，全球动画（漫）及衍生品市场高达5 000亿美元，而中国动画（漫）市场直到2006年也不过200亿元人民币的规模。美国动画（漫）产业中，2007年仅迪士尼公司一年的产值就达365亿美元；2009年日本动画（漫）产业产值为2 000亿美元。而作为世界动画（漫）生产量第一的中国，2010年动画（漫）产业的产值只有470.84亿元人民币，2011年全行业产值也仅有600亿元①。中国市场发展的经验表明，在政府强有力的政策主导下，动画（漫）市场发展规模包括企业数、产量能够得到快速提升，但文化产品的质量却要依赖于人才、资金和市场激励机制的共同作用，保持政府政策推动力与市场自主发展的平稳是推动动画（漫）产业持续稳定发展的关键环节。

（2）动画（漫）产业链日益完整，动画（漫）市场功能逐步完备。

动画（漫）市场的发展很大程度上体现为动画（漫）产业链的建构。从海外经验看，以动画（漫）刊物为先导，以动画（漫）图书和动画片为依托，以动画（漫）形象为核心，以动画（漫）电视片、电影、音像制品、电子出版物为载体，进而扩展到玩具、文具、服装、食品、游戏、手机等关联产品领域，形成完整的产业链，这是动画（漫）产业赖以发展的基本路径。在日本、美国等具备发达动漫产业的国家，动画（漫）衍生产品的开发在整个动画（漫）产业链中占有十分重要的经济地位，日本、美国等动画（漫）业发达的国家在这一方面早已形成了一个成熟体系。美国的"米老鼠""史努比"均来自长达30年之久的漫画连载，这两部动画片创造的商业形象的关联产品每年给美国带来超过500亿美元的收入。"超人"的漫画书在拍成电影之前已经出版了596集，仅漫画书收入就超过2.5亿美元。《狮子王》

---

①《中国动画生产量世界第一却非强国，产值低下成瓶颈》，2012年2月15日，http://www.chinanews.com/cul/2012/02-15/3669348.shtml。

的音像制品和衍生产品的利润总和已经高达10亿美元。日本的《机器猫》漫画单行本总销售量至今已经超过1亿册，已经改编成3部电影，票房超过3亿美元，其关联授权产品超过2 000种，涵盖玩具、文具、服饰、个人护理用品、食品、游戏等方面[①]。动画（漫）产业链的发育程度成为评价动画（漫）市场发展程度的重要标尺。

2010年后，完善动画（漫）产业链成为中国动漫市场发展方向和政策目标，以动画（漫）企业为主体，借助于企业已有的品牌影响力，动画（漫）产业链建设取得阶段性成就。例如，《美猴王》《三国演义》《喜羊羊与灰太狼》《郑和下西洋》《虹猫蓝兔光明剑》《山猫和咪》《熊出没》等国产动画片在电视台播出后形成了一定的品牌效应，这些动漫产业链随后延伸到图书、音像、玩具、文具、服饰等相关衍生产品领域。如"喜羊羊"借助于电影创造的票房和知名度，授权厂商生产相关衍生品，包含音像制品、玩偶、食品、文具、儿童服饰等。《喜羊羊与灰太狼》产品收入的70%来自衍生产品的形象授权。

（3）民营企业成为市场主体，市场等差结构初步形成。

中国动画（漫）市场上，动画（漫）企业主要由两类机构组成，一类是文化系统内部的动画（漫）制作机构，如中央电视台动画技术部、上海美术制片厂、文化部属中国动画（漫）集团等；另一类则是系统外随着市场经济日益成长起来的民营文化企业。借助动画（漫）市场相对开放的竞争环境，经过数年的发展，一部分民营动画（漫）企业由弱变强，逐步发展壮大，形成中国动画（漫）市场上的领军企业。如广东原创动力文化传播有限公司、无锡亿唐动画（漫）设计有限公司、深圳华强数字动漫有限公司、杭州漫齐妙动画（漫）制作有限公司、沈阳非凡创意动画制作有限公司、央视动画有限公司、浙江中南集团卡通影

---

① 戴晓林：《中国动画产业链建构研究》，同济大学2008年硕士学位论文。

第二章 中国文化服务市场及消费结构的变迁

视有限公司、沈阳哈派动漫有限公司、宁波水木动画设计有限公司、杭州时空影视文化传播有限公司、杭州宏梦卡通发展有限公司等，均为中国市场上原创动画片制作生产著名企业。除央视动画有限公司外，其余企业均属于民营企业。在全国数千家动画（漫）企业中，绝大部分企业的生产能力局限在几十分钟或几百分钟的水平上；有盈利能力的动画（漫）企业不超过 10%，初步形成了以这些快速发展的大企业为主体、以众多中小企业为基础的动画（漫）市场结构[①]。

（4）动漫基地兴起，成为推动动画（漫）市场发展的基础载体。

中国动画（漫）市场区别于欧美发达国家市场的一个重要特点是：拥有在政策主导下由各级政府命名设立的一批国家动画（漫）基地，它们成为动画（漫）市场上企业聚集度高、产业发达、技术先进的前沿阵地，也成为体现国家公共政策导向和市场发展趋势的核心市场。

20 世纪 90 年代以来，中国先后有 50 多个城市计划打造"国家动漫产业基地"或"动漫之都"，其中有接近 30 个城市已经挂牌。除了老牌动画（漫）产业基地如湖南长沙、浙江杭州之外，甚至一些三线城市诸如广西柳州、辽宁阜新也有"国家动漫基地"。这些"动漫基地"都得到了国家政策的支持，以江苏省常州市政府出台的《关于鼓励和扶持动漫产业发展的若干规定》为例，入驻动画（漫）基地企业租用的开发、生产和办公用房第一年房租全免，第二年、第三年房租减半，符合条件的三年房租全免；同时还设立专项资金，用于资助原创动画（漫）制作和播出。

根据统计，截至 2017 年，国家广电总局批准设立了 20 个国

---

① 中国文化产业年鉴编辑部：《中国文化产业年鉴（2013）》，光明日报出版社 2014 年版，第 464 页。

家动画（漫）产业基地，8个国家动画（漫）教学研究基地；文化部设立了8个国家动画（漫）游戏产业振兴基地；国家新闻出版总署规划了11个国家级动画（漫）创意产业基地，包括4个国家网络游戏动画（漫）产业发展基地和7个国家动画（漫）产业发展基地①。

国家动画（漫）基地的建设在中国动画（漫）市场的启动时期起到产业孵化和促进产学研结合的独特作用。目前全国有20多个省市将动画（漫）作为新兴产业大力扶持，北京、上海、苏州、广州、深圳、大连和武汉等地相继出台优惠政策，建立动画（漫）产业基地。经过数年的建设，中国业已形成一些规模较大的动画（漫）产业基地，如无锡太湖数码动画影视创业园、杭州高新技术开发区动画产业园、苏州工业园区动漫产业园、大连高新技术产业园区动画产业园、武汉江通动画产业园等。动画（漫）基地在中国动画（漫）市场的发展过程中起到了重要的推动作用。

总体上，根据江苏师范大学孟召宜教授的调查与统计，改革开放以来中国城市动画产业发展时空格局出现从分散到相对集中的趋势②。1993年以来，中国动画（漫）市场形成"遍地开花"和"昙花一现"并存的发展态势，大城市的动画（漫）产业起步早，数量多，质量也较高，形成资源吸附效应；中小城市不仅起步晚，质量也偏低，资源净流出趋势明显。京津地区、珠三角地区、长三角地区成为中国动画（漫）城市的三大聚集区，动画（漫）产业的发展与政策、文化资源等外部条件密切相关，内生动力仍显不足，中国动画（漫）市场仍处于初中级的发展阶段，仍然有较大发展空间。

---

① 《2017～2023年中国动漫产业园行业现状分析与发展前景研究报告》，2017年3月，http://www.cninfo360.com/yjbg/qthy/qt/20170301/531001.html。

② 孟召宜：《中国城市动漫产业时空格局及其形成机理研究》，"上海城市文化国际学术会议"发言稿，2018年12月8日。

二、技术变迁与文化服务市场的结构演进

（一）技术变迁对文化服务市场结构演进的影响

1978年以来，中国文化服务市场从无到有、从不成熟到比较成熟，从表面上看，是受到消费需求增长和消费结构升级的牵引，但从实质上看，主要还是受到技术进步的强烈推动作用，技术创新特别是数字信息技术的创新在文化行业的应用引发消费结构的迭代，同时推动了文化服务市场的结构性变化。

1. 技术变迁对市场主体的综合影响。

改革开放以来，中国文化市场上，科技进步特别是数字技术和互联网技术的发展，对文化市场的主体有着重要作用。它直接引起文化企业或文化产业整个行业的核心能力发生变化：第一，借助于数字技术的力量，迅速提高主体创新能力，推进企业或行业在产品内容、产品形式、组织方式上的整体创新；第二，借助互联网技术和数字信息技术，提高企业的市场拓展能力，推动企业在保证原有市场份额的同时，利用科技创新开发新的市场需求，拓展新的消费群体和消费空间；第三，借助数字信息技术的力量，强化了企业和文化机构的成本控制能力，有效降低企业或行业的绝对成本和相对成本；第四，数字技术平台为文化企业提供可持续发展能力，促进传统企业的升级换代。通过对文化企业生产方式、销售方式和组织方式的深刻影响，数字信息技术从总体上快速改变了中国文化市场的结构。

2. 技术变化对生产主体及生产方式的影响。

从历史经验看，人类社会的每一次技术跃进，都会带来文化市场生产组织和生产方式的变化。一部分生产企业和机构随着新技术迭代而消失，另一部分随着新技术的出现而形成一种新的生

产主体。在近代中国,从与农耕社会结构相适应的雕版书市到与近代印刷技术相适应的报刊市场的转型,就是一个明显的例子。19世纪初,近代印刷技术传入中国,中国社会一改"不知报纸为何物"的风气,近代报纸和图书进入社会大众消费领域。19世纪70年代以后,具有近代意义的职业报人、专业报社和职业经理、专业出版社诞生,由此改变了中国近代文化市场的面貌。进入21世纪后,传统的纸质书报正在被新媒体客户端(手机用户)取代,据中国互联网信息中心(CNNIC)报告,截至2018年6月,中国手机上网人群占比98%以上,越来越多的人用手机上网,借助手机阅读,移动互联网和大数据技术改变人们获取资讯的方式,也改变了新闻机构的组织方式和产品生产的方式。

  一个典型的案例是创办不到10年的文化公司"今日头条",其在短短四五年内迅速取代有着百年历史的报社、期刊社,快速成为网络时代的大众媒介。在2017年的创作者大会上,"今日头条"推出"千人百万粉"计划,建立起平台"粉丝"生态,利用互联网和大数据技术重组新闻的生产和发布方式。在"今日头条"平台上,100万以上"粉丝"账号超过800个,同比增长900%,50万以上粉丝账号达到2400个,10万以上"粉丝"账号达到1.5万个。"今日头条"为优质创作者提供一组服务包,其中包括1对1服务和IP打造等,为创作者塑造个人品牌,颠覆性地改变了传统的新闻生产方式,同时也改变了单渠道的传统传播方式。"新媒体技术创造了为消费者尽可能全面、深入送达文化产品和服务信息的平台,为消费者进行选择提供充足的信息;更为重要的是,新媒体技术也为消费者消费所有文化产品和文化服务创造接受技术、信息支持与服务的便捷渠道。"① "今日头条"凭借强大的算法技术,进行用户挖掘和引擎推荐,吸引众

---

  ① 文化部文化产业司:《国家文化产业课题研究报告(2007年度)》,云南大学出版社2008年版,第55~56页。

多用户，目前拥有 7 亿多用户，人均使用时间 1 小时以上，拥有强大的推荐引擎，5 秒钟内解读访客兴趣，并结合受众的性别、年龄、身份等基本信息快速生成个性画像，同时快速形成符合受众兴趣特点的推荐列表，广泛涉猎了新闻、电影、娱乐、时尚、游戏等领域。

数字信息技术是构建当前文化产品的重要物质基础，它使每一个文化消费者所消费的文化产品的过程与步骤均与数字信息技术发生着千丝万缕的联系。

3. 技术对经营主体及其经营方式的影响。

（1）推进文化市场组织方式的信息化和网络化。

在数字信息技术环境下，高效的网络化市场体系已经成为现代文化市场组织方式的主流，这种网络不再是传统的行政主导或者行政垄断的销售网络（如新华书店系统），而是以平台型企业（如阿里集团、京东集团、腾讯集团等）为中心组成的市场网络。

以腾讯游戏平台为例，腾讯游戏的收益主要体现在"平台"和"规模"上。腾讯动漫除了 PC 端平台之外，还有"微漫"（App）和微信端的 H5 平台，在游戏领域的市场份额超过 40%，几乎涵盖了包括网页游戏、客户端游戏、手机游戏、角色扮演游戏、竞技对战游戏、棋牌游戏、休闲游戏等在内的所有游戏类型，腾讯强大的社交媒体平台为其在游戏、视频和直播领域的导流提供了保障。借助于平台，腾讯实现了产业链整合。2010 年，腾讯提出"泛娱乐化"概念，将动漫、文学和游戏三大板块进行整合，建构起"用户—产品—内容"之间的非线性关系，将近年来热销动漫作品《尸兄》《银之守墓人》进行同名手游产品的开发，而《狐妖小红娘》《我叫白小飞》《拓星者》等动漫作品也已经启动了真人影视剧改编计划，在腾讯"泛娱乐"的概念里，动漫不是孤立的存在，而是可以与游戏、文学、影视等互相转化的有机体，每一个内容类型中成长起来的 IP 都可以转化为其他类型的内容。这种基于互联网的超大规模平台和超强整合使腾讯集团具备了极强的规模优势。

(2) 推进市场营销方式的信息化和网络化。

数字信息技术发展深刻地改变了文化市场的操作规程。例如,信息网络技术的普及促使电影和电视剧市场的操作方式出现了相应的改变。视频网站、智能手机、iPad 等移动新媒体市场的发展为电影行业提供了新的赢利模式。2010 年 12 月,华谊兄弟公司以 7 000 万元投资控股华谊信息技术有限公司,开始尝试电影产品与相关网游产品的市场衔接。电影版权开始大规模进入视频网站。陈凯歌的《赵氏孤儿》在视频网站推出付费收看后,标清频道点播超过 300 万次。《让子弹飞》正式登陆多个主要视频网站,采用用户付费观看模式。互联网和新媒体渠道成为电影产业重要的赢利方式[①]。

数字技术、网络技术在音像出版业的应用,使整个出版行业的观念、形式、手段都发生了根本性的变革,使出版社从文化商品市场进入文化服务市场。一方面,传统出版者可以利用网络进行制作、出版,促进传统音像出版业的转型;另一方面,网络出版将传统音像制品移植到网络上,是对传统音像出版资源的二次开发,形成了新的音像出版市场和新的营利方式。而以手机为载体的"第五媒体"的出现,具有随时随地传送各种信息的功能(听音乐、看电影、充当在线阅读器等),借助于移动互联网,极大改变了人类信息和情感传播方式,并创造了"手指经济"的奇迹。

现代信息技术是一股不可抗拒的物质和文化力量,任何一个企业或文化组织都无法避开由技术创新所创造的大变革趋势。数字信息技术的发展和对社会组织的渗透,借助于创建企业外部的信息网络,大大改善了企业之间、企业与顾客间的沟通方式,从

---

① 尹鸿、程文:《2010 年中国电影产业备忘》,载于《电影艺术》2011 年第 3 期。

第二章　中国文化服务市场及消费结构的变迁

而彻底改变企业的生产方式、企业管理方式和市场组织形式。

4. 技术对消费主体及消费方式的影响。

随着现代信息技术的出现，传统的文化消费方式已经逐渐被个性化、多元化的消费方式所取代，大众自主消费的选择权在扩大，人们可以自主选择消费何种文化形式，文化消费已经进入了一个全新的时代[①]。

数字信息技术的发展促进了文化消费大众化时代的来临。网络为所有网民提供的内容没有差异性和排他性，即无论消费者何时何地登录网络，都有同等化的私人空间。在这一虚拟空间里，现实物理空间中的传统、习俗、面子等已经失去约束力，年龄、性别、职业、贫富等现实社会中的限制，已经失去现实社会中的承载条件。思想、情感可以在虚拟空间驰骋，每个人都可以尽情地表现自我；同时，在这一空间里，有着不同文化背景的人可以充分表达自己的观点，相互影响，互相学习。在这个开放的空间里，少数人的文化特权被挤压出去，每一个人的自主选择权得到充分尊重，它使文化消费真正进入到民主化和平民化的状态。

数字信息技术和移动互联网技术在创造了众多新文化产品的同时，也使得消费者有了更多的选择，文化消费方式出现多元化。从视频点播到电子购物，互联网上的任何人都能够不断地获得自己感兴趣的产品和服务。以 IPTV 为例，IPTV 增值业务的开发带给用户"用电视"的全新体验。上海百视通通过 IPTV 平台推出理财业务、电视杂志、卡拉 OK，还有教育、健康、信息、业务模式社区。目前，整个卡拉 OK 的流量在上海 IPTV 所有增值业务里排名第二，游戏业务排名第一。而电视社区业务则致力于把虚拟与现实结合起来，通过社区会员的聚拢形成一种新的集

---

① 陈婧：《试论技术进步对现代文化消费的影响》，载于《科协论坛（下半月）》2007 年第 1 期。

团消费模式①。新信息传播媒介的应用使时尚的形成和流行更加快捷,同时使文化产品具有更鲜明的主题和更人性化的表现形式,因而成为消费者在日常生活和社会活动中具有象征性和大众化的色彩和基调,呈现为一种风格化、个性化和时尚化的文化消费格局②。互动电视、IPTV 的风潮则把电视节目与观众的互动进一步升级,赋予消费者全新的消费体验:体育节目不仅可以实况转播赛事,而且还能提供运动员的相关数据;在看电视剧时对女主角的衣服感兴趣,把鼠标点到女主角身上,马上就会有相关衣服的各类信息显示给观众,然后观众可以立即订购③。

(二) 技术迭代与文化服务市场的结构升级大体同步

工业革命以来,科技发明应用于文化领域,创造了四个技术阶梯的同时,也创造出演艺、出版、广播电视、互联网文化四大专业市场,并创造出相应的文化行业组织结构。这四大专业市场此消彼长的结构变动背后,即是与技术迭代的节奏相协同。

1. 技术的迭代推进了文化市场的升级换代。

近代以来中国及世界文化市场的技术变迁主要经历五个阶段:第一个阶段是前工业社会时期,是靠身体技能(身体的五官)来表演以娱乐大众,对应的典型文化市场是戏剧市场;第二个阶段是工业化前期,印刷术的发明使得出版业开始出现,对应的是新闻出版市场;第三个阶段是工业化中期,这一时代的主导技术是声光电技术,造就了广播电视电影市场的发达;第四个阶段则是工业化后期,即电脑互联网时代,造就了多媒体融合的文化市场;第五阶段也就是后工业化时期,是移动互联和大数据技术时代,

---

① 汪科科:《上海 IPTV 增值业务发展经验》,"融合与创新——三网融合下的电视新产业峰会"发言稿,2010 年 7 月 30 日。

② 陈婧:《试论技术进步对现代文化消费的影响》,载于《科协论坛(下半月)》2007 年第 1 期。

③ 张丽:《世界广播电视发展趋势研究》,中国传媒大学出版社 2012 年版,第 73~74 页。

数字信息技术和人工智能技术开始进入文化产品和服务的创作、生产、传播、销售等各个环节,"创造出新的产品和服务、新的生产加工复制艺术、新的载体、新的传播渠道、新的销售网络和空间,催生新的文化业态,"① 推动着文化市场的结构升级。

学者王微通过古代以来市场流通网络的研究,提出技术变迁与市场形态变化的关系模型(见表2-6)②。

表2-6　　科技进步与市场形态变化的协同关系

模型	产生形成时期	市场主体特征		市场结构	技术特征
Ⅰ	产业革命前	个人、家庭(但不构成网络节点)	集中市场联系	由城市(集市)为网络节点,以交通运输路线为网络连接的、二维空间的网络模型	家庭手工业
Ⅱ	工业化Ⅰ期	企业(个人)	松散联系	以交易主体——企业为市场节点,以主体之间相互对立的买卖关系为网络联系。	机器大工业代替农业和手工劳动
Ⅲ	工业化Ⅱ期	企业	产权联系	①厂商主导型;②批发商主导型;③零售商主导型	电力革命
Ⅳ	工业化Ⅲ期	企业	契约联系	①批发商主导型;②零售商主导型;③特许制度	计算机、现代信息技术
Ⅴ	工业化Ⅳ期	企业	管理联系	管理维系型商品流通网络,其实质是管理性的纵向联合销售网络系统	知识时代

历史经验表明,市场组织方式受外部环境和技术发展水平的重大影响。原始社会市场的组织方式主要是散点式结构,交换在

---

① 邓安球:《文化产业发展研究》,中国社会科学出版社2010年版,第118页。
② 王微:《商品流通网络——机理、历史与模型》,中国发展出版社2002年版,第141~145页。

不同所有者之间进行，交换的过程不是以货币为媒介的间接交换，而是物物直接交换，交换的地点和时间都是偶然的和不固定的。唐宋以前的中国文化市场可视为市场发展的最初阶段，市场基本发挥了基础调节作用。

进入近代社会，技术进步对文化市场结构的影响越发明显。18世纪70年代至19世纪50年代前后是工业化"批量生产"模式的实现时期。技术的进步与创新推动了交通运输手段和通信的改善，从而扩大了商品的流通范围和商品流通网络的形成，诸如航海技术、汽车技术和城市道路的扩张使得大量生产的商品得以迅速地运往四面八方，商品的流通范围迅速扩大。并且在这一时期电报、电话的出现导致了一场通信革命，使得商品信息得以畅通无阻。商品流通方面出现了批发与销售的分离。批发和零售的分离体现了流通职能上的专业分工。前者直接与生产企业相联系，后者为最终消费者服务，使得生产与消费成为一个完整的系统，促进了流通过程的结构分化和专门化。

19世纪60年代至20世纪50年代，这一时期以电力为代表的第二次技术革命使商品流通进入大量生产与大量消费的大市场循环机制。其特点表现在两个方面：一是交易所成为具有现代意义的商品经销商；二是自营批发商品迅速发展[1]。

20世纪50年代以来，信息技术迅速发展，从世界范围来看，以电子技术和数字技术为核心的技术革命极大地改变了商品的流通体制。在这一时期，科技革命使得文化市场上商品的流通得到前所未有的发展，交通运输和通信的现代化极大地提高了物流、商品的运输速度，21世纪初期由物流管理系统与互联网信息系统联结而成的"物联网"出现，数字信息技术和人工智能技术的应用对文化商品贸易和流通方式的发展产生了革命性的影

---

[1] 王微:《商品流通网络——机理、历史与模型》，中国发展出版社2002年版，第152页。

响。网络已经把曾经相互独立的服务提供商、零售商合在了一起，形成一种无缝对接的高效商品流通机制，如阿里巴巴、京东等企业的商业模式。在数字化、大数据环境下，信息技术与互联网（第四媒体）和手机（第五媒体）等新媒体融合，从而建立了全新的文化和市场生态。信息技术改变了传统的"上游—下游"的产业结构，平台企业的力量已经从产业链构建深入到产品分工体系的建构，市场上的规则正在重构，市场逐步进入到一个"平台经济"的新时代。

数字信息技术对文化市场的影响也是巨大的。人类进入文明社会以来，在文化领域，身体表演技能、造纸和印刷技术、电子成像技术、PC互联网和大数据移动互联网形成人类社会由低级向高级发展的5个"技术阶梯"，这5个技术阶梯构成文化行业系统的专业性边界，也由此建构了不同文化市场清晰的专业边界。

这些技术的背后体现的是人类专业知识积累的进步，这一过程构成了人类社会的"技术递进阶梯"，而这种具有明晰阶段特征的"技术阶梯"也成为进行人类社会文化发展历史分期和文化市场结构分类的重要依据（见表2-7）。

表2-7　　　　科技进步与文化市场结构变迁

阶段特征	技术基础	文化行业类型	消费方式	文化传播方式
前工业社会时期	身体机能	戏剧业、演艺业	在场体验	身体媒介
工业化前期（第一次技术革命）	印刷造纸术	新闻出版行业	阅读	纸质媒介
工业化中期（第二次技术革命）	声光电技术	广播电视电影	视觉听觉	视听媒介
工业化后期（第三次技术革命）	计算机网络技术	网络游戏、动漫业等	参与体验	数字媒介
后工业化时期（第四次技术革命）	移动互联网和大数据技术	内容产业及行业融合	互动体验	数字平台媒介

2. 数字信息技术创造新型市场模式：以知识付费为例。

随着网络支付技术的发展，数字网络技术等知识的开发和利用给世界创造了财富增长的新机会和巨大的资源[①]，它打破人们传统的文化消费观念，人们对于知识产权的保护意识在不断增强，信息和知识完全免费共享已不符合文化市场发展规律，知识已成为可交易的商品。数字信息技术的发展使得文化主体传统的文化消费方式向以互联网为载体的数字消费方式转变，对知识产品的付费成为新的消费方式。

根据2018年5月武汉大学课题组的调查[②]，知识付费成为数字信息时代的新型市场模式。武汉DCG数传集团是一家专注于新闻出版行业大数据服务的互联网科技集团，在移动互联网技术、存储技术、数据挖掘、出版融合等方向都拥有丰富的研究成果，创造性地研发出目前国内一流的媒体融合整体解决方案——RAYS系统。RAYS致力于创造以内容提供商为主要商业价值的数字内容盈利模式，以改变用户获取知识和传播知识的方式。RAYS的核心技术包括：免注册抓取技术，这是目前最尖端的大数据抓取技术，无须注册即可抓取用户信息；空码技术，二维码中内容可随时增减变化；无重码技术，实现每个二维码无重复，满足亿万图书印码需求；精准反向推送技术，实现基于读者属性的场景化精准推送。目前，RAYS已被国内200多家新闻出版机构使用，4 700万册图书在使用RAYS系统，并实现了1.31亿元的线上收益。它帮助新闻出版机构重构用户连接，整合内容资源，打造基于用户数据分析技术开展个性化定向投送平台；建设作者、编辑、读者交互系统；开展精准知识服务与消费互动的定制化服务模式探索，形成线上与线下（O2O）互动的内容投送新

---

① 金元浦：《威客模式：前景广阔的创意产业新业态》，载于《中关村》2011年第3期。

② 2018年5月，武汉大学国家文化发展研究院课题组（成员有傅才武、曹余阳等）到武汉DCG数传集团进行调研。

模式。

DCG数传集团的核心产品RAYS系统，实际上是一种脱胎于现代互联网技术下"线上知识付费"的产品。RAYS系统提出了一个新的概念——"现代纸书"，它是迎合移动互联网时代内容生产方式，拥有线上衍生内容资源及服务，满足读者多种需求，具有交互功能的纸质出版物。"现代纸书"是通过轻量转型增强"传统纸书"的竞争力，它的盈利依赖于对"传统纸书"的延展服务：通过在传统纸质书刊上印刷二维码，配套线上衍生数字化资源与服务，引导读者在阅读纸质书后，再次扫描二维码为深度扩展内容和服务付费。同时，RAYS系统强大的技术手段可在读者扫码后迅速地获取读者数据，帮助出版单位和编辑分析读者喜好，持续为读者提供精准知识服务，与读者建立长期联系，形成新的消费模式。

在终身学习的时代，该平台从用户的图书及报刊读者的阅读场景和阅读习惯出发，采取不同的应用或者不同的展现方式提供个性化定制服务，在帮助读者获得知识价值最大化的同时，也最大限度地实现盈利。DCG数传集团董事长刘永坚教授认为："互联网时代，尤其是移动互联网时代，科学技术发展催生出海量的新产品，但任何一种新产品要被社会认可、被市场所接受，必须依托一种崭新的商业模式。这种新模式往往对原行业都是颠覆性的。"

（三）案例：电子游戏市场的崛起、式微与替代

按照雷蒙德·弗农的产品生命周期理论，产品一般都有一个市场导入期、成长期、成熟期和衰退期。"文化经济的创造性和创新，不仅带有一种强烈的空间模式色彩，而且还带有一种强大的短时性逻辑。"[1] 在文化娱乐市场发展的20多年间，不少传统

---

[1] 阿伦·斯科特：《文化经济：地理分布与创造性领域》，引自薛晓源、曹荣湘主编：《全球化与文化资本》，社会科学文献出版社2005年版，第180页。

的文化娱乐项目经历了当初的"火爆"到日后的"冷清",而一些新型文化娱乐项目在市场的孕育下逐渐取代了传统文化娱乐项目的地位。

20世纪90年代初期,文化市场上电子游艺厅风靡一时,但90年代后则在市场中逐渐被淘汰。1995年电子游艺厅机构数为61 225个,从业人员为126 597人,营业收入为17.7亿元,利润达到3.8亿元,这成为电子游艺市场发展的顶峰。此后几年,由于网络游戏消费的出现和网吧的快速崛起,电子游艺厅的机构数逐年减少,从业人员更是骤减,主营营业收入和利润都不断下降。到2003年,电子游艺厅机构数仅有18 035个,从业人员为56 573人,营业收入为10.5亿元,利润为3.2亿元[①]。到2010年前后,随着网吧和网络游戏市场的崛起,电子游艺厅基本淡出了文化市场。

世纪之交,互联网的发展浪潮席卷全国,催生了新兴的娱乐形式——网吧。网吧的出现使电子游艺厅、台球室和室内溜冰等服务业消费快速趋冷。2001年,全国共有网吧21 552个,从业人员为59 249人,主营营业收入为131 735万元,净利润为44 116.2万元;2002~2004年,网吧业飞速发展,机构数和从业人员不断增加,营业收入更是在2004年突破100亿元(达108.96亿元),利润值突破20亿元;2014年网吧市场达到高峰,营业收入达到447.99亿元,利润达到196.3亿元;此后开始了下降过程,2017年营业收入为382.59亿元,利润为107.18亿元。在网络游戏市场的冲击下,网吧市场也经历了一个快速发展后趋冷的变迁轨迹[②]。

替代网吧市场的是网络游戏市场。腾讯公司创造了网络信息时代另一个文化娱乐市场发展的范例。2003年8月,腾讯"QQ

---

① 2008~2010年的《中国文化文物统计年鉴》。
② 2006~2018年的《中国文化文物统计年鉴》。

游戏"发布,腾讯公司正式涉足网络互动娱乐(网络游戏)业务,当月"QQ游戏"同时在线人数突破62万人,跃居国内第一大游戏门户,12月,"QQ游戏"最高同时在线人数突破100万人;2006年7月"QQ游戏"最高同时在线人数突破200万人;2007年6月,"QQ游戏"最高同时在线人数突破300万人;2008年3月,"QQ游戏"最高同时在线人数突破400万大关;2009年4月,"QQ游戏"同时在线人数再破600万大关,腾讯游戏以收入12.41亿元人民币跃居网游行业第一名,成为中国最大的网游综合服务商[1]。

《2018年中国游戏产业报告》显示,2018年,中国游戏市场实际销售收入为2144.4亿元,同比增长5.3%;中国游戏用户规模达6.26亿人,同比增长7.3%;中国游戏市场实际销售收入占全球市场比重约为23.6%;中国自主研发网络游戏海外市场实际销售收入达95.9亿美元,同比增长15.8%[2]。中国已经成为全球最大的网络游戏市场之一,正在快速替代网吧市场的地位。

另一个典型案例是,音像市场上不同产品与服务方式的替代也受到技术创新所引起的新的消费习惯的强烈影响。例如,20世纪90年代中期,录像带曾经辉煌一时,但1998年后伴随着数字产品的出现,录像带产业逐渐萎缩,由2000年的1271个品种减少到2004年的214种,随后彻底退出音像市场的舞台[3]。

2003年后随着网络下载服务的迅速崛起,VCD和DVD产品消费增长趋势又开始放缓,而传统的唱片市场开始了快速的边缘化过程。2003年,中国传统唱片市场的收入为27亿元。网络歌

---

[1] 闫启:《横扫三大资本市场,力挺3000亿美元市值,这门生意堪比印钞机,好多首富都做了》,2017年5月3日,https://news.pedaily.cn/201705/20170503412770.shtml。

[2] 《2018中国游戏业产值2144.4亿元同比5.3%:手游1339.6亿元同比增15.4%》,2018年12月21日,http://www.gamelook.com.cn/2018/12/345645。

[3] 中国统计出版社:《中国新闻出版统计资料汇编(1994~2005)》,中国统计出版社2008年版,第203页。

曲《老鼠爱大米》创彩铃下载量每月600万次的纪录，以平均每首两元计算，单曲收录的信息费达到1 200万元，相当于60万张的唱片销量。2005年，中国网络音乐下载创造的收益高达36亿元，把传统唱片业远远抛在了后面[①]。2011年，音像市场规模为26.1亿元，而网络音乐市场规模达到309亿元[②]。文化娱乐市场的结构升级总体上表现为较高技术含量产品逐步替代较低技术含量产品，这一过程会随着技术创新周期的加速而呈现出不断加速的趋势，体现为一种不可逆的产业结构升级过程。

从表面上看，文化市场的结构转型受大众文化消费习性变迁的强烈影响，但这种消费习性变迁的背后，却反映了改革开放以来社会大众文化消费的民主化进程——从受制性参与消费模式转变为开放式DIY消费模式。

法国社会学家布迪厄认为"习性是一种社会化的主观性"。习性是维持固有选择和确切创造行为的图式[③]。消费习性是基于消费者所处的环境、区域、民族、风俗、习惯、历史传统等多种文化因素影响的综合表现，植根于消费者的潜意识中，影响消费者的消费行为选择。

中国文化市场上，传统的消费模式是以一种以"供"为中心的卖方消费，是以市场经营者所提供的场所、服务为中心的受制性参与消费模式，消费者参与的文化活动局限于经营者所提供的不完备的服务体系，大众能够选择的范围十分有限，体现了一种市场不成熟状态下的被动参与消费方式。20世纪80~90年代，体制外成长起来的歌舞厅、台球厅、卡拉OK厅、保龄球馆和室内溜冰场等大众消费，尽管都是一种环境条件、设施设备和

---

① 孙丽萍：《2005中国网络音乐下载创造的收益高达36亿元》，2007年1月13日，http://news.sina.com.cn/o/2006-05-17/07578945946s.shtml。
② 张晓明、王家新、章建刚：《中国文化产业发展报告（2012~2013）》，社会科学文献出版社2013年版，第4页。
③ 薛晓源、曹荣湘：《全球化与文化资本》，社会科学文献出版社2005年版，第583页。

管理水平不高的低档次或较低档次消费方式,但却能弥补刚刚从计划体制下文化活动极度短缺的低谷中走出来的大众的强烈消费需求,大众娱乐市场受到消费市场的强力拉动而迅速扩大。

进入21世纪,中国文化市场快速成长,可供民众消费选择的范围急剧扩大,文化市场发生了结构性的变化,适应社会大众消费意愿的DIY模式(Do It Yourself)消费方式开始呈现,中国文化市场进入"买方消费"时代。DIY消费模式是一种开放式、自主化、自助化、体验性的消费方式。如体现自主、平价的人性化的量贩式KTV是这种消费模式的最好诠释。因DIY消费模式符合当代社会消费由大众向分众、由单一向多元、由线性向网络发展的基本趋势,随后DIY的消费模式逐步被引入网吧以及一些综合性娱乐场所(大型电玩城、多厅电影城等),成为中国文化娱乐市场的主要经营管理模式。正是这种蕴藏于消费者心中的自主选择和平等意识,成为推动文化市场结构不断转型升级和迭代的原动力。

第三章

中国文化市场管理体制的变迁

改革开放后,计划体制外文化市场的成长和扩展对国家文化管理职能提出相应的要求。20世纪80年代探索建立的文化市场管理体制带有计划体制的基本特征,其又成为21世纪文化体制改革的出发点。中国文化管理体制的建立和改革过程与中国文化市场的启动、成长和中国经济体制结构的转型过程相伴随,反映出中国文化体制变迁的基本轨迹。

一、政府公共管理职能系统的建立

(一) 政府公共文化管理职能系统

1979年,继广州东方宾馆开设了国内第一家音乐茶座之后,深圳、珠海经济特区的歌厅、舞厅、录像放映厅等文化娱乐场所风靡一时,在计划体制之外形成了一个新兴的文化娱乐市场。1983年东南沿海城市泉州形成了初级的文化市场:"现有64个个体户,200多人从事书刊出租、代销图书、洗印照片、绘画、说书等活动。"① 体制外市场主体的出现，对政府部门提出了市场管理的需求。1983年10月，辽宁省辽阳县文化局在《加强文化市场管理的通知》中，将"民间艺人、专业文化艺术团体、社会文化娱乐活动"② 等方面列为文化市场的管理内容。这对于以行业管理为基础的计划体制而言，是一个新的领域，首先要面临合法性的考验。

1983年10月18日，《人民日报》刊载孙静《加强管理，加强引导，泉州市文化市场面貌改观》的文章，这是中央官方媒体第一次正式提出了文化市场的概念。1983年10月22日，《人民日报》又刊登了姜德昌《加强文化市场管理》的专文，明确将"文化市场管理"作为一个基本概念予以指称③。

20世纪80年代初期，一些地方相继办起了营业性舞会和舞厅，并逐步扩展到内地，但其合法性却受到质疑。1984年，中宣部、文化部、公安部联合发出加强舞会管理的通知，明确禁止开办营业性舞会。但是，舞会受到许多消费者的欢迎，就一些大中城市而言，始终是禁而不止。从1986年开始，政府主管部门深入实际，做了大量的调查研究。1987年2月，文化部、公安部、国家工商行政管理局联合发布了《关于改进舞会管理问题的通知》，第一次明确肯定了营业性舞会的存在合理性。营业性舞会从此正式进入中国人民文化娱乐生活之中，迅速成为深受社会欢迎的娱乐项目。据不完全统计，到1987年，全国已有舞厅6 356家。

十年"文化大革命"所导致的文化供给短缺带来了改革开放后的文化市场的"爆发性增长"。1988年，全国出现4万个新兴文化市场，全国有3.5万个文化事业单位、17万个文化专业

---

① 孙静：《加强管理，加强引导，泉州市文化市场面貌改观》，载于《人民日报》1983年10月18日。
②③ 姜德昌：《加强文化市场管理》，载于《人民日报》1983年10月22日。

户、12万个售书摊档活跃在文化市场上,出现了国家、集体、个人一起兴办文化事业的新局面。其中,四川省文化市场就有1.4万个,连西藏自治区也有100多个。"在拉萨文化市场上,可以看到音乐茶座、棋牌比赛、图书租赁、舞蹈培训、电子游戏等20多种活动项目。八角街、人民路、夺底路摆着的那20多张台球桌子,吸引了过往行人,据说每天来打台球的不下400人次。"① 到1990年,京、津、沪、黑、吉、辽、皖、苏、浙、闽、川、粤等19个省、自治区、直辖市的城镇有歌厅、舞厅、卡拉OK厅共6 966家,有台球厅37 201家,有电子游戏厅17 039家。1992年,单是上海市就有娱乐场所2 000多家②。

正是在这种大背景下,1988年3月17日,《人民日报》刊载文化部和国家工商行政管理局的通知,要求各地放手搞活管好文化市场,"就当前正在全国范围内蓬勃兴起的文化市场的管理问题,首次明确地做出若干规定。"通知把文化市场界定为:"凡以商品形式进入流通领域的精神产品和文化娱乐服务活动,都属于文化市场管理范围。当前需要加强管理的是:国家文化事业单位作为自己业务的延伸和非国家文化单位(全民所有制)作为副业从事的文娱服务活动,集体所有制企事业单位、个体工商户和外商投资企业等兴办的文化娱乐业的经营活动,如舞会(厅)、音乐茶(餐)座、录像带发行放映、音像制品销售、报刊书摊(店)、字画裱贴销售、游艺活动、业余和民间职业剧团(艺人)演出、时装健美表演、业余文化艺术培训等。"③ 从总体上说,1992年以前,文化市场处于一种自在和自发的状态,社会大众和文化部门的官员对包括歌舞厅、文化娱乐活动在内的文

---

① 郗永年、李光茹:《全国出现四万个新兴文化市场,昔日"供给制":一人一元文化费,今朝"商品化":活动场所遍城乡》,载于《人民日报》1988年7月3日。
② 王蒙:《文化市场一议》,载于《星光》1994年第4期。
③ 易凯:《文化部和工商局通知要求各地,放手搞活管好文化市场》,载于《人民日报》1988年3月17日。

化市场的认识大都经历了一个"默认其功利性,承认其合理性,最后到确认其必要性这么个过程"①。

1988年2月,文化部、国家工商行政管理局又联合发布《关于加强文化市场管理工作的通知》,明确使用了"文化市场管理"的概念,规定了文化市场管理范围、任务、原则和方针。1988年,国务院进行机构改革,将文化部、对外文化联络委员会、国家出版事业管理局、国家文物事业管理局、外文出版发行事业局合并,设置中华人民共和国文化部,在内设机构中,除了设立办公厅、政策法规司、计划财务司、人事司、艺术司等之外,还设立了文化市场司,作为文化部门管理文化市场的职能机构。1986~1990年,文化部先后制定了3个部门规章和法规性文件,文化市场的法规管理也取得明显进展。在执法方面,1983年,改革开放的前沿城市深圳市率先在市文委内专设文化市场管理处,建立专职的文化稽查队,由市、区(县)文化部门统一指挥,消除公安、工商、税务、文化、广播多头管理的现象。到1991年,全国已有10余个省市初步建立了文化执法队伍。中国文化市场管理的职能系统逐步完善。

1992年党的十四大确立了社会主义市场经济体制的总目标。文化市场作为社会主义市场经济体制的一部分被纳入中国改革开放的总体进程,文化市场的重要性受到重视:"在加快改革开放步伐的新形势下,文化市场的发展和对文化市场的管理已成为我国文化艺术战线普遍关注的一大热点问题。它一头连着文艺创作、文艺思潮和各种文化活动,一头连着文化体制、文化法规和文化经济政策,越来越引人注目地牵动着整个文化艺术事业的发展变化。"②

文化市场管理作为一种公共权利,既是政府所拥有的强制性

---

① 张传恺、黄啸、邓超荣:《培育文化市场健康发展——深圳"歌舞厅艺术"座谈纪要》,载于《人民日报》1992年9月10日。
② 李准:《要重视对文化市场的理论研究》,载于《人民日报》1993年4月7日。

权力,但同时因为文化作为价值观的本质属性,又具有诱致性权力的特征。"权力的实现方式有两种:强制性实现方式和诱导性实现方式。强制性权力实现方式具有统治权力特征,而诱导性的权力实现方式则具有近代社会以来的管理权力特征。①"这种权力的主要载体是中华人民共和国文化和旅游部。中华人民共和国中央人民政府对文化部的职能配置的"第五条"即是"文化市场的管理权":

(1) 研究拟定文化艺术工作的方针、政策和法规并监督实施。

(2) 研究拟定文化事业发展战略和发展规划;指导文化体制改革。

(3) 管理文学、艺术事业,指导艺术创作与生产,扶持代表性、示范性、实验性文化艺术品种、推动各门类艺术的发展;归口管理全国性重大文化活动。

(4) 拟定文化产业规划和政策,指导、协调文化产业发展;规划、指导国家重点文化设施建设。

(5) 归口管理文化市场,拟定文化市场的发展规划;研究文化市场发展态势,指导文化市场稽查工作。

(6) 管理社会文化事业,拟定社会文化事业发展规划并组织实施;指导各类社会文化事业的建设与发展。

(7) 管理图书馆事业,指导图书文献资源的建设、开发和利用;组织推动图书馆标准化、现代化建设。

(8) 归口管理对外文化工作和对香港特别行政区、澳门特别行政区及台湾地区的文化交流工作,拟定对外及对香港特别行政区、澳门特别行政区及台湾文化交流政策、法规;代表国家签订中外文化合作协定、年度执行计划和文化交流项目计划;指导驻外使(领)馆文化机构及驻香港特别行政区、澳门地区文化

---

① 张康之:《公共行政中的哲学与伦理》,中国人民大学出版社 2004 年版,第 103 页。

第三章 中国文化市场管理体制的变迁

机构的工作。

(9) 按照国务院规定,管理国家文物局。

(10) 承办国务院交办的其他事项①。

中华人民共和国成立以后,按照科层制的基本原则,中国建立了"条块结合"的政府文化管理职能系统。以行业部门为纵向的"条",以中央、省(自治区、直辖市)、市(州)、县(区)四级政府为"块",组成一个纵横交织的管理职能系统,对包括文化市场在内的公共文化事务进行管理(见图3-1)。

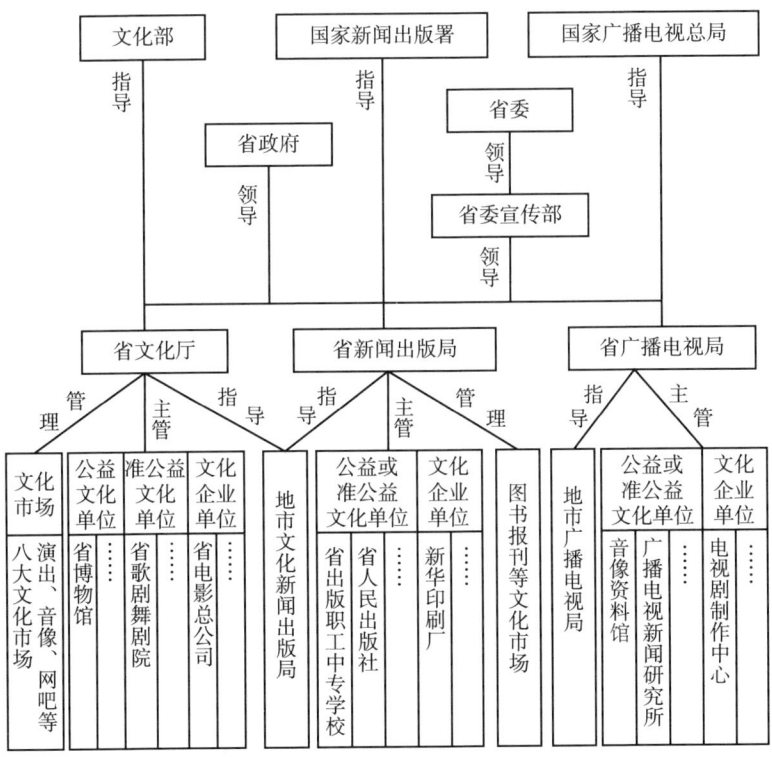

图3-1 "条块结合"型政府文化职能管理系统示意

---

① 《中华人民共和国文化部主要职责》,2012年11月13日,http://www.gov.cn/banshi/qy/rlzy/2012-11/13/content_2264291.htm。

这种条块结合的科层管理体制具有较高的管理效率，但也可能因为"统得过死"而体制弹性不足，不能完全适应快速发展的文化市场的实际，需要不断进行体制调适。

2013年，中华人民共和国第十二届人民代表大会通过《国务院机构改革和职能转变方案》，决定改革国家文化管理体系的设置，合并原国家新闻出版总署和国家广播电影电视总局，设立国家新闻出版广电总局，与文化部共同管理全国文化市场，地方政府比照这一方案进行机构调整。2018年3月，根据第十三届全国人民代表大会批准的国务院机构改革方案，继续调整国家文化管理职能系统，在国家新闻出版广电总局广播电视管理职责的基础上组建国家广播电视总局，不再保留国家新闻出版广电总局。文化部、国家旅游局合并为文化和旅游部，作为国务院组成部门，统筹规划文化事业、文化产业、旅游业发展。

（二）文化市场管理权的统一

20世纪80年代，以歌舞厅为代表的经营性娱乐场所陆续出现。中国文化市场首先是娱乐业文化市场，被纳入文化部的管理范围。1988年，文化部、国家工商行政管理局联合发布《关于加强文化市场管理工作的通知》，随后，国务院批准文化部设置文化市场管理局，娱乐业和演艺业被纳入国家文化部门的市场管理范围。20世纪90年代起，中国音像业、电影业、出版业开始快速发展，中国文化市场趋向多元化、综合化，文化市场管理范围快速扩张。据文化部统计，到1996年底，全国文化市场（含娱乐、演出、音像、美术、文化经纪等门类）共有各类经营单位212 089个，从业人员为1 087万人（其中职工为486 149人，占从业人员总数的44.7%）；主营营业收入为236.5亿元，主营营业成本及费用为165.4亿元，主营营业税金及附加费为19.2亿元，主营业务利润为51.9亿元，其他业务利润为1.95亿元；应交所得税为8 539.1万元；利润总额为22.5亿元；支付从业人员劳动报酬 52.9 亿元；上交主办单位费用 3.4 亿元，上交文化市场管理费 7.46 亿元；全年共创造增加值 157.2 亿元①。娱乐、音像、演出、书报、美术、影视、文物等文化市场空前发展，中国文化市场出现前所未有的繁荣景象。国家对文化市场实行"统一领导、条块结合，以块为主、归口管理、分级管理"的管理体制，由文化（新闻出版、广播电视）等部门进行主管，同时公安、工商、物价等相关职能部门进行协同管理。各地设置了专门的文化市场管理机构，如文化市场稽查大队、"扫黄打非"领导小组、社会文化管理委员会等，还成立了歌舞厅协会、书刊音像行等社会组织②。

中国文化市场的迅速发展对市场管理体制提出了挑战。这一时期，由于中国文化市场的法律政策落后于市场发展速度，文化市场管理出现了一些管理方面的问题。中央政府决定，电影市场在中央由国家广电总局管理，在地方则由省文化厅负责；音像由国家新闻出版署、国家广电总局、文化部共同管理；出版市场由新闻出版署管理。同时，公安、工商、税务、卫生、城建、城管等部门也协助管理文化市场，管理部门过多，政出多门，导致职权不清，管理效率比较低。

中国文化市场的发展"倒逼"市场管理体制机制的改革。进入 21 世纪，为了规范中国文化市场管理秩序，国务院陆续颁布实施《音像制品管理条例》《电影管理条例》《营业性演出管理条例》《娱乐场所管理条例》等。2004 年，中共中央办公厅、国务院办公厅颁布《关于在文化体制改革综合性试点地区建立文化市场综合执法机构的意见》，整合地方"文化、广电、出版"三部门各自分散执法资源，建立文化市场综合执法系统，旨在解

---

① 文化部文化市场管理局：《文化市场信息》1997 年第 5 期。
② 路宁、王异异：《关于中国文化市场管理的几点思考》，载于《社科纵横》2008 年第 1 期。

决多头执法和职能交叉的问题。2016年4月,中共中央办公厅、国务院办公厅印发《关于进一步深化文化市场综合执法改革的意见》,对进一步深化文化市场综合执法改革、促进文化市场持续健康发展提出更为细致明确的政策要求①。2016年,中共中央办公厅、国务院办公厅印发《关于进一步深化文化市场综合执法改革的意见》,提出六大重点任务:

(1) 明确综合执法适用范围,文化市场综合执法机构的职能主要包括:依法查处娱乐场所、互联网上网服务营业场所的违法行为。

(2) 加强综合执法队伍建设。严格实行执法人员持证上岗和资格管理制度;探索建立执法人员资格等级考试制度;健全执法人员培训机制;全面落实综合执法责任制和综合执法标准规范,使用统一执法标识、执法证件和执法文书。

(3) 健全综合执法制度机制。建立文化市场综合执法权力清单制度和行政裁量权基准制度;严格执行罚缴分离和"收支两条线"制度;建立文化市场跨部门、跨区域执法协作联动机制;建立文化市场行政执法和刑事司法衔接机制;推进政务信息公开,提高执法透明度和公信力。

(4) 推进综合执法信息化建设。加快全国文化市场技术监管与服务平台建设应用,采用移动执法、电子案卷等手段,提升综合执法效能。推动信息化建设与执法办案监督管理深度融合,构建文化市场重点领域风险评估体系,切实防范区域性、行业性和系统性风险。

(5) 完善文化市场信用体系。建设文化市场基础数据库,完善市场主体信用信息记录;建立健全文化市场警示名单和"黑名单"制度;落实市场主体守法经营的主体责任;推动行业协

---

① 李媛媛:《现代文化市场体系建设的历史回顾、功能特点与政策建议》,载于《西安交通大学学报(社会科学版)》2017年第5期。

会、商会等社会组织建立健全行业经营自律规范、自律公约和职业道德准则，引导行业健康发展。

（6）建立健全综合执法运行机制。文化市场综合执法机构依据法定职责和程序，进行行政处罚权以及相关的行政强制权、监督检查权，开展日常巡查、查办案件等执法工作。有关行政部门在各自职责范围内指导、监督综合执法机构开展执法工作①。

2018年，中共中央印发《深化党和国家机构改革方案》，中央宣传部统一管理电影和新闻出版工作；组建文化和旅游部，不再保留文化部、国家旅游局；组建国家广播电视总局，不再保留国家新闻出版广电总局；整合组建文化市场综合执法队伍，将旅游市场执法职责和队伍整合划入文化市场综合执法队伍，统一行使文化、文物、出版、广播电视、电影、旅游市场行政执法职责，由文化和旅游部指导。中国文化市场管理体制在市场不断发展演进的过程中，最终实现了管理权的统一。

中国文化市场管理体制的改革过程，体现了中国文化领域基于行业体制之上"树结构"的基本特征。从总体上说，中国文化体制建立在行业体制之上，遵循行业体制是文化市场管理以及其他文化管理的政策出发点。而从管理学的角度看，行业系统又是建立在"同权系数分割"理念之上的管理职能体系。"同权系数分割"的基本内涵是：以组织成员在系统中所处位置的差异来分配权力，把同一种权力形态按比例地分配给不同的组织成员。权力的大小与成员的级别成正比，上级获得大权部分，下级获得小权部分，但任何组织成员都不能获得完整的权力形态。"在同权系数分割中，组织的上下级成员之间有效行使权力的范围界限模糊，权力空间交叉重叠，下级和上级之间的'权力范围'在

---

① 《中共中央办公厅 国务院办公厅印发〈关于进一步深化文化市场综合执法改革的意见〉》，2016年4月4日，http://www.gov.cn/gongbao/content/2016/content_5065644.htm。

时间和空间上出现了交叉重叠，主管部门与单位之间权力界限分野不明。"① 按照这种理念设计出来的文化体制，就呈现出一种"树结构"或"树果结构"的组织形态。这种"树结构"的行业体制，在市场的管理权上将显现出一种行业与行业、部门与部门之间的竞争，往往需要更高一层级的机构来进行协调。20世纪90年代以来"文化、广电、新闻出版"三部门之间关于"文化市场管理权"的矛盾，就是这一行业体制特征的反映，也是中国文化体制改革的核心内容。

（三）中国文化市场管理体制的特殊性

由于历史环境基础、经济基础、社会结构等多方面的差异，特别是受到苏联模式的强烈示范，中国文化市场管理模式与西方存在较大差别，主要体现在：

第一，中西方实施文化市场管理的价值观念和社会基础结构不同，导致对文化市场的性质看法不同、管理指导思想不同。西方的管理制度基于"经济人（社会人）"假设和"国家—个人"二元社会结构之上，国家与个人之间不存在强链接的关系，国家对个体不存在超越法律关系范畴的约束，特别是认为文化事务涉及个人的基本权利，具有私人性。对于文化机构，国家与文化组织之间始终保持"一臂之距"。西方发达国家并不强调文化市场的特殊性，文化市场与其他专业市场一样，文化市场也是市场，要遵循市场的共性规律，像美国的电影产业、日本的动漫产业，其税收政策并没有特别的优惠，相反主要接受市场机制的调节。正因为在"国家—个人"之间存在一个广泛的中间地带，非营利性文化机构得到快速发展，政府充分尊重个体在文化参与和文

---

① 湖北省文化体制改革对策研究课题组：《实现文化管理模式从设计理念到组织结构的创新——湖北省文化体制改革对策研究报告》，载于《江汉论坛》2004年第5期。

化消费上的选择权,社会自主参与性高,文化公共性得到比较充分的发展。

中国文化市场出现于改革开放期初,承袭了计划体制的基础社会经济结构,中国文化体制的社会基础是"国家—单位—个人"三元社会结构,政策设计中主要基于"单位人"假设,个人对"单位"提供的"身份认同"和"差异性利益"形成依赖,"单位"成为连接个人与国家之间重要的组织和利益纽带。借助于"单位"这种组织形式,中国社会获得了高度的组织性,因此"单位"作为一种社会组织方式和个人的社会生活方式既是中国文化体制的基本内容,又是中国文化市场管理的基本内容。

中国文化市场管理上,"单位"及其行业系统成为资源配置的主要力量,因为,中国社会和学界从来不认为文化市场只是一个专业性市场,相反"文化市场"管理具有特殊性,必须建立与一般性物质商品市场不一样的管理体系。这就是中国的文化市场形成独立的管理系统和独立的研究领域的内在原因。

第二,存在中国的直接管理方式与西方的间接管理模式的区别。"直接管理模式"以中国和苏联为典型代表,法国也可以归入这一类型。直接管理模式中,国家垄断稀缺性文化艺术资源和重要生产要素,如将主要的文化艺术资源收归国家所有、设立国有机构进行经营。政府建立了文化行业这一直接管理组织系统以及与之配套的财政资助体系。文化市场的管理职能归属于各级政府或政府派出机构设立的文化行政机构的职能,形成一种纵横相结合的权力和公共资源配置体系。这种"自上而下"的管理体制,是一种比较典型的以公共政策和公共资源供给为基础的国家主导模式。这种市场管理模式,以政策供给和经费供给对市场规制进行重构,一定程度上体现出"政策市场"的特征。

间接管理模式以英国和美国为代表,基本模式是:政府以法律为基础,借助复杂的税制并辅以公共经费资助,引导文化市场主体的行为,从而推动国家文化发展。在实行"间接管理模式"

的国家中,政府没有设立专门的文化市场管理机构,也少有政府直接管辖的国家文化艺术机构,主要依靠各类律法机构进行市场管理。国家特别借助于行业协会等组织来进行市场规范。政府遵循"一臂间距"的文化管理原则,通过艺术基金会或艺术理事会支持全社会的文化艺术机构,国家与文化艺术机构之间既没有行政管理关系,也无业务指导关系,更无经费支持的义务。

二、文化市场主体的变化

(一) 中国文化市场存在两种性质的市场主体

中国文化市场上既存在体制内的公益性文化单位或者国有资本控股的文化企业,又存在体制外的民办或者社会办的非营利性文化机构和营利性文化企业。由此,调节国有、民营两种属性的文化机构在文化市场上的作用并使之协调运转,这成为中国文化市场管理的重要任务。

1. 国有公共文化单位或者国有文化企业具有文化行业结构属性,政府与社会关系内置于公有产权内,产权边界不明晰。

在计划体制下,公益性文化单位和国有文化企业是整个庞大文化行业体系中生产性资源配置的一个环节,由国家所掌握的公共资源通过文化行政系统源源不断地流向系统内文化单位(事业机构与企业机构),以维持文化行业系统的运转。文化系统基本形成一个相对封闭的组织和运营系统。其基本结构如图3-2所示。

在这一系统中,无论是国有文化企业,还是公益性文化单位,大都与计划体制的资源方式相适应,因此,几乎不存在独立的人事权、经营权和资产处分权,也没有相对独立的收益分享权。在过长的委托—代理链条中,公益性文化单位和国有文化企业的产权"虚位"与内在激励机制缺失,导致这些文化单位的管理效率不高。

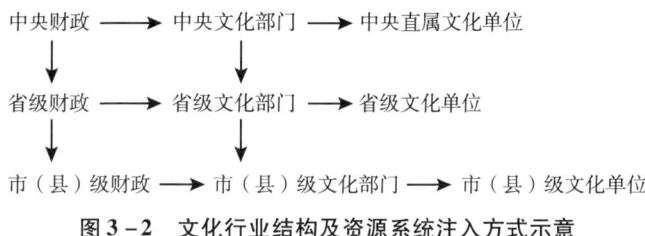

图3-2 文化行业结构及资源系统注入方式示意

2. 民营或者社会兴办的非营利性文化机构和营利性文化企业适应市场经济的资源配置文化,产权清晰,但机会较少。

改革开放以来,一批民营文化企业和非营利性组织快速成长,推动了中国文化市场的高速发展。在一些完全竞争的市场领域如动漫、网络游戏、电影等,民营文化企业占据着绝对优势的地位,显示出强大的竞争优势。但在一些国有文化单位存量较多的传统领域如表演艺术市场、图书出版市场、广播电视市场等,民营机构很难进入,市场机会不平等。

国有文化单位或国有文化企业与民营文化企业或者非营利性文化机构并存,是中国文化市场上二元结构的集中体现。从文化事业体系向文化市场体系和文化产业体系转型的过程中,中国文化市场上就存在"经营性文化单位企业化改革"(市场主体重建)和"政府文化管理体制改革"(政府管理职能重建)两大任务。

(二) 国有文化企业主体的形成

1978年,财政部批准《人民日报》等8家新闻单位实行"事业单位企业化管理",国家开始允许事业单位从事经营性活动,开始了国有文化企业发展的尝试。一大批具有经营性资源的文化单位在国家政策的支持下逐步拓展经营性功能,开始由"事业单位、经费包干"的公共事业体制向"事业单位、企业化管理"的经营性体制转变。1979年元旦,上海电视台播出了中国电视的第一条商业广告。1979年9月30日,中央电视台播出了第一条外国商业广告。这些事件标志中国的文化事业单位开始进入市场化发展的路径。1984年,十二届三中全会通过《中共中央关于经济体制改革的决定》,国家经济体制改革正式启动,以文艺院团为代表的文化事业单位市场化改革普遍受到鼓励。1987年,文化部、财政部、国家工商总局联合颁布《文化事业单位开展有偿服务和经营活动的暂行办法》,鼓励文化事业单位利用自己的知识、艺术、技术和设备等条件开展有偿服务,取得收入,补助文化事业经费的不足,俗称"以文补文""多业助文"。1992年,国务院办公厅编著《重大策略——加快发展第三产业》一书,书中首次提出"文化产业"概念。1994年,上海东方明珠股份有限公司成功上市,迈出了国有文化企业走向资本的第一步。2001年8月,中共中央办公厅、国务院转发《中央宣传部、国家广电总局、新闻出版总署关于深化新闻出版广播影视改革的若干意见》,要求积极推进文化产业集团化建设,组建一批主业突出、品牌名优、综合能力强的大型文化集团,广播电视电影、新闻出版、报纸杂志等经营性文化单位逐步从国家文化事业体系中独立出来,转变为企业,组建文化产业集团,成为行业部门和党委宣传部门管辖下具有相对独立性的市场经营主体。到2002年初,全国共组建了包括中国广电集团和中国出版集团在内的文化集团72家,其中报业集团38家、出版集团10家、发行集团5家、广电集团12家、电影集团5家;还组建了电影院线30多条。

截至2012年底,全国国有文化企业共计10 852家,从业人员为113.8万人,资产总额为18 210.3亿元,实现营业总收入9 022.2亿元,利润总额为877.9亿元,净利润为773.8亿元[①]。

---

① 中央文化企业国有资产监督管理领导小组办公室:《国有文化企业发展报告(2013)》,经济科学出版社2013年版,第11页。

根据中央文化企业国有资产监督管理领导小组办公室发布的《国有文化企业发展报告（2017）》，到 2016 年底，全国国有文化企业共计 14 838 户，资产总额为 36 937.1 亿元，营业总收入为 15 673.9 亿元，利润总额为 1 373.6 亿元。其中，中央文化企业共计 3 610 户，资产总额为 9 312.3 亿元，利润总额为 518.7 亿元；地方国有文化企业共计 11 228 户，资产总额为 27 624.8 亿元，利润总额为 854.9 亿元。国有文化企业从 20 世纪 80 年代的公益性事业单位，经过 30 多年的改革和发展，逐步形成了巨大的规模效应。

（三）民营文化企业的出现与成长

1980 年中央宣传部等部门在《关于活跃农村文化生活的几点意见》中第一次使用了"以文补文"的概念，鼓励在经营性文化领域成立文化公司，包括编写、印刷各类文化艺术资料、书画报刊展销、文物复制、乐器租赁和维修、文艺演出、艺术摄影、广告等各类文化服务公司。1984 年，长春电影制片厂所属《街上流行红裙子》摄制组尝试向厂方提出承包方案。1988～1992 年，民营文化企业逐步成长为一个相对独立的文化经济领域，其合法性也从原来受到排斥、禁止而逐渐得到省市级以下地方政府部门的承认，最终到得到中央政府部门的认可。1984 年，中宣部、文化部、公安部《关于加强舞会管理问题的通知》，对舞会解禁。随后，天津市领风气之先，进行舞厅试点。1985 年 4 月，天津市文化局、公安局联合组建天津市舞会管理办公室，负责对舞会活动的管理。当年 10 月，天津已经拥有 56 家营业性舞厅。在图书出版方面，1982 年，国家有关部门发布《关于图书发行体制改革的报告》，报告指出要"积极发展集体书店，适当发展个体书店"，这是新中国成立以后民营资本进入图书发行领域的首张通行证。1988 年宣传部、新闻出版署联合发布《关于当前图书发行体制改革的若干意见》，要求"出版社和新华书店都要积极扶持集体、个体书店和书摊、书贩的发展"。1988年，全国出现4万个新兴文化市场，17万个文化专业户、12万个售书摊档活跃在文化市场上。在文化艺术、娱乐、音像书刊市场上，到1997年，国有文化部门所属的文化经营单位只占全部文化经营单位数量的10%左右，而民营的已达88.6%[①]。

在文化娱乐行业，1993年，民营企业家钱程与中央乐团签约，出资45万元承包了北京音乐厅。2000年初，北京市政府又与职业经理人钱程签约，同意他以自然人的身份，承包由政府投资上亿元刚改建完毕的北京标志性文化建筑——中山公园音乐堂。这成为中国演出市场上的标志性事件。

2005年12月，文化部、财政部、人事部、国家税务总局联合下发《关于鼓励发展民营文艺表演团体的意见》，鼓励社会资本以个体、独资、合伙、股份等形式投资兴办民营演出团体，对中国民营演艺市场的培育及演出市场的格局产生了重大影响。据文化部的统计数据，2011年，在全国演艺市场上，国有文艺院团有2 600多个，民营演出团体有8 000多个。仅北京一地，2011年注册的营业性文艺表演团体有504家，其中民营团体有452家，占总数的89%，比2010年新增46家；2012年6月，民营艺术团体已达530家，在短短的6个月内增加了78家，超过2011年全年增长的数量。

（四）公益性文化机构和民营文化机构的市场进入

在文化市场的非竞争性领域，文化事业单位通过计划配置获得资源并进行文化生产和分配。但在文化市场的竞争性领域（如市场发行、销售、演出、动漫制作等），对民营文化机构并没有设置门槛。民营文化机构和非营利性文化组织可以依法依规进

[①] 程恩富：《文化经济学通论》，上海财经大学出版社1999年版，第328~329页。

入,寻找市场机会。

在面向市场的改革过程中,如何通过改革资源配置方式,打破文化行业的资源内循环,为经营性文化企业和公益性文化机构提供平等的机会,成为管理改革的重点。政策的突破点选择在文化市场上的非竞争性领域,如公共财政补贴的项目、文化内容生产环节,国家通过公共文化购买为民营文化机构和非营利性文化机构以及部分公共性文化机构创造平等进入的机会。

2015年5月,国务院办公厅转发文化部、财政部、新闻出版广电总局和体育总局制定的《关于做好政府向社会力量购买公共文化服务工作的意见》。该文件在总结过去经验基础上,结合深化文化体制改革的大势和总要求,融合新的公共治理理念,对政府向社会力量购买的目标任务、购买内容、购买机制、资金保障、监督管理、组织领导、协调宣传等提出了明确要求。文件充分尊重公共文化领域政府主导、社会参与、多元共治的行业特征,强调政府的主要职能是"组织领导、政策支持、财政投入和监督管理",抛开了政府大包大揽的传统模式,促使政府完成从"划桨"到"掌舵"身份的转变。提出了"推进政府向社会力量购买公共文化服务与培育社会化公共文化服务力量相结合",目的是要通过引导和规范社会力量参与公共购买,培育"替代性生产者",形成体制内机构与体制外社会力量的竞合关系,推动文化体制改革的深化。

据文化部财务司2018年的统计,2015年以来,全国各省(区、市)安排购买公共文化服务资金累计已超过20亿元。但由于对传统文化事业体系下形成的"政府统一供给"模式已形成一定程度的路径依赖,民营文化企业和文化组织发展不足,政府公共购买项目仍以文化事业单位和国有文化企业为主。但这是文化市场发展过程的必经之路。

三、政府文化市场管理职能系统再造

（一）针对文化企业的两种管理体制

中国作为从计划体制向市场体制转型的国家，与西方市场体制国家的不同之处在于，西方国家的文化企业是在体制经济、体制环境中自然生长出来，本身与体制环境相适应。但中国的文化企业，其产权之上承载着政府与企业、企业与员工的相互关系，就存在着"主管主办制"（代表企业与主管业务部门的关系）与"出资人制"（代表企业与国有资产管理部门的关系）的两种体制。中国文化市场管理体制改革核心，就是要适应市场体制的要求，推动"主管主办制"向"出资人制"的转轨。

1. 文化行业"主管主办制"的缘起与特征。

主管主办制是指从中央到地方各级政府按文化类型设置部、厅、局等行政系统并配备资源分配渠道，对国有文化企事业单位直接实行管理权的一种行政管理体系。这一制度根植于中华人民共和国成立初期确立的国家计划体制，具有"计划调控，管办一体，行业循环"的基本特征，总体上依赖于计划体制所提供的制度合法性和资源行政调配方式，具有苏联文化体制模式色彩、计划体制的管控属性和科层制行政管理构架等三大基本特点。它源于中华人民共和国成立初确立的文化事业体系，在政府与企业的关系上主要体现为一种行业系统"部门—单位"管辖关系。由于文化企业是20世纪80年代后期逐步从文化事业体系中派生出来的国有文化机构，文化企业主管主办制度系文化事业体系的惯性延伸。

1949年10月，政务院决定成立政务院文化教育委员会，省、市同时设立文教厅（局），建立了行政组织系统，即根据文化技术的类型建立不同的文化行业，通过设立行业部门管理类型相同或相近的文化业务，如文化部通过行政隶属关系直接管理全国的文化艺术团体，国家新闻出版总署直接管理新华通讯社、中央广播事业局、国际新闻局、新闻摄影局、北京新闻学校等单位。此后文化行政机构几经调整，至20世纪50年代中期，形成了公有制一统天下的文化行业系统结构和"行业管理、分级负责、党政监管"的文化管理体制。当时的制度设计者通过"党政监管、干部任命、单位直属、管办一体和条块交叉"的制度安排，形成了行业主管主办制度的基本内容，并成为中华人民共和国成立初期到21世纪初期持续60年维持中国文化行业运行和发展的基本管理框架。20世纪80年代以前，文化企业包含于文化事业之中，文化主管部门同时主管和主办文化企业，20世纪90年代中后期，尽管文化企业逐步从文化事业体系中独立出来，但仍然只是作为与文化事业单位相区别的一种文化单位，文化行业主管部门同时直接对文化企业行使主管主办权，文化企业管理体制的主体架构一定程度上仍然沿袭中华人民共和国成立初期计划体制下形成的主管主办制度惯性。

2. 出资人制度的基本内涵。

现代出资人制度起源于现代企业制度，是围绕国有资产的有效经营而构建的国有资产出资人代表制度、公司治理制度、激励与约束制度、投资制度、收益分配制度、经营预算管理制度等一系列制度安排的有机结合体，是指以政府特定机构代表国家行使国有资产股东权利的制度体系。

出资人制度旨在保证国有资产代表享有对国有资产的占有、收益、使用和支配权，享有资本受益、重大决策和选聘经营管理者等权利，同时承担国有资产保值增值责任。中国国有资产出资人制度作为规范资产权益代表、经营管理流程、收益分享等关键问题的系列制度体系，主要包括八个方面的内容：资产经营者的财务责任规定,与财务责任相关的考核规定,外部财务监督管理规定,企业筹资和投资行为及方式的规定,企业成本费用的管理规定,企业资产重组中产权变动的规定,企业分配管理规定,文化企业内部约束机制①。

从总体上看,主管主办制度脱胎于传统的文化事业体系,是文化行业制度在政企关系和政事关系上的外在表征,"党政部分、管办不分、事企不分"是其主要特点。出资人制度则根植于现代企业制度,是政府与企业法人关系模式的结构化表达,"党政分开、管办分离、事企分开"和"法人关系化"是其主要特征,体现了市场经济环境对文化企业运营模式和政府管理职能设置的基本要求。

3. 主管主办制度与出资人制度的区别。

文化企业主管主办制度是计划经济体制下确立的基于政府与企业"父子关系"之上的一种制度安排,出资人制度则是市场经济体制下基于政府与企业"法人关系"之上的另一种制度安排,两者之间存在明显的区别。具体区别如表3-1所示。

表3-1　　　主管主办制度与出资人制度的区别

项目	主管主办制度	出资人制度
价值取向	政府取向,承担政府委托的职能,对上级负责	市场取向,承担企业应有的职能,对股东负责
核心内容	规范党委、政府与文化企业的关系,对文化企业机构实施直接管理	界定党委、政府与文化企业的管理边界,依法对文化企业实施管理

---

① 朱志刚:《认清形势　理顺思路　开创企业资产与财务管理工作新局面》,载于《国有资产管理》2000年第11期。

续表

项目	主管主办制度	出资人制度
管理方式	行政管理手段为主,人、财、物计划调配	法律管理手段为主,资源市场化配置为主
外部特征	封闭性,资源流动机会少	开放性,资源流动频繁
维持方式	行政权力,高管制,高代价,高成本	行政权力公有,低管制,利益协调,低代价
组织模式	科层制组织	法人治理结构
关系模式	政府与企业之间是一种"父子关系"	政府与企业之间是一种"法人主体关系"
运行环境	社会主义计划经济体制	社会主义市场经济体制

与主管主办制度相比,出资人制度在运行环境、价值取向、核心内容、管理方式、外部特征、组织模式、关系模式和维持方式等方面都有其特殊要求。它是在市场经济体制下,以市场为导向配置优化资源,以法人治理结构为基础,依法对文化企业机构实施监管的低管制、开放性的管理制度。从总体上看,主管主办制度脱胎于传统的文化事业体系,其管理模式主要是"事业管理"型体制,出资人制度则根植于现代企业制度,遵循"党政分工,管办分离,事企分开"的管理原则,体现了现代市场经济规律对文化企业运营和政府管理职能设置的基本要求。

(二)从主管主办制到出资人制的转变

1. 文化行业出资人制度的经验基础。

文化行业出资人制度是中国出资人制度的一种新型模式,脱胎于物质生产领域的国有资产出资人制度。国有资产出资人制度的确立,经历了一个长期的探索过程。从法律关系上说,改革开放以来,依次经历了物权模式(国家所有、国家经营)阶段、债权模式（国家所有、企业经营）阶段和股东模式（企业所有、企业经营，或国家享有股东权、企业享有法人所有权）阶段三个阶段①。最终明确了股东模式作为新的国有资产管理体制内核，旨在改变国有资产多头管理、职责不清、人人负责而实际上无人负责的状态，革除管资产、管事与管人相脱节的弊端，推进政资分离、政企分离②。

  这一制度的确立，前后历经了近 20 年的探索。党的十四届三中全会（1993 年）提出："国家统一所有、政府分级监管、企业自主经营"；十五届四中全会（1999 年）提出："国家所有、分级管理、分工监督、授权经营"；党的十六大（2002 年）则明确提出："坚持国家所有的前提下，中央和地方政府分别代表国家履行出资人职责，享有所有者权益，权利、义务和责任相统一，管资产和管人、管事相结合，并在中央和省、市（地）两级地方政府设立国有资产管理机构"。根据十六大提出的指导思想，2003 年，中央与地方各级政府分别成立了国资委，其职责被概括为"三管"：管企业的国有资产、管由出资人委派经营企业国有资产的人、管国有资产保值增值③。

  2003 年 3 月，国务院国有资产管理委员会正式成立，专门负责监管原中央企业工作委员会管理 143 家大型中央企业和中央组织部管理的 53 家特大型中央企业。同年 5 月，国务院发布《企业国有资产监督管理暂行条例》，明确规定国有资产监管部门代表国家对所监管企业行使出资人职责，履行出资人的三项职能④。随后，全国 31 个省（区、市）和新疆

---

  ① 刘股东：《推进国有企业公司制改革的法学思考》，载于《中国法学》2000 年第 1 期。
  ②③ 徐传谌、庄慧彬：《论国有资产出资人制度的完善》，载于《长白学刊》2008 年第 2 期。
  ④ 马建堂、窦晴身：《符合社会主义市场经济要求的国有资产管理体制初探》，载于《国家行政学院学报》2005 年第 4 期。

生产建设兵团以及237个市（地）均设立了国有资产监督管理委员会，代表国家对中央企业国有资产（除金融资产和文化资产外）履行出资人职责，形成了国有资产"三级监管"的框架。国有资产出资人制度的基本框架初步建立，以《企业国有资产监督管理暂行条例》为核心的国有资产监管法规体系初步形成①。

目前，中国以出资人制度为核心的管理模式大致有三种：一是国务院国资委模式。管人、管事、管资产权力到位，授权委托管理100多家中央企业。二是上海（深圳）模式。上海国资委作为非常设的会议议事机构，参会部门包括党政系统相应各部门，如市委组织部、市经委、财政等管理部门。其模式特点是建立三个层次、二级管理和三个体系。三个层次分别为：作为管理决策机构的市国资委，40家授权经营的国有独资控股公司或集团公司，由40家国资公司控股的一般性经营企业。二级管理是市、县（区）两级党委、政府管理。三个体系是管理体系、监督体系和运营体系。三是其他模式，由于各种原因，管人、管事、管资产权力不能从原来各部门及时集中到国资委，国资委无法行使监督职能，只能将监督权虚置，将出资人权力上收，这是目前全国大多数省市采用的模式②。

2. 文化领域出资人制度的探索与确立。

2009年10月，国务院同意由财政部代表国务院履行中央文化企业国有资产出资人职责。2010年7月，中央文化体制改革领导小组批准成立中央文化企业国有资产监督管理领导小组，并设立中央文化企业国有资产监督管理领导小组办公室作为具体执行机构，挂靠财政部（简称中央文资办），具体履行中央文化企

---

① 唐立杰：《从委托—代理理论看国有出资人制度的建立》，载于《合作经济与科技》2008年第11期。
② 周晓青、陈运高、丁正宇：《出资人预算：企业激励与约束机制有效的保证》，载于《中国总会计师》2007年第5期。

业的出资人职责。随后,各省(自治区、直辖市)也成立了省级文化企业国有资产监督管理领导小组办公室,分别挂靠在当地的省委宣传部或省财政厅,省文化企业国有资产监督管理领导小组办公室对省属国有文化企业行使出资人权利。原所属行业部门(主管部门)行使行业管理权。即"文资办"行使作为企业"股东"的权利,文化行政部门行使行业管理、市场监管、社会效益评价和发展规划等社会公共管理职能,财政部门行使国有文化企业预决算管理职能,由此建立以"文资办"为基础和核心的分工协作体制。

3. 推动文化市场管理的法规化。

出资人制度是针对文化市场主体的制度设计。在文化市场的领域还存在公共管理事务,主要通过不断探索完善相应的法规推动文化市场管理的法规化。

1989年2月国务院批准文化部设立文化市场管理局后,全国文化市场管理的法规建设也进入政府议事日程。1994年,文化部发布《文化市场稽查暂行办法》,正式把文化市场管理纳入行政执法轨道。1994~1999年,国务院先后发布《音像制品管理条例》《营业性演出管理条例》《娱乐场所管理条例》。绝大多数省、自治区、直辖市发布了《文化市场管理条例》等地方法规和政府规章,全国对于文化市场的管理逐步实现了法制化。据统计,这一时期全国人民代表大会常委会、国务院和中央文化行政部门陆续制定和颁发了200多部法律法规、政策性文件或部门规章,涵盖了舞台艺术、新闻出版、广播影视、互联网、文化经济等诸多领域,如《著作权法》《广播电视管理条例》《电影管理条例》《出版管理条例》《音像制品管理条例》《印刷管理条例》等[①]。文化市场管理机构特别是国家层面专门机构的设立,

---

① 《中国文化体制改革历程》,2005年2月23日,http://www.china.com.cn/zhuanti2005/txt/2005-02/23/content_5793495.htm。

在国家政策层面上突破文化行业单纯的意识形态性,承认其有商品属性,这是改革开放解放思想的一大成果,为文化市场的发展打开了空间。

从 2000 年开始,随着中国进一步对外开放,文化市场繁荣发展,非公有制经济体开始进入文化市场,中国文化市场结构的多元化对文化市场管理提出了新的要求。2003 年,文化部发布《2003~2010 年文化市场发展纲要》,明确提出要建成市场门类齐全,结构合理,供求关系均衡,政府调控与市场机制相结合,统一、开放、竞争、有序的社会主义文化市场体系①。2005 年国务院颁布《关于非公有资本进入文化产业的若干决定》,明确鼓励非公有资本进入文化产业的原则,鼓励社会资本开发和建设文化市场。这一时期,随着互联网的高速发展,中国政府将网络文化市场的管理提到了重要的位置,发布了一系列的管理规章,包括:2000 年 12 月 28 日发布《关于维护互联网安全的决定》;2002 年 9 月 29 日发布《互联网上网服务营业场所管理条例》;2003 年 5 月 10 日发布《互联网文化管理暂行规定》;2005 年 7 月 12 日发布《文化部、信息产业部关于网络游戏发展和管理的若干意见》等。

2005 年后,中国文化市场管理配合国家文化体制改革的战略性安排,出台了一系列政策法规。2005 年底,中共中央、国务院颁布《关于深化文化体制改革的若干意见》,要求按照"区别对待、分类指导、循序渐进、逐步推开"的原则,在全国积极全面推进文化体制改革。2005 年中国政府相继下发了《关于印发文化体制改革试点中支持文化产业发展和经营性文化事业单位转制为企业的两个规定的通知》《关于非公有制资本进入文化产业的若干规定》《关于进一步加强和改进文化产

---

① 《2003~2010 年文化市场发展纲要》,1999 年 9 月 4 日,http://www.ccm.gov.cn/zgwhscw/bmgz/199909/dce8ab5eb9e649d0a4502af2a13b31b5.shtml。

品和服务出口工作的意见》《关于加强文化产品进口管理的办法》《关于文化体制改革中经营性文化事业单位转制为企业的若干税收政策问题的通知》《关于文化体制改革试点中支持文化产业发展若干税收政策问题的通知》《关于鼓励发展民营文艺表演团体的意见》等。这些政策文件将深化改革与市场管理结合起来，将履行"入世"承诺放开准入与加强规范结合起来，为各种文化企业提供了良好的市场发展环境，促进各类文化市场主体迅速发展。

2017年，根据《国务院办公厅关于进一步做好"放管服"改革涉及的规章、规范性文件清理工作的通知》的要求，文化部对"放管服"改革涉及的部门规章进行了全面清理。经清理，文化部废止《文化科技工作管理办法》（1990年3月28日发布）、《文化科学技术成果鉴定办法》（1990年7月3日发布）、《文化系统内部审计工作规定》（1990年8月25日发布）3项部门规章，另外还修改了《社会艺术水平考级管理办法》（2004年7月1日发布）、《营业性演出管理条例实施细则》（2009年8月28日发布）、《网络游戏管理暂行办法》（2010年6月3日发布）、《娱乐场所管理办法》（2013年2月4日发布）、《互联网文化管理暂行规定》（2011年2月17日发布）5项部门规章[1]。2018年，为适应自由贸易试验区文化市场发展，根据《国务院关于在自由贸易试验区暂时调整有关行政法规、国务院文件和经国务院批准的部门规章规定的决定》《国务院办公厅关于印发自由贸易试验区外商投资准入特别管理措施（负面清单）（2017年版）的通知》等有关规定，文化和旅游部对自由贸易试验区内文化市场管理有关政策进行了调整，允许外国投资者在自由贸易

---

[1] 《国务院办公厅关于进一步做好"放管服"改革涉及的规章、规范性文件清理工作的通知》，2018年4月24日，http://www.gov.cn/zhengce/content/2018-04/24/content_5285532.htm。

试验区内设立互联网上网服务营业场所、演出经纪机构、演出场所经营单位和娱乐场所①。此外，为完善文化市场信用监管制度，文化和旅游部还对《文化市场黑名单管理办法（试行）》进行了修订②。中国文化市场的管理规范得到进一步优化。

---

① 《文化和旅游部关于实施自由贸易试验区文化市场管理政策的通知》，2018年6月7日，http://www.ccm.gov.cn/zgwhscw/gfxwj/201806/447ee4e58bd941a5899fa7e1929c7022.shtml。
② 《文化市场黑名单管理办法（试行）》，2016年2月3日，http://www.ccm.gov.cn/zgwhscw/tzgg/201602/b81fe42765214e15920330acafb53de5.shtml。

第四章

文化市场的发展对文化行业的推动作用

改革开放以来，中国文化市场的发展对文化事业的繁荣和文化产业的成长发挥了巨大的推动作用。文化市场所具有的开放流动特征和效率机制，对文化事业的改革创新提供了强烈的示范和引导；文化市场所具有的公共交易的基本准则和固有的资源配置功能，为从文化事业母胎中脱离出来的文化产业的发展提供了最初的环境和源源不断的发展推动力。

一、文化市场对文化产业的促进作用

（一）文化市场的公平交易原则为文化产业的独立性提供了意识形态保护

对于中国这种转型国家来说，文化市场机制在部门权力与企业经营权之间形成了一道明确的界限，使得企业的经营得以顺利进行。德国社会学家齐美尔也认为，在市场交易时代，借助货币这一中介，社会大众的全部焦点都在于商品的交换价值，将商品的所有特性与性质都化约为价格，因而在商品交易中使情感关系让位于理性。市场公平交易原则赋予市场交易非人格性和客观性，使得市场交易行为不以人的意志为转移。市场主体进行市场经营活动必须要以普遍认同的规范交易方式进行，包括交易公开化、交易货币化、信用票据化和交易规则化等基本规则。借助这些客观的规则，人们在市场权力和政府权力之间建立起明确的边界，并形成与这些边界相协调的制度意识形态，这种保障市场公平交易的意识形态，为20世纪80年代经营性文化单位从文化事业体制和意识形态管理中独立出来，提供了制度和政策的合法性来源。

由这种市场（经济）理性所支撑的市场公平交易原则赋予市场交易非人格性和客观性。相对于计划体制时期"一大二公"的国有和集体所有制形态，市场体制所固有的交易规则的建立，要求在文化领域形成一个以产权为基础的新规则，使市场交易能够进行。这种规则日益成为社会经济结构的有机组成部分，倒逼公有产权所承载的基本经济关系（党委和政府的管理权、任命权、处置权、分配权等）进行改革，以适应市场交易的基本原则。这就在国家公权力与市场经营权之间建立了比较明晰的管理边界，客观上为从文化事业体系分离出来的文化产业的发展提供了意识形态的保护，在此基础上，文化领域围绕产权交易和契约管理的经济逻辑才得以展开。

（二）"看不见的手"的资源配置作用

据国家统计局的数据，2005~2017年我国文化产业增加值年均增长19.7%，比同期GDP现价年均增速高6.3个百分点，文化产业增加值占GDP的比重由2004年的2.15%提高到2017年的4.29%，对GDP增量的贡献年平均达到4.7%[①]。中国文化产业发展取得如此成效，离不开文化市场的基础支撑作用。

---

① 《国家统计局：文化产业增加值占GDP比重逐年提高》，2018年9月13日，http://www.cs.com.cn/xwzx/hg/201809/t20180913_5872704.html。

古典经济学认为,市场是一只"看不见的手",能够发挥资源配置的基础性作用。改革开放以来,文化市场的成长,逐步在计划配置资源之外,以市场主体为主体,按照市场需求和价格导向进行了市场化配置。1992年之前,文化要素市场,如文化资金市场、文化艺术设施市场、文化艺术人才和劳务市场、文化中介市场、文化产权市场、版权市场等,成长却一直十分迟缓。1992年以后,在一些中心城市,不仅文化产品市场和文化服务市场在前一阶段的基础上取得了长足的发展,而且国内一些较为发达的城市,如北京、上海、广州等,开始探索发展文化中介市场。例如,上海市建立了上海市演出公司、上海市对外文化交流公司、上海市演出总公司、上海文大演出中心、上海广电演出有限公司等中介服务的文化实体,逐步覆盖了演出市场的大部分领域,向要素市场的专业化、规范化和国际化跨出了一大步。其中,上海市演出公司是全国最早建立的具有独立法人资格的国有演出公司之一,它专门经营国内外各类文艺演出,同时经营演出广告、舞台设计、展览、演出器材等相关业务,其特点是初步形成集约化的经营机制,实现了整体运作。到1999年初,已经举办演出15 000多场,演出足迹遍布全国100多个大中小城市,并与美、英、法、德、日等50多个国家和地区的200多个演出团体进行了合作[①]。

同时,日益发展的文化市场吸引了众多的民间资本进入文化市场,一批民营企业成为文化市场资源配置的主体。以文化艺术、娱乐、音像书刊行业为例,1997年国有文化部门创办的文化经营单位只占全部文化经营单位的10%左右,而非国有文化部门创办的已占88.6%[②]。文化市场上,民营企业的发展,打破

---

① 陈立旭:《当代中国文化产业发展历程审视》,载于《中共宁波市委党校学报》2003年第10期。

② 程恩富:《文化经济学通论》,上海财经大学出版社1999年版,第328~329页。

国有企业一统天下的局面，倒逼国有文化企业进行管理制度，极大改善了国有企业在市场中效率低下，市场敏感度较低，管理体制复杂、激励不足等问题，塑造了一批有较强实力的国有文化企业。从 2018 年《光明日报》发布的"全国文化企业 30 强"名单来看，30 强名单中国有或国有控股企业有 22 家，占总数的 73.3%。

进入 21 世纪后，随着文化市场的日益成熟，文化市场能够体现文化产品供给和需求方面的互动关系，成为沟通文化产品生产经营者和购买消费者的有效渠道。文化市场根据市场需求配置文化资源，可以把社会上的人力、物力和财力等生产要素优先投向最有效率和最有效益的生产项目和文化产品上去，从而提高文化资源配置效率。文化市场通过价格变动，发出灵敏的市场信号，形成优胜劣汰的竞争机制，对文化市场的主体形成经常的压力和动力。它迫使市场主体不断地提高产品质量，降低生产成本，优化投资结构和资源配置，建立通畅的流通网络，满足人民群众的文化消费需求，从而促进文化繁荣发展。

（三）案例：以院线制为中心的市场化改革对电影产业的作用

改革开放 40 多年来，中国电影行业经历了由计划体制向市场体制的艰难转型。借助于院线制这一制度创新，形成了比较稳定的分账体制（制作商约 30%，发行商约 15%，院线约 5% ~ 7%，影院约 48% ~ 50%），重建了相对完整资源配置机制和利益激励机制，成为推动电影市场稳定发展和结构升级的内生动力。

在 20 世纪 90 年代中期以前，中国还没有形成严格意义上的电影市场。电影的制作、发行和放映依靠行政指令进行，在一个文化消费严重短缺的特殊时代，依靠行政垄断性市场取得了巨大的票房收入。但到 2000 年前后，一旦市场短缺情况缓解，电影票房立即快速下降。

1989 ~ 1993 年中国电影票房都在 20 亿元以上。1991 年全国票房是 23.6 亿元，其中《周恩来》获得了 2.7 亿的票房收入，创造了票价仅为两元情况下的票房奇迹。1992 年全国票房为 32 亿元，1993 年全国票房达到 28 亿元，在那个票价只有 2～3 元的年代能获得如此票房应该说已达到计划体制时代的高峰。但到 1995 年，票房跌破 10 亿元，1995～2003 年一直持续在 10 亿元左右。2004 年开始，中国电影票房进入快速增长时期，一年一个台阶，2010 年之后超过 100 亿元且增速不断加快，2017 年突破 500 亿元。（1989～2017 年中国历年电影票房市场状况如图 4-1 所示。）

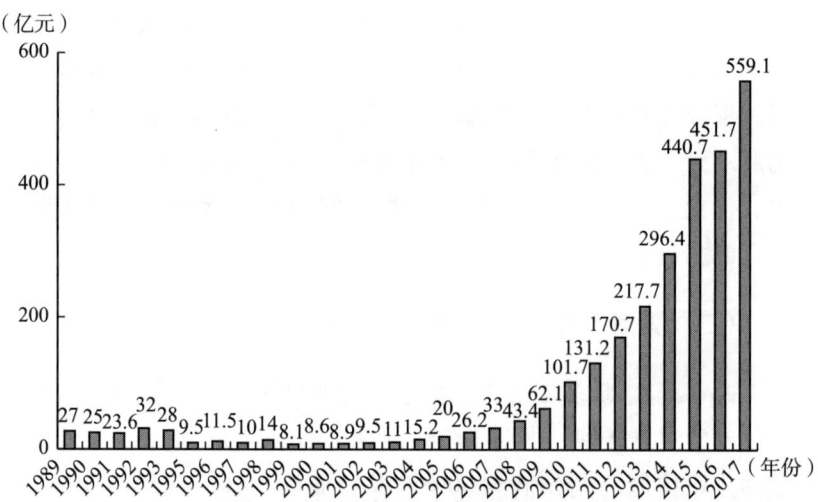

图 4-1 1989～2017 年中国历年电影票房市场状况①

注：1994 年数据暂缺。

1994 年开始电影行业事业体制的负面影响日益显现，电影票房收入日益恶化。1995 年，全国电影票房跌破 10 亿元，电影产量不足 100 部，电影市场的收入灵药则依赖美国进口的

---

① 《1995～2017 年中国电影票房收入一览表》，2018 年 2 月 1 日，http://www.360doc.com/content/18/0201/12/502486_726911677.shtml。

第四章　文化市场的发展对文化行业的推动作用

"分账大片"。1998年，全国电影票房为14亿元，其中美国分账影片票房高达7.85亿元，占56%，其中仅《泰坦尼克号》一部影片的票房就达到3.6亿元，占当年全国电影票房的26%①。1999年电影票房只有8.1亿元，观众不足3亿人次，不少放映单位难以为继。2000年全国电影票房只有8.6亿元左右。2001年为8.9亿元。中国电影行业出现大面积亏损，形势倒逼电影行业改革。

2002年全国票房为9.5亿元，中国开始探索实行院线制。2002年后，全国20多个省、市、区设立了34条院线：中影星美、四川太平洋、中影南方新干线、上海联和、北京新影联、上海大光明、北京万达、四川峨眉、广东金逸珠江、世纪环球、雁荡、武汉天河、浙江星光、湖北银兴、大连院线、深圳市深影院线、吉林长影院线、江苏东方、浙江时代电影大世界、福建中兴、山东新世纪、河南奥斯卡、北京华夏新华大地、黑龙江省银都院线、辽宁北方院线、黑龙江省天鹅院线、江苏盛世亚细亚、天津银光院线、河北中联、湖南潇湘、重庆保利万和、西安长安院线、广东大地和中影数字②。这些院线将上千家影院收入麾下，控制全国90%左右的票房。

随后，中国城市院线的发展保持了高速发展态势。2012年底，全国银幕数从2002年的1 845块增加到现有的13 118块。全年共有25条院线年度票房超过1亿元，6条院线票房超过10亿元，其中万达院线年度票房超过24亿元③。与此同时，影院建设如火如荼，平均每天新增银幕约14块，全国银幕总数超过

---

① 吴文杰：《国产贺岁片营销十年》，西南大学2009年硕士学位论文。
② 《中国电影院线制如何诞生》，2016年3月22日，https://www.docin.com/p-1499489454.html。
③ 李春利、李蕾：《2012年全国电影总票房达170亿元，国产影片占48%》，载于《光明日报》2013年1月10日。

18 000块①。到2017年，电影故事片产量为798部，电影票房为559.11亿元，城市影院银幕达到50 776块，城市院线观影人数为16.2亿人次②。2018年全年共生产各类影片1 082部，全国票房达到609.76亿元，城市院线观影人数为17.16亿人次，全国银幕总数达到60 079块，其中2018年新增9 303块。在消费需求的导向下，电影市场从一二线城市向三四线城市下移，从东部地区向中西部地区转移，中国电影市场不断升级。

第一，院线制重组了电影市场的结构，完善了市场的资源配置功能。中国电影发行放映体制从中华人民共和国成立初期一直延续到20世纪90年代初，实行"统购统销"+"层级发行"模式。1951年1月，国家设立中国影片经理公司，后改为中国电影发行公司总公司，1958年改为中国电影发行放映公司，隶属于文化部，1986年后隶属于国家广播电影电视部。该公司统一发行和管理在全国上映的中外各类影片节目、拷贝，安排影片拷贝的洗印、供应和调度；统一管理和指导全国电影放映网络的发展和建设，拟定全国电影发行放映年度计划的各项指标，平衡全国影片的片租和票价。全国各省、自治区、直辖市直到县（旗）均设有电影放映公司，形成一个从上到下的网络系统。1985年，全国共有3 000多个发行放映管理机构，有各类放映单位约18万家，其中包括城市专业影院4 000多座、农村集镇影院（影剧院）1万多家、农村放映队14万多个。中国电影发行放映公司将制片厂生产的大小影片一次性买断后，按照省、市、县的行政区划发行到各个电影院，这种以行政指令为基础的电影行业管理系统具有相当严密的组织性。

这种电影发行放映体制是特色鲜明的计划经济形式，全国

---

① 孙晖、刘汉文、宋嘉薇：《2013年度中国电影产业发展分析报告》，载于《当代电影》2014年第3期。
② 刘汉文、陆佳佳：《2017年中国电影产业发展分析报告》，载于《当代电影》2018年第3期。

16家电影制片厂生产的影片都由中国电影发行放映公司独家垄断发行，统购包销。在收购制片厂拍摄的电影时，即使电影制作成本不一，收购价格却一律保持一致，如20世纪70~80年代，收购价逐渐由70万~80万元上涨到最高峰的120万元，购入的影片按照一定的"收入留成"比例，由中国电影发行放映交给各省一级电影公司安排放映，不管电影的票房高涨或低迷，盈利或亏损，都与制片厂无关。

1992年后，随着社会主义市场经济体制的确立，电影计划管理模式越来越不适应中国消费市场的发展形势。1993年电影体制改革，取消了中国电影发行放映公司的独家经营权，允许制片厂直接和全国影院及各省级电影公司进行接触。但电影计划管理模式的弊端依然存在，利益分配体制也依然畸形。到了2000年前后，中国电影市场票房收入总额从80年代末的约30亿元下跌到2001年的不足9亿元，电影行业几乎已经萎缩到了崩溃的边缘。

2002年电影院线制的实施，逐步让日益成长的电影市场具有了资源配置的功能。院线制以若干家影院为依托，以资本和供片为纽带，由一个电影发行主体和若干电影院组合形成，实行统一品牌、统一排片、统一经营、统一管理的发行放映机制[1]。这一体制形成于美国20世纪20~30年代。20世纪20~30年代，美国派拉蒙、华纳、福克斯、Loews和RKO设立了5家连锁电影院，称为"Big Five"，形成拍片、发行和放映一条龙的封闭体系，这即是院线制的雏形。因为这种垂直运营体系造成垄断经营，因此在1948年"派拉蒙法案"裁决之后，美国电影市场的院线制瓦解。直到20世纪年代后期，美国又形成了以资产为纽带的制片方与影院的联合体，逐步向院线制发展。经过数年的发展和兼并，美国逐步形成了通用、联艺、AMC和红石等院线，

---

[1] 詹胧：《中美院线制比较》，载于《北京电影学院学报》2003年第1期。

控制了全美国近一半以上的银幕，放映收入占全美国电影票房的80%以上，在全球形成院线制的示范。

院线制的实施推动了中国电影企业的崛起，为电影市场注入强劲动力。电影企业聚集资本、艺人和导演、技术、房地产资源等生产要素，在电影剧本发掘、电影摄制及后期宣发、影视相关产业等方面培养自身优势。一些影视企业如万达影视传媒有限公司、华谊兄弟传媒股份有限公司、博纳影业集团股份有限公司、北京光线传媒股份有限公司等成长为中国电影市场的中坚力量。华谊出品的《前任3》、博纳影业出品发行的《红海行动》、万达出品发行的《唐人街探案2》等影片在2018年春节档总票房达到57.7亿元。北京光线传媒股份有限公司参与出品、发行的《熊出没·变形记》，取得春节档票房3.86亿元的佳绩①。

第二，院线制激发了中国电影市场的有效需求，推动了中国电影市场的整体性成长。电影市场的成长，也推动了电影生产要素的集中，一大批中国电影工业园区、影视制作基地和拍摄基地兴起，如国家中影数字制作基地、上海车墩影视基地、浙江横店影视产业试验区、无锡国家数字电影产业园、青岛东方影都、西影电影产业集聚区等，著名的影视拍摄基地如横店影视城、上海影视乐园、象山影视城、中山影视城、长影世纪城、北普陀影视城、同里影视基地、襄阳唐城影视基地、镇北堡西部影视城、涿州影视城等，推动了中国电影产业的整体性发展，改变了世界电影市场的格局。

2018年，随着中国、印度、日本、韩国等国本土电影的兴起，全球电影市场已经形成了美国一枝独秀、欧洲努力保护国内市场、印度自成一体、中韩迅速崛起的市场格局②。从票房产出

---

① 边正斯：《2018年14家头部电影公司成绩单》，2018年12月13日，http://www.sohu.com/a/281576208_535321。

② 虞海峡、姚林青：《探析全球电影市场格局对我国电影产业的启示》，载于《当代电影》2017年第7期。

来看，美国与中国成为全球电影票房的主力军。2018 年全球电影票房达到 417 亿美元，其中美国电影票房为 119 亿美元，同比增长 7%①。中国电影票房达到约 89 亿美元，同比增长 9.06%，稳居世界第二大电影市场的位置②，并继续担当全球电影票房增长的重要推手。从全球电影票房排行来看，票房前 10 名中有 9 部影片系好莱坞制作，但《红海行动》凭借 5.79 亿美元的票房成为入围全球前 10 的唯一一部国产片。在中国电影市场上，2018 年电影票房 TOP 25 中，有 13 部国产影片入围，如《红海行动》《唐人街探案 2》和《我不是药神》等，国产电影表现强劲，已经初步具备在全球电影市场上与美国、印度等电影大国竞争的基础。

二、文化市场的发展对大众文化权益的保障

改革开放后文化市场的蓬勃兴起，给大众文化消费注入新的活力。同时，文化市场所提供的多样化文化产品和文化消费，又保障了大众文化权益的实现。

（一）赋予大众文化消费选择权

1. 文化市场促进了私人领域的成长，培育了广泛的文化消费主体。

按照哈贝马斯关于私人领域的界定，私人领域是以个体独立人格为基础的私人活动与私人交往空间。在这一空间内，私人可以按照自己的兴趣、爱好、承诺或者生活习惯等非行政因素进行

---

① 《2018 年全球票房超过 410 亿美元》，载于《中国电影报》2019 年 1 月 9 日。
② 陆佳佳、刘汉文：《2018 年中国电影产业发展分析报告》，载于《当代电影》2019 年第 3 期。

自由、自主的活动与交往。从某种意义上说，私人领域是一种相对于政治国家（公权力）的独立存在，也是社会个体能够自主选择文化消费的前提。

1949年后，新中国在"尽可能集中社会资源快速实现现代化"的国家目标下，加强国家能力的目标被置于压倒一切的优先地位，国家不仅是国有资源的最大所有者，而且也是劳动产品最终的分配者。私人领域逐步消失，个体难以自主选择消费。20世纪80年代后期，市场经济的发展，促进了私人领域的成长，大大激活了社会对大众文化需求的同时，个体逐步拥有了自己的文化休闲娱乐活动的选择权。在文化市场上，只要根据公平、自愿和等价交换的原则，社会个体无须听从任何人的安排和指令，只需按照市场交易原则就可以按照自己的意愿自主选择消费。这一现象的典型示例是"漂一族"。20世纪90年代末，北京和上海出现了自由漂流和随机组合、无根的"漂一代"，一些大学毕业生因为专业不对口或不愿意离开大城市，毕业后就留在北京、上海、广州等大城市，成为没有城市身份、却在城市工作和生活的所谓"北漂人""上漂人""广漂人"。据统计，20世纪末，北京已经形成约有20万文化人的"北漂阶层"，显示出市场经济对社会流动性的包容。

在文化市场上，借助于文化生产和文化消费活动，大众获得了进行文化创造、文化选择和文化活动的主体地位。"私人领域为大众文化提供了丰富而自由的内在心理源泉，而且也为大众化的生产传播提供了商品形式。"[①]

文化市场的崛起改变了传统的文化产品政府供给、政府给什么民众看什么的选择难题，中国影视产业和音像产业、文化旅游业、艺术产业、信息服务产业、文化娱乐业和舞台设备制造产业

---

① 李红春：《当代中国私人领域的拓展与大众文化的崛起》，载于《天津社会科学》2002年第3期。

等产业成长和专业性市场形成,满足了大众对于多元文化的需求,大众文化消费显示出了由市场主体(文化企业等)提供的、以个人消费为导向的、满足民众多元化消费需求的文化消费模式扩大了大众文化消费选择范围。

2. 市场与技术的融合,通过促进文化消费实现了个体文化身份的重建。

20世纪90年代以后,数字信息技术的发展使文化产品的生产和分配方式出现了颠覆性革命,大众文化消费的时代来临。普及性和大众文化消费使文化商品和服务的生产、交换和流通不再是财富、使用价值的占有,而同时是意义、快感及身份认同。正如让·鲍德里亚在《消费社会》(1970年)中所言,大众文化消费过程中,消费者不仅仅是对文化产品(如电视机等)功用和使用价值有明确需求,而且对文化商品所赋予的意义(及意义的差异)有明确需求。鲍德里亚认为,消费不仅仅对社会经济存在重要影响,而且我们社会的整个文化价值系统也建立在消费的基础上。"必须明确指出,消费是一种积极的关系方式(不仅于物,而且于集体和世界),是一种系统的行为和总体反应的方式。我们的整个文化体系就是建立在这个基础之上的。"[1]

在数字技术环境下,个性化和定制化的文化生产和分配成为可能,个性化、定制化的文化产品和服务能够更好地满足了大众个性化的消费需求,因而方便大众建立起个体的文化身份。消费的个性化既是消费者对个性和自我的刻意追求和表现,也是时尚化和风格化。新技术的迅速推广和新的信息传播媒介的应用,使时尚的形成和流行更快捷,同时使文化产品具有更鲜明的主题和更人性化的表现形式,消费者能够在文化市场的海量商品中自主选择文化消费的形式与内容。例如,上海盛大公司的多元化娱乐

---

[1] [法]让·鲍德里亚,刘成富、全志钢译:《消费社会》南京大学出版社2000年版,第1页。

产品设计就是顺应大众文化消费需求的聪明之举,从一个侧面反映出大众文化消费的需求特征。盛大公司以网络游戏起家,"但是今天这个以代理网游发迹的公司,正如其名字一样盛大,已经将它的感官和手脚延到线上线下的每一个角落。盛大公司在其官网上给自己的定位是'领先的互动娱乐媒体企业',它通过盛大游戏、盛大文学、盛大在线等主体和其他业务,向广大用户提供多元化的互动娱乐内容和服务,产品多样、更新迅速,目前累积注册用户在两年前就已经超过8亿人,其中1亿活跃用户、1 100多万付费用户,而它的收入仅2010年的第二季度就达到近14亿。"①

因这种数字娱乐消费的便利性和平民性,特别是利于网上虚拟身份建立的特征,使得中国的数字消费品爆发式增长。据统计,2007年中国网络游戏市场规模为128亿元,同比增长77.7%;到2008年,中国网络游戏市场整体规模达到207.8亿元,同比增长52.2%,中国的网络游戏市场收入占全球网络游戏市场总收入的比重提高到27.1%②。消费者根据自身的文化需求,自由、自主地选择文化产品与服务,成为文化市场上的基本特征。

集中体现文化市场"大众化、平民化、网络化"特征的一个经典例子,是2005年湖南卫视的"超级女声"节目。

2005年,湖南卫视策划制作一档电视娱乐节目,以"想唱就唱"为口号,吸引社会大众参与到电视声乐和才艺比赛中。只要是女性,只要你想唱,不受任何年龄、专业、职业、唱法的限制,都可以报名参加。不管唱的水平怎样,就能在这个节目里展示才艺,因此"超级女声"被称为"一场没有门槛的大众歌

---

① 周艳:《新媒体市场大变局》,中国市场出版社2012年版,第287页。
② 陆地、陈学会:《中国网络文化产业发展报告》,新华出版社2010年版,第173~174页。

会"。在此基础上,"超级女声"还引入观众"想说就说"的理念。在各个分赛区的选拔阶段,在比赛现场增加观众评议团,观众自愿报名并通过制作方选拔来到比赛现场,代表大众对选手、评委的表现发表意见。在各赛区最后总决赛阶段,"生杀大权"掌握在场外每个观众的拇指上:"想要留住她,就用短信支持她!"从而把比赛每每推向高潮,从分赛区比赛时一位选手可获得几万票到总决赛时一位选手可获得几百万票,简单自主的表达方式愈加激发出了大众的表达欲望。长达半年的赛歌跌宕起伏,不断制造热点,加之商业运作的环环相扣、其他媒体的造势,最终吸引了全国人民乃至海外华人的眼球。而且,从"零门槛"的比赛规则到几位平民女孩的一夜成名,也引发了全民尝试的冲动和各方的争议,让人们对大众文化和审美观念重新审视。

"超级女声"的运作,是基于现代信息技术环境下文化企业组织普通大众广泛参与文化产品生产和消费的过程。数字信息技术突飞猛进、移动互联网以及信息高速公路、现代化的文化传媒赋予了大众广泛的参与条件,它以独特的"零门槛"参与模式吸引了全国15万人的参与。这场"海选"对参赛者没有任何身份和条件的限制,只需一张身份证,就可以给所有怀有梦想的人一次登上舞台的机会。借助于短信技术,它又给了所有观众投票权,可以决定选手去留的不再仅仅是专家评委,而是被"类型化"和"粉丝化"的观众。每周有超过2 000万的观众在关注这档节目,收视率突破10%,对"超级女声"进行过报道的媒体近百家,网络上的跟帖也达到天文数字。在这场大众文化生产和消费的盛宴中,广大受众群体通过电话、网络、短信投票的过程建构了自身的文化身份,在文化身份认同的过程中建构了消费行为的意义。

(二) 重建世俗化大众文化生活方式

改革开放以来,中国文化市场总体上向着关怀世俗的方向发展,关注日常生活本身的大众文化产品成为流行时尚。中国文化市场的发展重建了世俗化大众文化生活方式。

在改革开放后很长的一段时期内,中国文化市场上存在着精英文化和大众文化并存的文化生产与文化消费结构。精英文化是表达国家意志和正统意识形态的文化形态,"主旋律"是其表达形式,它以突出党的核心领导作用,弘扬革命传统、倡导社会主义精神文明为基本内核。改革开放以后,随着大众文化消费的勃兴,精英文化"几十年不变的僵硬模式和狭窄的题材、刻板的面孔,已经越来越丧失了影响力和感染力。它的存在事实上仅仅成了一种具有姿态性的表意符号",精英文化的权威性和话语权出现不断消减之势①。文化市场的成长和居民文化消费选择权的增加,让改革开放前的意识形态"格式化"管理模式难以应付文化市场的多样性特征,市场化管理体制在探索中逐步形成,大众文化生产和大众文化消费获得了较为宽松的发展环境。精英文化的"神圣性"消退,特别是精英文化对文化市场的让渡,使计划体制条件下的文化消费等级体系逐步瓦解,广大消费者有机会参与文化创造过程,文化产品向着可消费性的方向发展,中国文化市场出现了一种文化世俗化的趋势,"文化商品"有了独立的价值意义,文化的消闲娱乐功能获得了合法性。

以文学期刊为例。20世纪90年代后,文化期刊市场上经历了纯文艺刊物发行量的大幅下降和消闲性读物大幅上升的过程。1995年,上海市对市内的专业作家群体和文学期刊的生存状态进行了一次调查,发现读者阅读兴趣的转移导致严肃文学作品的发行量呈大幅下滑趋势:例如,王安忆的作品在20世纪80年代初印数达几万册,但到90年代后只能卖出几千册;叶辛的作品在20世纪80年代初发行量最高达100多万册,90年代后只能开

---

① 孟繁华:《市场经济条件下的大众文化及生产》,载于《海南广播电视大学学报》2003年第1期。

印 2 000～3 000 册。纯文学刊物发行量大幅度下降,处境维艰。上海的 4 家纯文学刊物:《萌芽》在 1985、1986 年前的发行量是 35 万份,到 1995 年只有两万份;《收获》在 1985、1986 年前最高达 100 万份,1995 年降到 10 万份;《上海文学》在 1978、1979 年达 40 多万份,1995 年只有两万份。而在纯文学园地迅速缩小的同时,报纸、刊物的副刊、扩大版等等却纷纷出笼,原为《萌芽》创办用来以副养文的刊物《电影、电视文学》发行量是 37 万份,与《小说界》同为文艺出版社的期刊《故事会》发行量达到了 300 多万份。

比较典型的例子是 20 世纪 90 年代初期,在文艺界出现是所谓的"王朔现象"。以作家王朔为代表的对文学神性化、圣洁化解构和文学商业化、世俗化建构的作品,受到大众文化市场的追捧。

王朔的创作大致可分为两期。从 1978 年发表第一篇小说《等待》到 1984 年发表《空中小姐》,是他的创作起步期。这一时期的王朔循规蹈矩。从 1985 年发表《浮出海面》开始,王朔的创作进入成熟期,又是言情,又是调侃,一步步走向商业化、世俗化通途。1988 年王朔明确转向文化商界,公开宣称将根据市场需要,生产一切适销对路的艺术产品,要把"自由游戏"(康德语)的文学变成作坊式的流水作业、大批量生产以获取经济实力的活动。他先进入电影界,后组建海马集团,在文化圈卷起一股强劲的商业旋风。20 世纪 90 年代后王朔生产了一批大众喜闻乐见的世俗化、商业化文学制品。如《给我顶住》《修改后发表》《无人喝彩》《你不是一个俗人》和《过把瘾就死》,肥皂剧《渴望》《编辑部的故事》《爱你没商量》《过把瘾就死》和《海马歌舞厅》。王朔作品完整显现的是大众文学中的商业性、世俗性,煽情的《渴望》和调侃的《编辑部的故事》令全国观众"老妪能解",真正取悦了大众,迎合了大众的情感需求,轰动全国。"他对文学的性质和功能作了确定不移的世俗化解释,毫不留情地把文学从神圣、崇高的位置拉向卑微的俗世，把作家从创造者降格为生产者，把文学蝉蜕为与其他物品一样在市场上流通的商品，把艺术欣赏易名为艺术消费。"①

其他如1986~1987年的崔健摇滚乐、1988年风行的卡拉OK、1989的汪国真诗歌、1990年的电视连续剧《渴望》、1991年的电视连续剧《编辑部的故事》，还有20世纪70年代末到80年代初由港台引进的邓丽君歌曲、金庸武侠小说、琼瑶爱情小说，发扬光大于20世纪80年代中期到90年代中期相应文化样式的本土化文本及欧美"大片"、畅销书、饮食消费文化文本，大众文化在具体形态上表现为多种多样，诸如通俗文学、影视广播、家庭肥皂剧、流行歌曲、卡通形象、卡拉OK、交谊舞、迪斯科、电子游戏、家居装潢、建筑设计、现代广告、时装表演、生活杂志等，男欢女爱、生离死别、婚丧嫁娶、油盐酱醋等一系列或大或小的生活故事这时都具有了实实在在的意义，成为大众文化关注重心。"新时期文学艺术的变化大都与其娱乐功能的增强相联系，……文艺的娱乐性问题几乎涉及所有的艺术门类、涉及大众传媒的所有方面。"② 大众文化赋予文化本身消费性，将一直作为公共产品的文化产品从意识形态的圣殿移到文化市场的货柜中。

20世纪80年代以来，饱受压制的大众文化所蕴含的个人主义、享乐主义、实用主义和功利主义需求，借助于文化市场和大众消费的选择权得到释放，借助于文化产业模式，大众文化演变为一种大众商品生产，推动中国文化市场向关怀世俗的方向发展。在西方，世俗化的主要内容是"消解神圣化"，即推动宗教与人们的世俗生活脱钩；在中国，世俗化所消解的主要不是宗教

---

① 昌切：《文学二趋向论》，载于《文学评论》1995年第3期。
② 杜书瀛、童庆炳等：《消闲娱乐与精神文明建设研讨会纪要》，载于《淄博师专学报》1996年第2期。

神权，而是集政治权威与道德权威于一体的极左意识形态。而正是这种世俗化转身，构建了20世纪90年代以来中国文化产业的内生动力。

三、文化市场的发展推动文化开放

（一）建立不同国家间文化贸易和文化交流的通用平台

自工业革命以来，以科技革命为基础的资本主义巨力将几乎所有国家纳入全球分工和交易体系，全球性文化市场的形成让不同国家间的文化贸易成为常态，而不同民族和国家间的文化贸易甚至是经济往来使国家和民族间文化交流成为常态。

在改革开放以前，文化市场没有建立，中国与西方国家的交流局限于官方渠道，表现为在社会主义国家阵营内实行小规模、点对点的文化交流，这些交流大多是由国家主导的公益性质，代表国家形象，几乎没有商业功能。例如，1951~1952年，中国青年文工团先后应邀访问了匈牙利、波兰、苏联、罗马尼亚、保加利亚、捷克斯洛伐克、阿尔巴尼亚等9个国家，在152个城市进行友好访问演出437场；1952年，中国电影代表团第一次走出国门，参加东欧举办的卡罗维·发利电影节。到1958年底，共有25个国家的98个艺术表演团来中国访问演出；同时，中国有59个艺术表演团体到49个国家访问演出，主要目标是向世界展示了中国形象，进行文化交流和宣示政治友好。

改革开放以来，市场经济的成长和市场体制的不断完善，特别是自中国加入世界贸易组织，中国文化市场与全球市场连接在一起，成为各种商品和服务（包括文化商品和服务）交易流通的场域。这种全球市场的形成，一方面让中国的文化企业和文化组织越来越深度进入文化市场，在全球的分工体系中得以不断提升自己的生产效率和文化生产率水平；另一方面，借助于便捷的市场流通体系，中外文化商品和服务，以及这些商品和服务所蕴含的先进文化理念与文化价值观流布于全球。

据海关公布的统计数据，2012年，中国文化产品出口额达217.3亿美元，其中，对美国文化产品出口额为61.5亿美元，对欧盟出口额为51.7亿美元，对拉丁美洲出口额为17.2亿美元，对东盟出口额为15.4亿美元，对非洲出口额为13.6亿美元。到2017年，中国文化产品和服务进出口总额达到1 265.1亿美元，其中文化产品进出口总额为971.2亿美元，文化服务进出口总额为293.9亿美元。在文化产品方面，出口额为881.9亿美元，进口额为89.3亿美元，顺差为792.6亿美元。在文化服务方面，进口额为232.2亿美元，出口额为61.7亿美元。2007~2017年中国文化产品进出口总额年均增长22.7%，占全国货物进出口总额的2.4%[1]。

改革开放以来的实践证明，全球文化市场既是一种竞争系统，各个市场主体依据自由竞争的规则，优胜劣汰；又是一种文化交流系统，各种文化商品在这一场域交集和汇集，为这些商品和服务所承载的审美和价值观提供了比较和借鉴的机会。一个企业甚至是一个国家，都以此为镜鉴，照出了自身民族文化的优势与缺点。从一个文明史的视角看，正是市场的形成，以和平的文化贸易代替过去战争掠夺的野蛮，并为各个国家提供开放性学习的"超级教室"，人类社会才得以实现不断的进步和繁荣。

改革开放以来，借助于文化市场的力量，中国引进了西方欧洲的文学艺术作品、美国的好莱坞大片、东方邻居日本的动漫产品、韩国的电视剧。20世纪90年代以后，世界各国的文化产品

---

[1] 国家统计局社科文司：《文化事业建设不断加强 文化产业发展成绩显著——改革开放40年经济社会发展成就系列报告之十七》，载于《出版视野》2018年第5期。

在中国大放异彩,通过市场渠道进入千家万户。中国消费者因对异域文化元素的兴趣热爱还形成"英剧粉""美片粉"等特定娱乐爱好的一群人,还形成了"哈韩族""哈日族"等追捧异域文化的一些群体。由是,中国遂成为世界文化元素展呈其华彩之地和世界文化贸易市场的中心之一。

借助于世界性市场,各个民族建立了文化生产的分工合作机制,在文化产品和服务的交易中促进了文化资源在世界范围内的流动和重组,如美国动画电影巨头梦工厂和迪士尼公司,在充分吸收和融合中国文化元素如"功夫"、国宝大熊猫、女英雄花木兰后推出《功夫熊猫》和《花木兰》等动画电影,深受世界各国观众喜爱,已为世人所熟知。中国本土的文化企业立足本土文化资源,吸收融合外来文化元素,研发出中国化的动漫和网络游戏产品,例如武侠、三国题材的游戏产品受到日韩、东南亚玩家的喜爱,第七大道网页游戏公司开发的《神曲》和《弹弹堂》更是受到西方玩家青睐①。文化市场成为中国文化与世界各国文化相互交流的舞台。

(二)文化市场机制促进了国内文化行业的开放

第一,计划体制下形成的文化行业是相对封闭的系统,文化行业系统从相对封闭到逐渐开放,是由文化市场的激励机制"诱导"文化行业体制改革来实现的。

对于作为转型国家的中国来说,文化市场的成长,在计划体制的公共经费激励、道德荣誉激励之外确立了市场化的经济报偿,诱导文化机构和个体通过投入文化市场而获得经济利益,从而突破了文化行业的封闭性。20世纪80年代,由北京京剧团发起的"承包制"得以在全国文艺院团迅速普及,这得益于"承

---

① 李小牧:《中国国际文化贸易发展报告(2018)》,社会科学文献出版社2019年版。

包"所带来的经济报偿的强烈示范。20世纪90年代在全国文化系统广泛开展的"以文补文",也是受到文化市场经济激励机制的诱导。在经济报偿的诱导下,中国的文化企业和文化机构进入文化市场从事交易,由此带动了文化行业系统一步一步地从相对封闭走向了全面开放。

第二,文化市场所具有的竞争机制,倒逼文化行业系统改革,也带来了文化行业系统的开放。

20世纪90年代,在市场经济成为大众日常生活方式、文化市场成为文化生产和文化消费主要渠道的大背景下,文化行业系统以及文化企业、文化组织都必须以文化市场作为基础来重新定位自身与政府的关系、与其他企事业机构合作者的关系、与大众消费者的关系,必须以市场体制的基本规则来替代计划体制的基本规则。这就要求确立以"公平竞争、效率目标"为基础的规则体系。公平竞争机制的出现,倒逼文化企业改革和文化管理体制改革,以适应竞争所要求的市场效率。"在经济理论中,完全竞争市场的定义保证了它是完全有效率的,唯一的可能改进存在于由此导致的收入分配中。甚至在有不同声音的那些学者中,至少在发达国家有一个相当广泛的解释,竞争促进效率。"[1] 在一个相对封闭的文化体系中,文化市场主体不成立,竞争难以形成。在得到行政垄断保护的封闭性行业,竞争也难以形成。唯有在一个开放的文化体系内,文化市场成为各种文化主体、各种文化制度各擅胜场的空间,公平的竞争才得以形成并成为促进全行业效率的有效途径。

第三,从中西文化贸易的历程来看,文化市场的公平交易原则有利于发挥中国作为巨型国家的市场优势,带动中国文化行业系统面向国际市场的开放。

---

[1] [美]曼瑟·奥尔森著,李增刚译:《国家的兴衰:经济增长、滞涨和社会僵化》,上海人民出版社2007年版,第176页。

第四章 文化市场的发展对文化行业的推动作用

文化市场本身包含了"相互开放""对等开放""公平交易"的内嵌原则,这一原则是国际市场贸易中得到普遍认可与遵从。中国是一个拥有巨大人口规模的巨型国家,拥有世界最大的消费市场,也拥有巨大的文化生产力和文化消费规模。这对于其他国家具有巨大的吸引力。但这种先天的优势必须借助于对等开放的国际文化市场才能转变为现实的文化生产力。改革开放以来,借助于相互开放的国际文化市场,西方的文化企业和文化机构得以进入中国市场,中国的文化企业和文化机构得以走向世界,中外文化企业在世界同一舞台上竞技,既提供了物流、资金、信息、人才、技术的共享机会,也为中国文化企业和文化机构提供了学习借鉴的舞台,正是在这一过程中,中国文化行业系统实现了传统结构的升级与转型,这即是中国文化现代化的历史过程。

(三) 推动全球性公共文化领域的形成

从历史的发展进程看,市场形成于频繁的日常经济与贸易活动,这种活动以经济交往和经济交换活动为前提,满足人们对丰富自身需求的美好追求和愿望,市场的本质是人的愿望的体现。在长期的经济交往活动和人类社会行为演进过程中,人们约定俗成了一系列集体无意识的规则与准则,这便成了大家共同遵守的市场规则。市场原则集中反映了人们的社会关系,是人们选择的结果。

文化市场区别于一般市场的根本在于交换的是精神文化产品,即蕴含着人类高级精神活动的信仰、观念、感情、价值观、审美和思想的产品。人们通过这种交换来进行沟通文化信息、进行思想观念讨论以增进彼此了解,达到沟通交流目的。因此,一定意义上文化市场还是思想观念博弈竞争的场域。一旦当私人性的思想观念与情感等实现符号化和载体化后,通过开放的文化市场进入人们的消费领域,成为公共精神文化消费对象和公共议程,那么私人性符号便进入公共空间,转化为公共讨论的主题,由众多私人性思想进入公共议程,即建构起区域性甚至全球性公共文化领域,此即是著名新制度经济学家科斯称之的"思想市场"①。文化市场即提供了一种人们精神文化与思想交流和交换的中介,而这一领域内的讨论与批判性思维将是不断催生各种新的思想文化与价值观的温床,而且这种讨论与批判的烈度越大,思想和价值观的空间形态就扩张得越大。

改革开放以来,中国公共文化领域的形成是一个与文化市场相伴而生的过程。文化市场的成长,文化行业系统的开放,使文化机构、文化企业与政府部门间的"保护—服从"关系逐渐弱化。大众文化消费的成长,市场化生产与分配方式的出现,使私人空间与公共领域出现了分化;个体自主性与自我意识的成长,大众媒体的蓬勃发展,使公共文化空间形式获得了物质载体。

进入21世纪,数字信息技术、大数据技术和移动互联网技术出现和普及,将各国的文化市场连接成为一个全球性文化市场。尽管马克斯·韦伯认为市场本身与价值本身无涉,中国改革开放的总设计师邓小平在总结社会主义市场经验也讲到,市场和计划不是资本主义和社会主义的根本区别,社会主义也有市场,资本主义也有计划,市场只是实现资源配置的工具而已,没有制度属性,在这一意义上市场只是具有价值中立的中间性场域,但不可否认的是,在日益形成的全球性文化市场中,文化商品和服务的生产和分配全球化,文化消费也全球化,消费者在购买和消费其他国家的文化商品和服务的同时,其价值观念也可能全球同步化,世界进入一个全球性思想交流和交锋的时代,而这一时代同时也是全球性公共文化领域的建构时代。

---

① [英]罗纳德·哈里·科斯,王宁著、徐尧、李哲民译:《变革中国:市场经济的中国之路》,中信出版社2013年版。

结　语

重新认识文化市场的独特价值

从1979年算起,中国文化市场重启和发展刚好40年。40年刚好是整整一代人的奋斗史,也是能够对一个事物(对象)进行近距离评价的适当时段。40年后,中国与世界的经济关系和文化关系发生了根本性的转变,人们对市场价值认识的深刻性也在不断增强。正如马克·布洛赫所说,对一件事情的认识是"过去与现在"的双重运动,"各时代的统一性是如此紧密,古今之间的关系是双向的。对现实的曲解必定源于对历史的无知;而对现实一无所知的人,要了解历史也必定是徒劳无功的。"① 也如雷蒙·威廉姆森展望新世纪时所写短文的标题:"倒退着走进未来。"对40年来中国文化市场发展历史及其作用的评价,应该是中国学术界的应有之义。

一、40年来中国文化市场发展的成就

中国文化市场的重启与发展,对中国社会和文化发展的影响

---

① [法]马克·布洛赫著,张和声、程郁译:《为历史学辩护》,中国人民大学出版社2010年版,第37页。

是多维度的和全方位的，究其要者，大体体现在以下三个方面：

（一）文化市场的发展，提供了一个将居民潜在文化需求转化为现实文化生产力、经营性文化产业独立发展的平台机制

以 1978 年党的十一届三中全会为起点，在这 40 年中，我国的文化市场经历了不断改革与发展的过程，已初步形成一个较完善的综合性市场体系。文化市场的建立与发展，作为改革开放市场经济改革的重要部分，使文化的经济功能得以回归，文化产品的商品属性得到确立，借此建立了文化消费需求与供给的回应和反馈，完成了社会文化生活方式的重组，在文化事业、文化产业相互配合下，保证了广大人民群众的基本文化需求，并赋予了人民群众对自身文化生活一定的选择权。

文化市场的突出贡献在于，它的出现和发展打破了居民文化需求的计划配置的单一性渠道，在计划供给和分配渠道之外重建了一种市场化和社会化的文化产品生产和分配机制，居民的文化消费需求通过价格信息反馈给文化产品生产者和服务提供者，形成了现实的文化生产力，从而形成了文化市场（利益）激励机制，促进了由政府提供的"公益性文化产品与服务"与市场提供的"经营性文化产品与服务"的形成分野。正是因为文化领域出现了计划渠道之外的文化市场，20 世纪 90 年代初期的"事业单位、企业化管理"改革和 21 世纪初期经营性文化产品生产单位从宣传文化行业中分离出来，形成文化产业发展的母体，文化市场才具有了基础载体和现实可行的政策路径。

（二）文化市场的发展推动了文化领域的逐步开放

计划经济体制下确立的文化事业体制是组织居民文化生活的文化管理系统，但它却是一种相对封闭的体制，经费和项目自上而下逐层下达，文化产品和服务自上而下逐层分配。文化行业自成系统，公共资源在系统内自我循环，借助于文化事业系统，精英文化完成了对文化消费者的掌控统制,大众文化被纳入国家的文化动员体系中。

改革开放以来,中国文化市场的确立和完善将公平交易原则引入文化领域,并且使公平交易逐步发展为社会的基本规范。借助于"公平交易"这一市场意识的保护,政府与社会的边界得以分离,文化领域的独立性得以迅速成长,使文化创作在获得相对自由的同时也拥有了更大的发展空间,形成了文化艺术繁荣发展的新格局。改革开放以来文化市场蓬勃发展,丰富了广大人民群众的精神世界,推动了全社会文化精神观念的更新,引领广大人民群众迈向精神文明的更高境界,进一步解放了思想,在一定程度上支撑了改革开放的深化与发展,推动了社会的全面进步。正如20世纪80年代法国哲学家雷吉斯·德布雷意识到文化市场和文化消费中所蕴藏的巨大力量时所说:"摇滚乐、音响、蓝色牛仔裤、西餐、新闻网络与电视卫星所蕴藏的力量,比整个苏联红军的力量都大。"[1]

中国文化市场的发展还促进了文化与社会经济的深度融合。借助于市场配置资源的基础性作用,文化与科技、金融、旅游、制造业等其他行业的融合促进了文化行业的开放和创新。40年来,行业系统内的文化机构通过市场的合作机制跨越到行业之外而进入国内更广泛的市场体系中,中国的文化企业获得了借助全球要素市场进入全球文化消费市场的机会(如万达收购美国电影院线),从而进一步推动了中国文化走向世界,并实现了文化市场的进一步开放。长期关注中国改革开放的美国著名经济学家科斯认为,正是体制边缘领域发动的"边缘性革命"带来了中国改革开放和市场化改革的洪流。中国要深化改革,必须高度关注思想市场的发展,它将使中国经济发展以知识为动力,更具可持

---

[1] [英]尼尔·弗格森著,曾贤明、唐颖华译:《文明》,中信出版社2012年版,第228页。

续性。而更重要的是,与多样性的现代世界相互作用和融合,能使中国丰富的文化传统得以复兴和改造。

(三)文化市场的发展建立了中华文明与其他文明间交流合作的重要渠道

习近平同志在总结改革开放40年来的经验时指出:"中国发展离不开世界,世界发展也需要中国。"文化市场的确立和发展也在中国改革开放与全球化进程中扮演了非常关键的角色。与以往的政府性文化交流形式不同,市场交易是世界性语言,通过确立文化市场的合法性渠道,中国建立了对外文化交流的广阔通道。

一方面,西方的科技、文化及思想得以通过市场化的传输渠道(如版权交易)进入中国,使中国人民可以真正与世界的文化发展和创新保持同频共振,促进了各个行业的现代化建设;另一方面,开放的文化市场也推动了中国文化"走出去",使外国民众深化了对中国的认识、增进了对中国的了解,催化了中华文化与其他文化间的交流合作。而文化市场带来的这种开放融通,是提升国家文化软实力的必由之路。

二、中国文化市场发展的局限与展望

改革开放40年来,文化市场在给中国文化发展带来重大影响、产生重大作用的同时,也经历了一些曲折,存在着一些问题与桎梏。

(一)文化市场发展不充分,市场主体地位不明确

中华人民共和国成立后,中国政府在文化领域施行了高度组织化的整合,建成了以计划调配为主的文化生产和分配体系,形成庞大的文化事业体系。与西方资本主义国家自然生长的市场模式不同，改革开放以来，中国的文化市场是从计划体制生态圈中"植入"的，文化市场从一出生就面临着市场生产要素配置机制与计划体制（思路、政策目标、政策手段等）的关系问题。传统计划经济体系与新兴文化市场体系长期并行又互不兼容：计划经济是以生产供给为中心；而文化市场体系则以消费与需求为中心。中国文化市场的重启及其发展历史必然要与计划体制成分的消长相伴随，经历计划经济弱化与市场经济成长的漫长过渡时期。

在这一过渡期内，文化要素市场的资源配置要受到计划配置和市场配置的双重调节，文化市场进行资源配置的基础功能受到束缚，文化市场的发展仍然处于成长过程中，远没有达到成熟的程度。就市场主体的建设而言，公益性文化事业机构大体上仍然保持事业系统内的"单位属性"，没有形成面向市场社会的开放性管理和运行模式；事业系统内的国有经营性文化机构（国有文化企业）的产权边界模糊，所有权与经营权在企业管理和运营中难以明确分野，对于经营层的激励不足。民营文化机构尽管产权明确、激励机制有力，但只有在一些竞争性专业市场（如网络游戏、动漫市场、信息服务市场）上占据优势，在大多数文化市场领域发展不足、竞争力不强，文化市场结构存在局限性。

（二）文化体制改革进入深水区，相关制度设计和政策制定与文化市场发展速度不协调

改革开放后，中国文化领域具有"计划体制与市场体制"双轨过渡的基本特征，这使得文化市场的发展对制度设计和政策创新存在严重的依赖。文化市场的发展一方面要依赖技术创新的推动，另一方面要依赖文化体制改革和制度创新的双重推动。20世纪90年代以前，得益于"文革"后居民中蕴藏的巨大的"补偿性消费需求"的推动，文化市场开始了起步发展阶段，制度创新的成果大体能够满足文化市场发展的需求；进入21世纪，数字信息技术的高速发展，数字信息技术作为"平台技术"穿透了文化行业的体制壁垒，使得文化市场中的新兴业态不断突现，文化市场的范围不断扩大，文化市场的影响进入文化事业系统的内部，在行业既得利益的阻碍下，文化体制改革的步伐逐步放缓。

由于中国文化市场特殊的生成轨迹，国际上又缺乏类似案例和经验，使中国在相关制度设计上存在滞后的情况。政府管理体系与文化市场需求不完全匹配，文化市场管理的权责不清晰。同时，部分计划管理政策和措施的遗留问题仍然存在，一些文化市场管理者思维仍停留在计划经济时代，对文化市场经济认识不足，相关政策与法律法规落后于实践，无法适应当前文化市场发展的需求。

（三）"二元结构"对市场公平竞争的保护和激励不足，抑制了文化市场体制内在作用的发挥

改革开放以来，"计划体制与市场体制"的双轨过渡形成了中国文化领域的"二元结构"。计划体制下形成的"行政命令、计划调配"与市场体制下形成的"价格信号、市场配置"都在文化市场上起作用，引发文化企业（市场主体）在政策红利和市场红利之间来回"摆渡"，形成文化市场主体与政府之间的"不良博弈"。这种市场体制导致对公平竞争的保护不足。在"二元结构"市场上，由于存在起点（国有与民营企业、中央企业与地方企业）的不平等，且因受到强制性行政命令的约束，一些文化市场形成了行政性市场垄断（如书号控制等），致使市场资源配置功能无法充分发挥，社会力量参与文化市场的积极性下降，反过来国有文化机构加重对国家财政的依赖，客观上阻碍了市场化的发展进程。由于政府管理大量的国有企业，无法完全摆脱"既当运动员、又当裁判员"的困境，无法对所有市场主体

提供让人信服的评判,深刻影响到市场公平竞争机制的建立和完善。

尽管中国文化市场的发展过程中存在局限,但40年前开启的中国市场体制改革之路业已让中国文化市场的发展进程形成不可逆转之势,并且对中国社会的转型和文化的发展发挥越来越大的作用。进一步健全完善文化市场体系将成为全社会的共识。

第一,在科学技术的突飞猛进、全球化范围拓展、不同经济体之间激烈竞争的当下,平等交易作为世界普遍认同的原则,会不断强化与巩固文化市场在对外开放、对外文化交流中的重要地位,中国文化市场与世界文化市场的联系将会更加密切,在未来一段时间内仍将在不断的改革中呈高速发展态势。

第二,数字信息技术作为推动社会发展的巨大力量,将突破行业壁垒,推动国内市场与国际市场的一体化,文化企业将面向全球竞争,文化市场的"二元结构"也将逐步消减。5G技术和数字技术的发展,国际与国内文化市场的边界将进一步模糊,跨国交易和跨界交易将得到飞速发展,文化领域的实体店已经不具有竞争优势,版权等无形资产可以以极低的复制成本在全球市场上流通和交易。与此同时,获得先发优势的平台型企业借助于网络效应往往能带来丰厚的收益,并占据市场集中的优势,促进文化市场垄断的形成。

第三,文化市场的结构将围绕大数据、云计算和人工智能技术实现"结构重组","颗粒度经济"时代的到来将重新定义内容生产者工作的内涵和形式。基于文化消费的个性化和文化创作的主体性特征,文化领域的个体就业者将与平台进行连接,在线自由职业者平台将数千万自由职业者与文化市场需求进行匹配,将显著提升平台企业和自由职业者的工作效率。一些明星企业(平台)将快速崛起,并由于存在数字经济环境下反垄断法律的定性困难,明星企业往往会形成对其他同类企业的挤压排斥,一方面加强了自由职业者对于平台企业的牢固依赖,也会导致初创内容生产企业、小微文化企业对平台企业的高度依附，文化市场将形成平台企业占据金字塔尖，众多小微文化企业和自由职业者成为塔基的两极分化形态。

第四，数字技术进步将穿透行业体制壁垒，传统文化市场的管理模式逐步瓦解，包容各种社会力量和多种形态的现代文化治理体系将逐步形成。为适应文化市场变化对政府职能的新要求，新的文化市场管理体制将更加重视将各类文化主体纳入市场体系中，着力营造鼓励公共竞争、公平创业的环境，并鼓励文化事业单位引入市场机制以提升公共文化服务的效率和水平。未来的文化市场管理体制将是基于移动互联网（物联网）之上的扁平化综合服务系统。

参 考 文 献

1. 《马克思恩格斯选集》，人民出版社2012年版。
2. 《毛泽东选集》，人民出版社1991年版。
3. 《习近平谈治国理政第一卷（2018再版）》，外文出版社2018年版。
4. 《习近平谈治国理政》第二卷，外文出版社2017年版。
5. 习近平：《在庆祝改革开放40周年大会上的讲话》，人民出版社2018年版。
6. 《十八大以来重要文献选编》上、中、下，中央文献出版社2014年、2016年、2018年版。
7. ［汉］刘歆等撰编，王根林校：《西京杂记》，上海古籍出版社2012年版。
8. ［宋］孟元老著，邓之诚注：《东京梦华录》，中华书局2016年版。
9. 《唐书·西域传》，上海古籍出版社1998年版。
10. ［美］阿尔文·托勒夫著，蔡伸章译：《未来的冲击》，中信出版社2006年版。
11. ［法］让·鲍德里亚著，林志明译：《物体系》，上海人民出版社2001年版。
12. ［法］让·鲍德里亚著，刘成富、全志钢译：《消费社会》，南京大学出版社2000年版。
13. ［美］曼瑟·奥尔森著，李增刚译：《国家的兴衰：经济增长、滞涨和社会僵化》，上海人民出版社2007年版。

14. ［英］罗纳德·哈里·科斯，王宁著，徐尧，李哲民译：《变革中国：市场经济的中国之路》，中信出版社 2013 年版。

15. ［法］马克·布洛赫著，张和声、程郁译：《为历史学辩护》，中国人民大学出版社 2010 年版。

16. ［英］尼尔·弗格森著，曾贤明、唐颖华译：《文明》，中信出版社 2012 年版。

17. ［英］约翰·霍金斯，洪庆福、孙薇薇、刘茂玲译：《创意经济》，上海三联书店 2007 年版。

18. ［英］大卫·赫斯蒙德夫著，张菲娜译：《文化产业》，中国人民大学出版社 2007 年版。

19. ［美］理查德·凯夫斯著，康蓉等译：《创业产业经济学》，商务印书馆 2017 年版。

20. ［美］考恩·泰勒著，严忠志译：《商业文化礼赞》，商务印书馆 2005 年版。

21. ［瑞士］布鲁诺·弗雷著，易晔、郝青青译：《艺术与经济学》，商务印书馆 2017 年版。

22. 陈少峰、朱嘉：《中国文化产业十年》，金城出版社 2010 年版。

23. 陈中原：《中国东西部传媒经济发展研讨会论文集》，北京广播学院出版社 2000 年版。

24. 周鸿铎：《广播电视经济学》，北京广播学院出版社 2000 年版。

25. 程恩富：《文化经济学通论》，上海财经大学出版社 1999 年版。

26. 单世联：《现代性与文化工业》，广东人民出版社 2008 年版。

27. 邓安球：《文化产业发展研究》，中国社会科学出版社 2010 年版。

28. 董天策等：《中国报业的产业化运作》，四川人民出版社

2002年版。

29. 段玉明：《中国市井文化与传统曲艺》，吉林教育出版社1992年版。

30. 范周：《文化经济研究》（第一辑），知识产权出版社2017年版。

31. 方汉奇：《中国新闻事业通史》（第三卷），中国人民大学出版社1999年版。

32. 冯天瑜：《中国文化生成史》，武汉大学出版社2013年版。

33. 傅才武、[美]熊笑忠编：《文化产业与金融工具》，中国社会科学出版社2016年版。

34. 傅才武：《近代中国国家文化体制的起源、演进与定型》，中国社会科学出版社2016年版。

35. 傅才武：《文化市场演进与文化产业发展——当代中国文化产业发展的理论与实践研究》，湖北人民出版社2008年版。

36. 傅才武：《中国文化市场与消费研究》，云南人民出版社2014年版。

37. 顾海良：《新编经济思想史》，经济科学出版社2016年版。

38. 顾江：《文化产业经济学》，南京大学出版社2007年版。

39. 郭镇之：《中外广播电视史》，复旦大学出版社2008年版。

40. 胡惠林：《文化产业发展的中国道路：我国文化产业发展理论与实践研究》，上海人民出版社2004年版。

41. 胡惠林：《文化产业学》，高等教育出版社2006年版。

42. 金元浦：《文化创意产业概论》，高等教育出版社2010年版。

43. 李道新：《中国电影文化史》，北京大学出版社2005年版。

44. 李向民：《中国艺术经济史》，江苏教育出版社1995年版。

45. 厉以宁：《消费经济学》，人民出版社1984年版。

46. 厉以宁：《改革开放以来的中国经济：1978~2018》，中国大百科全书出版社2018年版。

47. 林白鹏等：《中国消费结构学》，经济科学出版社 1987 年版。

48. 林毅夫：《解读中国经济》，北京大学出版社 2014 年版。

49. 刘海贵主编：《中国报业发展战略》，上海人民出版社 2006 年版。

50. 刘玉珠、柳士法：《文化市场学——中国当代文化市场的理论与实践》，上海文艺出版社 2002 年版。

51. 陆地、陈学会：《中国网络文化产业发展报告》，新华出版社 2010 年版。

52. 盘剑：《中国动漫产业发展报告 2010~2011》，中国社会科学出版社 2012 年版。

53. 祁述裕：《市场经济下的中国文学艺术》，北京大学出版社 1998 年版。

54. 祁述裕：《中国文化产业国际竞争力报告》，社会科学文献出版社 2005 年版。

55. 钱穆讲授，叶龙记录整理：《中国经济史》，北京联合出版公司 2013 年版。

56. 秦晖：《市场的昨天与今天：商品经济·市场理性·社会公正》，东方出版社 2012 年版。

57. 宋应离：《中国期刊发展史》，河南大学出版社 2000 年版。

58. 王冀中：《动画产业经营与管理》，中国传媒大学出版社 2006 年版。

59. 王家新、傅才武：《艺术经济学》，高等教育出版社 2013 年版。

60. 王力：《中国古代文化常识》，中国人民大学出版社 2012 年版。

61. 王列生、郭全中、肖庆：《国家公共文化服务体系论》，文化艺术出版社 2009 年版。

62. 王微：《商品流通网络——机理、历史与模型》，中国发展出版社 2002 年版。

63. 魏中龙、段炳德编著：《我为会展狂：如何经营成功的会展》，机械工业出版社 2003 年版。

64. 向勇：《文化产业导论》，北京大学出版社 2015 年版。

65. 徐中舒：《古器物中的古代文化制度》，商务印书馆 2015 年版。

66. 许小年：《自由与市场经济》，上海三联书店 2009 年版。

67. 薛晓源、曹荣湘：《全球化与文化资本》，社会科学文献出版社 2005 年版。

68. 尹鸿：《通变之途：新世纪以来的中国电影产业》，中国社会科学出版社 2018 年版。

69. 尹世杰、蔡德容：《消费经济学原理》，经济科学出版社 1987 年版。

70. 张康之：《公共行政中的哲学与伦理》，中国人民大学出版社 2004 年版。

71. 张丽：《世界广播电视发展趋势研究》，中国传媒大学出版社 2012 年版。

72. 赵玉忠：《文化市场概论》，中国时代经济出版社 2004 年版。

73. 钟以谦编著：《媒体与广告》，中国人民大学出版社 2001 年版。

74. 周艳：《新媒体市场大变局》，中国市场出版社 2012 年版。

75. 安小兰、谭云明：《亚马逊电子书经营模式分析》，载于《出版发行研究》2009 年第 6 期。

76. 昌切：《文学二趋向论》，载于《文学评论》1995 年第 3 期。

77. 陈刚：《中国社会主义消费结构的初步研究》，载于《经济问题探讨》1983 年第 7 期。

78. 陈婧：《试论技术进步对现代文化消费的影响》，载于

《科协论坛（下半月）》2007年第1期。

79. 陈立旭：《当代中国文化产业发展历程审视》，载于《中共宁波市委党校学报》2003年第10期。

80. 陈亚民：《符号经济时代文化产业品牌构建战略》，载于《经济社会体制比较》2009年第4期。

81. 杜书瀛、童庆炳等：《消闲娱乐与精神文明建设研讨会纪要》，载于《淄博师专学报》1996年第2期。

82. 冯平：《版权贸易逆差与版权经济发展研究》，载于《现代企业文化》2015年第5期。

83. 国家统计局社科文司：《文化事业建设不断加强 文化产业发展成绩显著——改革开放40年经济社会发展成就系列报告之十七》，载于《出版视野》2018年第5期。

84. 湖北省文化体制改革对策研究课题组：《实现文化管理模式从设计理念到组织结构的创新——湖北省文化体制改革对策研究报告》，载于《江汉论坛》2004年第5期。

85. 金元浦：《威客模式：前景广阔的创意产业新业态》，载于《中关村》2011年第3期。

86. 李红春：《当代中国私人领域的拓展与大众文化的崛起》，载于《天津社会科学》2002年第3期。

87. 李吟枫：《世界市场的形成及历史作用》，载于《世界历史》1986年第2期。

88. 李媛媛：《现代文化市场体系建设的历史回顾、功能特点与政策建议》，载于《西安交通大学学报（社会科学版）》2017年第5期。

89. 刘股东：《推进国有企业公司制改革的法学思考》，载于《中国法学》2000年第1期。

90. 刘汉文、陆佳佳：《2017年中国电影产业发展分析报告》，载于《当代电影》2018年第3期。

91. 刘旷：《新华书店的数字化转型》，载于《商业文化》

2018 年第 2 期。

92. 刘强：《新华书店体制改革与分销、渠道的再造》，载于《出版发行研究》2005 年第 10 期。

93. 陆佳佳、刘汉文：《2018 年中国电影产业发展分析报告》，载于《当代电影》2019 年第 3 期。

94. 路宁、王异异：《关于中国文化市场管理的几点思考》，载于《社科纵横》2008 年第 1 期。

95. 骆华超：《实体市场和网上市场》，载于《浙江经济》2010 年第 4 期。

96. 马建堂、窦晴身：《符合社会主义市场经济要求的国有资产管理体制初探》，载于《国家行政学院学报》2005 年第 4 期。

97. 孟繁华：《市场经济条件下的大众文化及生产》，载于《海南广播电视大学学报》2003 年第 1 期。

98. 宋建文：《盘点国内古玩市场》，载于《中国拍卖》2005 年第 4 期。

99. 孙晖、刘汉文、宋嘉薇：《2013 年度中国电影产业发展分析报告》，载于《当代电影》2014 年第 3 期。

100. 唐立杰：《从委托—代理理论看国有出资人制度的建立》，载于《合作经济与科技》2008 年第 11 期。

101. 唐榕：《改革开放三十年中国电影体制改革研究》，载于《现代传播——中国传媒大学学报》2009 年第 2 期。

102. 王春雷：《中国会展业：盘点与展望》，载于《中国会展服务》2005 年第 1 期。

103. 王海燕：《我眼中的默多克》，载于《经济研究导刊》2008 年第 11 期。

104. 王蒙：《文化市场一议》，载于《星光》1994 年第 4 期。

105. 王振国：《"敦煌"品牌的市场逻辑——上海民族乐器一厂品牌经营的实践与思考》，载于《中国中小企业》2005 年第 6 期。

106. 王振国：《中国报业的内外环境与扩展战略》，载于

《新闻大学》2003年春季刊。

107. 夏叶：《图书分销的现状与发展趋势》，载于《出版广角》2006年第2期。

108. 徐传谌、庄慧彬：《论国有资产出资人制度的完善》，载于《长白学刊》2008年第2期。

109. 尹鸿、程文：《2010年中国电影产业备忘》，载于《电影艺术》2011年第3期。

110. 詹脒：《中美院线制比较》，载于《北京电影学院学报》2003年第1期。

111. 张亚东：《论文化产业的特殊性及市场定位》，载于《枣庄学院学报》2005年第4期。

112. 张延华：《正在崛起的中国艺术品拍卖市场》，载于《艺术市场》2005年第3期。

113. 赵静：《文物流通市场存在问题刍议》，载于《文博》2006年第3期。

114. 赵榆、利民：《文物市场2002年回顾》，载于《收藏家》2003年第2期。

115. 郑鑫尧：《2006亚洲艺术产经台北论坛讲稿 中国艺术品拍卖市场近10年综述》，载于《中国拍卖》2006年第7期。

116. 周春雨、范丽敏：《"十二五"中国会展业向"五化"目标迈进》，载于《中国贸易报》2010年12月14日第5版。

117. 周晓青、陈运高、丁正宇：《出资人预算：企业激励与约束机制有效的保证》，载于《中国总会计师》2007年第5期。

118. 周昕：《电影市场：民营资本投资趋势分析》，载于《发展》2005年第4期。

119. 周长春、程旭：《从国内外比较看中国展览业的发展特点》，载于《商业研究》2007年第5期。

120. 朱丽娜：《新华书店——技术转型是核心》，载于《中国新闻出版广电报》2018年1月8日第7B版。

121. 朱志刚：《认清形势 理顺思路 开创企业资产与财务管理工作新局面》，载于《国有资产管理》2000 年第 11 期。

122. 《文化蓝皮书》系列，北京：社会科学文献出版社 2002～2019 年版。

123. 北京大学文化产业研究所，国家文化产业创新与发展研究基地编：《中国文化产业年度发展报告》（2004～2010），湖南人民出版社 2006 年版。

124. 江蓝生、胡惠林、张晓明等：《中国文化产业发展报告》（2001～2018），社会科学文献出版社 2001～2018 年版。

125. 《中国文化文物统计年鉴（1997～2018）》，北京图书出版社、国家图书馆出版社 1997～2018 年版。

126. 新闻出版署计划财务司编：《中国新闻出版统计资料汇编》（1997～2014），中国劳动社会保障出版社、中国书籍出版社 1998～2015 年版。

127. 《中国展览年鉴》1998～2014，北京：光明日报出版社、同心出版社 1998～2014 年版。

128. 刘玉珠：《中国文化市场发展报告》（2003～2008），新华出版社、民族出版社、南方日报出版社、文化艺术出版社 2004～2009 年版。

129. 李小牧：《中国国际文化贸易发展报告（2018）》，社会科学文献出版社 2018 年版。

130. 国家广播电影电视总局发展研究中心：《中国广播电影电视发展报告（2011）》，社会科学文献出版社 2011 年版。

131. 中国广播电视年鉴编辑部：《中国广播电视年鉴》（1986～2017），中国广播电视出版社 1987～2018 年版。

132. 中国会展经济研究会：《中国展览数据统计报告》（2011～2018），中国会展经济研究会 2012～2018 年版。

133. 《中国出版年鉴》杂志社有限公司：《中国出版年鉴》(1980～2017)，《中国出版年鉴》杂志社有限公司 1981～2018 年版。

134. 文化部文化产业司：《国家文化产业课题研究报告（2007年度）》，云南大学出版社2008年版。

135. 中华人民共和国文化部对外文化联络局：《中国对外文化贸易年度报告（2012）》，北京大学出版社2012年版。

136. 中央文化企业国有资产监督管理领导小组办公室编：《国有文化企业发展报告2013》，经济科学出版社2013年版。

137. 北京晨报：《斗鱼嘉年华3天吸粉52.18万线下流量成为互联网新战场》，2018年5月3日。

138. 湖北日报：《斗鱼直播节签约80.9亿元，网络直播助推武汉数字经济崛起》，2018年5月2日。

139. 姜德昌：《加强文化市场管理》，载于《人民日报》1983年10月22日。

140. 李春利、李蕾：《2012年全国电影总票房达170亿元，国产影片占48%》，《光明日报》2013年1月10日。

141. 穆宏志：《电子书入驻新华书店：从一般代理到全面战略合作》，载于《中国图书商报》2010年4月16日。

142. 孙静：《加强管理，加强引导，泉州市文化市场面貌改观》，载于《人民日报》1983年10月18日。

143. 全锋：《全国城市报业发行网络联盟成员已扩充至37家》，载于《北京青年报》2006年6月27日。

144. 李准：《要重视对文化市场的理论研究》，载于《人民日报》1993年4月7日。

145. 郗永年、李光茹：《全国出现四万个新兴文化市场，昔日"供给制"：一人一元文化费，今朝"商品化"：活动场所遍城乡》，载于《人民日报》1988年7月3日。

146. 易凯：《文化部和工商局通知要求各地，放手搞活管好文化市场》，载于《人民日报》1988年3月17日。

147. 张传恺、黄啸、邓超荣：《培育文化市场健康发展——深圳"歌舞厅艺术"座谈纪要》，载于《人民日报》1992年9月10日。

148. 吴志明:《推进新华书店卖场全渠道转型升级》,载于《新华书目报》2017年1月2日第9B版。

149.《〈2014年中国网络游戏市场年度报告〉摘要》,2015年7月7日,http://www.ccm.gov.cn/zgwhscw/wlwhsc/201507/63e0ba78e29f4032b19859e02312a888.shtml。

150.《1995~2017年中国电影票房收入一览表》,2018年2月1日,http://www.360doc.com/content/18/0201/12/502486_726911677.shtml。

151.《2003~2010年文化市场发展纲要》,1999年9月4日,http://www.ccm.gov.cn/zgwhscw/bmgz/199909/dce8ab5eb9e649d0a4502af2a13b31b5.shtml。

152.《2004年拍卖公司总成交额风云榜》,载于《艺术市场》2005年第3期。

153.《2005年底大盘点:修正后的中国期刊十年》,2006年11月2日,http://www.magshow.com/bbs/showthread.php?threadid=6057。

154.《2014年1~7月我国文教体育用品行业运行情况分析》2014年9月23日,http://www.chinairn.com/news/20140929/154317344.shtml。

155.《2014年文化发展统计公报》,2015年5月8日,https://www.mct.gov.cn/whzx/bnsj/cws/201506/P020171201580061331285.pdf。

156.《2015年中国画廊行业现状分析》,2015年8月20日,http://m.chinabgao.com/k/hualang/18883.html。

157.《2016年文化发展统计公报》,2017年5月18日,http://zwgk.mct.gov.cn/auto255/201802/W020180209449903490942.pdf。

158.《2016年新闻出版产业分析报告》,2017年7月25日,http://www.keyin.cn/news/sczc/201707/25-1106142.shtml。

159. 《2016 年中国古玩行业现状调查报告》，2017 年 11 月 15 日，http：//www.ruiwen.com/gongwen/diaochabaogao/125799.html。

160. 《2016 年中国乐器行业发展概况》，2016 年 8 月 12 日，http：//www.chyxx.com/industry/201608/437452.html。

161. 《2017~2023 年中国动漫产业园行业现状分析与发展前景研究报告》，2017 年 3 月，http：//www.cninfo360.com/yjbg/qthy/qt/20170301/531001.html。

162. 《2017 出版产业分析报告》，2018 年 7 月 30 日，http：//www.cbbr.com.cn/article/123452.html。

163. 《2017 第十九届中国国际工业博览会在上海成功举办》，2017 年 11 月 23 日，http：//www.most.gov.cn/kjbgz/201711/t20171123_136408.htm。

164. 《2017 媒体融合传播指数报告发》，2018 年 4 月 2 日，http：//media.people.com.cn/n1/2018/0402/c14677-29901624.html。

165. 《2017 年文化发展统计公报》，2018 年 6 月 1 日，http：//zwgk.mct.gov.cn/auto255/201805/W020180531619385990505.pdf。

166. 《2017 年中国游戏行业发展报告》，2017 年 11 月 29 日，http：//www.xinhuanet.com/info/2017-11/29/c_136786870.htm。

167. 《2017 中国文物艺术品拍卖市场统计年报》，2018 年 8 月 9 日，https：//cang.cngold.org/c/2018-08-10/c5911494.html。

168. 《2018 年全球票房超过 410 亿美元》，载于《中国电影报》2019 年 1 月 9 日。

169. 《2018 年中国智能手机销量、出货量及行业发展趋势》，2018 年 4 月 11 日，http：//www.chyxx.com/industry/201804/629099.html。

170. 《2018 中国游戏业产值 2144.4 亿元同比增 5.3%：手游 1339.6 亿元同比增 15.4%》，2018 年 12 月 21 日，http：//www.gamelook.com.cn/2018/12/345645。

171.《艾瑞咨询：2018年中国动漫行业报告》，2018年12月19日，http：//www.199it.com/archives/808558.html。

172.《第123届广交会召开闭幕新闻发布会》，2018年5月5日，http：//www.cantonfair.org.cn/html/cantonfair/cn/info/2018-05/46808.shtml。

173.《第十次全国国民阅读调查结果显示 国民综合阅读率下降》，2013年4月19日，http：//culture.people.com.cn/n/2013/0419/c22219-21195758.html。

174.《第十二届北京文博会圆满落幕》，2017年9月13日，http：//www.iccie.cn/web/static/articles/catalog_ff8080813165bac4013165c92aa0000d/article_ff8080815becfb08015e79b22ae95726/ff8080815becfb08015e79b22ae95726.html。

175.《第十一届河南投洽会在郑州国际会展中心隆重开幕》，2017年3月30日，http：//www.onezh.com/news/15136.html。

176.《动漫大跃进：看得见的手与看不见的手》，2007年7月13日，http：//finance.sina.com.cn/review/observe/20070713/11523783427.shtml。

177.《关于我们》，http：//www.kongfz.com/help/aboutus.php，最后查看时间：2019年5月30日。

178.《广州日报报业集团迎来十周年华诞》，载于《信息时报》2006年1月14日A2~A3版。

179.《国产音像制品出口当前总体情况及发展走势分析》，2013年12月4日，http：//www.doc88.com/p-190266535065.html。

180.《国际巨头入川 成都会展业进入"黄金时代"》，2018年8月29日，https：//www.sohu.com/a/250697440_115362。

181.《国家统计局：文化产业增加值占GDP比重逐年提高》，2018年9月13日，http：//www.cs.com.cn/xwzx/hg/201809/t20180913_5872704.html。

182.《国内外流媒体视频行业收入端深度对比，未来中国付费视频市场》，2018 年 5 月 4 日，https：//baijiahao.baidu.com/s？id＝1599526203844279631&wfr＝spider&for＝pc。

183.《国务院办公厅关于进一步做好"放管服"改革涉及的规章、规范性文件清理工作的通知》，2018 年 4 月 24 日，http：//www.gov.cn/zhengce/content/2018－04/24/content_5285532.htm。

184.《毁灭——浮沉：中国唱片业三十年》，载于《全球商业经典》2013 年第 4 期。

185.《江浙企业家投资中国艺术品》，2005 年 7 月 2 日，https：//news.artron.net/20050702/n15706.html。

186.《金山名品之"敦煌"民族乐器》，2014 年 10 月 8 日，http：//sh.sina.com.cn/travel/message/2014－10－08/1722114808.html？from＝sh_cnxh。

187.《数字化是大势所趋　电子书兴起与发展》，2010 年 2 月 7 日，http：//3g.163.com/ntes/10/0207/16/5UUCIV4C000915BD_1_1.html。

188.《数字化阅读超过半数，有声阅读成新增长点》，载于《光明日报》2018 年 4 月 19 日。

189.《未来已来，刷脸时代，书还可以这样卖》，2018 年 1 月 22 日，http：//news.bxmedia.net/folder1/home/hot/folder7/2018－01－22/24515.html。

190.《文化和旅游部关于实施自由贸易试验区文化市场管理政策的通知》，2018 年 6 月 7 日，http：//www.ccm.gov.cn/zgwhscw/gfxwj/201806/447ee4e58bd941a5899fa7e1929c7022.shtml。

191.《文化市场黑名单管理办法（试行）》，2016 年 2 月 3 日，http：//www.ccm.gov.cn/zgwhscw/tzgg/201602/b81fe42765214e15920330acafb53de5.shtml。

192.《新华书店该如何转型？》，2011 年 3 月 18 日，http：//www.bookdao.com/article/16349/。

193.《亚马逊上半年图书销售增长 46%》，2017 年 9 月 1

日，http：//www. cbbr. com. cn/article/114658. html。

194.《亚马逊市值突破万亿美元》，2018 年 9 月 6 日，https：//baijiahao. baidu. com/s？id = 1610815914896198099&wfr = spider&for = pc。

195.《音像业连锁经营企业的生存和发展状况大调查》，2004 年 8 月 9 日，http：//ent. icxo. com/htmlnews/2004/08/09/290294. htm。

196.《在市场占据60%销份额的 Kindle：成了电子书的代名词》，2018 年 7 月 8 日，http：//tech. sina. com. cn/roll/2018 - 07 - 08/doc - ihezpzwt2831378. shtml。

197.《中共中央办公厅　国务院办公厅印发〈关于进一步深化文化市场综合执法改革的意见〉》，2016 年 4 月 4 日，http：//www. gov. cn/gongbao/content/2016/content_5065644. htm。

198.《中国出版集团的建设与发展》，2006 年 12 月 5 日，www. publishing. com. hk/pubinfo/pubstat. asp。

199.《中国电影院线制如何诞生》，2016 年 3 月 22 日，https：//www. docin. com/p - 1499489454. html。

200.《中国动画生产量世界第一却非强国，产值低下成瓶颈》，2012 年 2 月 15 日，http：//www. chinanews. com/cul/2012/02 - 15/3669348. shtml。

201.《中国期刊发展大势》，2006 年 12 月 30 日，http：//www. ewen. cc/qikan/bkview. asp？bkid = 67084&cid = 137391。

202.《中国玩具产业运行情况发布》，2018 年 3 月 21 日，https：//news. ctoy. com. cn/show - 31594. html。

203.《中国网游强势崛起，成文化出口主力军》，2017 年 11 月 8 日，https：//www. mct. gov. cn/whzx/bnsj/whscs/201711/t20171128_828106. htm。

204.《中国文化体制改革历程》，2005 年 2 月 23 日，http：//www. china. com. cn/zhuanti2005/txt/2005 - 02/23/content_

5793495. htm。

205.《中华人民共和国文化部主要职责》,2012 年 11 月 13 日,http: //www. gov. cn/banshi/qy/rlzy/2012 - 11/13/content_2264291. htm。

206.《中影上市首日股价涨 44% 影业最大 IPO 恐难回老大地位》,2016 年 8 月 9 日,http: //ent. qq. com/a/20160810/004842. htm。

207. Amazon Kindle available in 170 countries from June, 23 May 2013,https: //www. telegraph. co. uk/technology/amazon/10076560/Amazon - Kindle - available - in - 170 - countries - from - June. html。

208. 边正斯:《2018 年 14 家头部电影公司成绩单》,2018 年 12 月 13 日,http: //www. sohu. com/a/281576208_535321。

209. 蔡馨逸:《第三届丝绸之路国际博览会拓展国际间合作新空间》,2018 年 5 月 5 日,http: //www. xinhuanet. com/politics/2018 - 05/15/c_129872931. htm? baike。

210. 陈冰:《纸质书时代真的结束了》,2013 年 7 月 15 日,http: //www. bookdao. com/article。

211. 陈益南:《关于出版业的一些情况》,2007 年 1 月 15 日,http: //bbs. vclub. org/simple/index. php? t1683. html。

212. 崔莹编制:《2017 年中国成年国民人均纸质图书阅读量为 4. 66 本》,2018 年 4 月 9 日,http: //www. gov. cn/xinwen/2018 - 04/19/content_5284064. htm。

213. 戴辉:《武汉农博会 4 天签约交易额 81. 9 亿元》,2017 年 11 月 22 日,http: //www. onezh. com/news/16833. html。

214. 杜一娜:《2012 年全国新华书店销售额达 799 亿 增长 12. 3%》,2012 年 11 月 19 日,http: //www. chinanews. com/cul/2012/11 - 19/4340620. shtml。

215. 贾铁生:《2017 中国(大连)国际服装纺织品博览会

启幕》，2017 年 9 月 22 日，http://news.cnr.cn/native/city/20170922/t20170922_523961176.shtml。

216. 李大超：《新华书店大举上线京东带来哪些功能转型？》，2013 年 8 月 14 日，http://www.bookdao.com/article/67010/。

217. 刘昊涯：《掌阅科技：移动阅读先驱者，硬件产品带来阅读场景发展空间》，2018 年 1 月 5 日，http://vip.stock.finance.sina.com.cn/q/go.php/vReport_Show/kind/search/rptid/4058894/index.phtml。

218. 卢月：《"双 11"狂欢背后的思考》，2013 年 11 月 12 日，http://www.cb.com.cn/index.php?m=content&c=mobile&a=mspecial&id=228。

219. 陆一夫：《疯狂的双十一背后 是新零售的胜利？》，2017 年 11 月 14 日，http://www.techweb.com.cn/column/2017-11-14/2605863.shtml。

220. 《贸易洽谈会闭幕之际》，2018 年 4 月 20 日，http://www.henan.gov.cn/zt/system/2018/04/20/010778391.shtml。

221. 前瞻产业研究院整理：《健身行业发展速度可观 龙头企业市场份额有望提升》，2018 年 9 月 6 日，https://bg.qianzhan.com/report/detail/459/180906-01e76506.html。

222. 阮志孝：《报业集团发展的关键是化学变化》，2007 年 1 月 1 日，http://www.mediaundo.com/blog/A10600-12/index.html。

223. 数据来源：根据前瞻产业研究院发布的《中国网络直播行业商业模式创新与投资机会深度研究报告》，https://bg.qianzhan.com/。

224. 易观数据：《2018 中国短视频市场商业化发展专题分析》，https://www.analysys.cn/。

225. 根据易观数据《中国移动短视频市场专题分析 2017》https://www.analysys.cn/（补充同第 115 页脚注 1。）。

226. 《去年观影人数超 3.68 亿 我国电影院线掀数字革命》，2012 年 11 月 27 日，http：//finance.china.com.cn/roll/20121127/1156323.shtml。

227. 国家广播电影电视总局统计信息，http：//gdtj.china-sarft.gov.cn。

228. 孙丽萍：《2005 中国网络音乐下载创造的收益高达 36 亿元》，2007 年 1 月 13 日，http：//news.sina.com.cn/o/2006-05-17/07578945946s.shtml。

229. 王宏亮：《网络游戏"财富流"调查》，2003 年 7 月 30 日，http：//money.163.com/editor/030730/030730_152878.html。

230. 刘杰华：《2006 年度中国游戏产业报告概述》，2007 年 1 月 17 日，http：//news.17173.com/content/2007-01-17/20070117124432710.shtml。

231. 王坤宁，李婧璇：《新华书店网店：夹缝中起舞》，2012 年 7 月 9 日，http：//www.bookdao.com/article/41909/。

232. 王坤宁：《北京首家 24 小时新华书店开业》，2017 年 10 月 1 日，http：//www.linkshop.com.cn/web/archives/2017/388263.shtml。

233. 魏玉山：《2016 民营书业发展报告》，2017 年 4 月 15 日，http：//www.sohu.com/a/134181970_488898。

234. 杨明：《西安会展网：2018 西安丝绸之路国际旅游博览会落幕》，2018 年 4 月 2 日，http：//xahzw.xa.gov.cn/ptl/def/def/index_1272_4383_ci_trid_2787879.html。

235. 杨晓红：《中国会展经济发展迅猛，总规模年均增长 20%》，2005 年 11 月 3 日，http：//big5.china.com.cn/economic/txt/2005-11/03/content_6018980.htm。

236. 杨艺：《重庆上半年商贸运行稳中向好》，2018 年 8 月 6 日，https：//www.cqrb.cn/html/cqrb/2018-08/06/001/content_209548.htm。

237. 张萃：《论司法拍卖改革视野下网络司法拍卖的完善》，2018年2月23日，http：//gxfy. chinacourt. gov. cn/article/detail/2018/02/id/3210324. shtml。

238. 张晋升，张维：《2013年报业发展盘点：寒冬中的突围》，2014年11月26日，http：//media. people. com. cn/n/2014/1126/c390944 - 26098104. html。

239. 张杨：《"一带一路"倡议五周年 西安丝路旅游活力倍现风头正劲》，2018年8月28日，http：//www. rmzxb. com. cn/c/2018 - 08 - 28/2153736. shtml？n2m = 1。

240. 赵榆：《新世纪的辉煌——中国大陆文物艺术品拍卖市场2001年的回顾与展望》，2006年8月28日，www. sxtvs. com/life/ShowBody. asp？MsgID = 1667。

241. 郑三波：《重庆会展之都正在崛起，会展产业链经济突破千亿元大关》，2018年5月21日，https：//nmg. qichacha. com/postnews_ba254b1da80e6dcb9bf36fe90d7c8354. html。

242. 卓倩：《爱奇艺IPO背后：2017年营收173. 78亿元，付费会员超5000万，它离"线上迪士尼"还有多远？》，2018年3月1日，http：//www. sohu. com/a/224641069_502878。

243. 中华人民共和国文化部：《2012年文化发展统计公报》，http：//zwgk. mct. gov. cn/auto255/201404/W020161230856614490730. pdf。

244. 中华人民共和国文化和旅游部：《文化部公布2016至2017年度全国文化市场十大案件》，2018年2月2日，https：//www. mct. gov. cn/whzx/bnsj/whscs/201802/t20180207_831152. htm。

245. 邢虹：《新华书店上网：抗衡当当卓越》，2010年3月13日，http：//www. bookdao. com/article/725/。